Mitología mesoamericana

Una guía fascinante de la mitología maya, la mitología azteca, la mitología inca y los mitos centroamericanos

© Copyright 2020

Todos los derechos reservados. Ninguna parte de este libro puede ser reproducida de ninguna forma sin el permiso escrito del autor. Los revisores pueden citar breves pasajes en las reseñas.

Descargo de responsabilidad: Ninguna parte de esta publicación puede ser reproducida o transmitida de ninguna forma o por ningún medio, mecánico o electrónico, incluyendo fotocopias o grabaciones, o por ningún sistema de almacenamiento y recuperación de información, o transmitida por correo electrónico sin permiso escrito del editor.

Si bien se ha hecho todo lo posible por verificar la información proporcionada en esta publicación, ni el autor ni el editor asumen responsabilidad alguna por los errores, omisiones o interpretaciones contrarias al tema aquí tratado.

Este libro es solo para fines de entretenimiento. Las opiniones expresadas son únicamente las del autor y no deben tomarse como instrucciones u órdenes de expertos. El lector es responsable de sus propias acciones.

La adhesión a todas las leyes y regulaciones aplicables, incluyendo las leyes internacionales, federales, estatales y locales que rigen la concesión de licencias profesionales, las prácticas comerciales, la publicidad y todos los demás aspectos de la realización de negocios en los EE. UU., Canadá, Reino Unido o cualquier otra jurisdicción es responsabilidad exclusiva del comprador o del lector.

Ni el autor ni el editor asumen responsabilidad alguna en nombre del comprador o lector de estos materiales. Cualquier desaire percibido de cualquier individuo u organización es puramente involuntario.

Índice

PRIMERA PARTE: MITOLOGÍA MAYA 1
INTRODUCCIÓN 2
EL CALENDARIO MAYA 6
PARTE I: DOS MITOS DE LA CREACIÓN 10
PARTE II: LAS AVENTURAS DE LOS GEMELOS HÉROES 26
LA HISTORIA DE LOS GEMELOS HÉROES 40
PARTE III: TRES CUENTOS POPULARES MAYAS 80
SEGUNDA PARTE: MITOLOGÍA AZTECA... 93
INTRODUCCIÓN 94
NOTA SOBRE EL CALENDARIO AZTECA.. 98
PARTE I: DIOSES, DIOSAS Y COSMOLOGÍA AZTECA 103
   LA LEYENDA DE LOS SOLES 103
   EL ORIGEN DEL MAÍZ Y LA CREACIÓN DEL PULQUE 116
   CÓMO QUETZALCÓATL TRAJO LA MÚSICA A LA GENTE 120
   LA CAÍDA DE XOCHIQUÉTZAL..124
   EL DESTINO DE LAS ALMAS 126
PARTE II: MITOS POLÍTICOS AZTECAS 130
   HUITZILOPOCHTLI Y LA FUNDACIÓN DE TENOCHTITLAN 130
   MOCTEZUMA I Y LA BÚSQUEDA DE CHICOMOSTOC.................140
   HUEMAC Y EL HECHICERO 154
   HUEMAC JUEGA EL JUEGO DE PELOTA 160
   CÓMO QUETZALCÓATL SE CONVIRTIÓ EN LA ESTRELLA DE LA MAÑANA 164
TERCERA PARTE: MITOLOGÍA INCA..170
INTRODUCCIÓN 171
PARTE I: HISTORIAS DE LOS DIOSES 174

Viracocha crea el mundo 174
El cuento de Pachacamac 179
Cuniraya y la doncella 183
La historia de Huanacauri 189
El viaje de Pariacaca 197
El combate de Pariacaca y Huallallo Carhuincho 200

PARTE II: MITOS POLÍTICOS INCAICOS 204
La historia de Manco Cápac 204
La historia de Mayta Cápac 210
Topa Inca Yupanqui y Macahuisa 213
El Inca Huayna Cápac y Cuniraya 216

PARTE III: CINCO CUENTOS POPULARES ANDINOS Y UNA OBRA INCA 220
La mujer guacamaya 220
El Cóndor y la Pastora 223
La doncella y los tres guerreros 227
El pastor de llamas y la hija del sol 230
La leyenda del lago Titicaca 236
La historia de Ollantay 239

CUARTA PARTE: MITOLOGÍA CENTROAMERICANA 252
INTRODUCCIÓN 253
OLOCUPINELE CREA EL MUNDO (DULE/CUNA, PANAMÁ) 256
WATAKAME' Y LA GRAN INUNDACIÓN (WIXÁRITARI/HUICHOLES, MÉXICO) 259
YOMUMULI Y EL ÁRBOL PARLANTE (YOREME/ YAQUIS, MÉXICO) 264
CÓMO SE CREÓ EL MAR (CABÉCARES, COSTA RICA) 267
EL PAÍS DE LA MADRE ESCORPIÓN (MISQUITOS, NICARAGUA) 270
LA INFANCIA DE SOL Y LUNA (QNE-A TNYA-E/ CHATINOS, MÉXICO) 275
LOS CAZADORES INVISIBLES (MISQUITOS, NICARAGUA) 282
EL REY DE LOS PECARÍES (BRIBRIS, COSTA RICA) 290
VEA MÁS LIBROS ESCRITOS POR MATT CLAYTON 293
GLOSARIO 294
BIBLIOGRAFÍA 301

Primera Parte: Mitología Maya

Fascinantes mitos mayas sobre los dioses, diosas y criaturas legendarias

Introducción

La historia de la cultura maya se extiende en un arco que se remonta a casi cuatro mil años, con el establecimiento de los primeros pequeños asentamientos alrededor del año 2000 a. C., hasta el cénit de la civilización maya entre alrededor del año 250 y 900 d. C., y terminando con el colapso gradual de las ciudades mayas a partir del siglo X, que se completó con las incursiones españolas en el sur de América Central en los siglos XVI y XVII. A diferencia de sus primos aztecas del norte, los mayas pudieron resistir a los españoles hasta finales del siglo XVII, y desde entonces han tenido más éxito que sus primos en la preservación de su idioma, muchas de sus prácticas religiosas tradicionales y otros aspectos importantes de su cultura, a pesar de la rapacidad e influencias coloniales.

Desafortunadamente, la cantidad de información sobre el antiguo mito y cultura maya que aún sobrevive hoy en día es escandalosamente pequeña. Bajo el dominio español, todos los códices mayas, excepto cuatro, fueron destruidos, y los primeros historiadores y cronistas españoles, como Diego de Landa (1524-1579) —quien como obispo de Yucatán supervisó la quema de libros mayas—, se negaron a registrar los mitos y otras formas literarias mayas, aunque sus escritos se refieren bastante a la cultura, la sociedad y las prácticas religiosas mayas.

Lo poco del mito maya que tenemos hoy en día está registrado en dos fuentes: el *Popol Vuh*, el libro principal del mito maya k'iche'; y los *Libros de Chilam Balam*, que fueron compilados por redactores mayas yucatecos en los siglos XVII y XVIII. Estos últimos llevan el nombre de los lugares donde fueron compilados (por ejemplo, *Chilam Balam de Chumayel; Chilam Balam de Mani*).

Los k'iche' son una de las diversas ramas de la cultura maya. Se establecieron en las tierras altas de lo que hoy es Guatemala y El Salvador después de la caída de Chichén Itzá, probablemente en algún momento de principios del siglo XIII. Hoy en día, viven en Guatemala. El *Popol Vuh* sigue siendo un referente para los K'iche' de Guatemala hoy en día, así como para otros pueblos mayas, y fue declarado el libro nacional de Guatemala en 1971.

Compilado alrededor de 1550, el *Popol Vuh* es un importante texto sagrado que conserva antiguos relatos épicos de la creación del mundo, una historia mítica temprana del pueblo maya y su cultura, y las aventuras de Hunahpú e Ixbalanqué, los gemelos héroes que superan a monstruos y gigantes, juegan el sagrado juego de pelota contra los propios señores de la Muerte, y finalmente se transforman en el sol y la luna.

Los *Libros de Chilam Balam* (Libros del Sacerdote Jaguar) están escritos en un dialecto maya yucateco, y reflejan la cultura y las tradiciones de los mayas de la península de Yucatán. Existen nueve *Libros de Chilam Balam*, todos ellos recopilados en los siglos XVII y XVIII por redactores mayas. Los tres más importantes son los libros de Chumayel, Tzizimin y Mani. Mientras que el *Popol Vuh* es un conjunto coherente de mitos épicos, los libros de *Chilam Balam* son más misceláneos o libros comunes, que contienen variadas colecciones de mitos antiguos, historia, rituales, almanaques y otra información, incluyendo profecías sobre el advenimiento de los españoles. Ver los mitos que contienen los libros de *Chilam Balam* nos da una pista de la variedad de antiguas tradiciones y creencias mayas, ya que estos mitos yucatecos son sustancialmente diferentes de los preservados en el *Popol Vuh* de K'iche'.

Aunque las tradiciones mayas yucatecas y k'iche' son diferentes entre sí, ninguna de ellas estaba aislada de otras culturas mesoamericanas. Por ejemplo, los panteones k'iche' y yucateco incluyen un análogo del Quetzalcóatl azteca, la Serpiente Emplumada, que es llamada Gucumatz por los k'iche' y Kukulcán por los mayas yucatecos. Sin embargo, mientras que la Serpiente Emplumada funciona como un dios creador para los K'iche', no aparece en ningún mito de la creación yucateca.

Otro punto de contacto con el mito azteca que difiere entre los k'iche' y los mayas yucatecos es que el mito de la creación yucateca conceptualiza el material de la tierra como hecho del cuerpo de una criatura cocodrilo llamada Itzam Cab Ain (lit. "Cocodrilo Iguana Tierra"), que recuerda los mitos aztecas sobre Cipactli y Tlaltecuhtli, que eran monstruos que vivían en el agua y que fueron convertidos en la tierra por los dioses. Un monstruo como este está completamente ausente en los cuentos de la creación de los K'iche'.

Los mitos de las tradiciones yucatecas y k'iche' constituyen la mayor parte de los cuentos presentados en este libro, que también contiene otros cuentos populares mayas. La primera sección de este volumen está dedicada a los mitos de la creación, uno del *Popol Vuh* y otro de los *Libros del Chilam Balam*. La segunda sección relata los cuentos de Hunahpú e Ixbalanqué, los gemelos héroes del *Popol Vuh*, y la tercera sección contiene tres cuentos populares mayas tradicionales que no están relacionados con las fuentes del *Popol Vuh* ni del *Chilam Balam*.

Dado que muchos traductores y editores de estas historias tienden a presentar los nombres de los dioses y otros personajes en traducción inglesa en lugar del original maya, he mantenido esa convención aquí, con dos excepciones: la primera es en los casos en que no se dispone de traducciones precisas, y la segunda es en el mito de la creación yucateca, por razones de prosodia.

Desde las fantásticas hazañas de los gemelos héroes, a las historias de cómo el mundo llegó a ser, a los cuentos populares sobre personas, animales y seres sobrenaturales, el mito maya nos presenta una fascinante variedad de personajes, tramas e imágenes. Todos estos cuentos, ya sea de una fuente antigua o más moderna, nos muestran la gran riqueza y belleza de la literatura maya.

El Calendario Maya

Para los mayas, al igual que para otros pueblos mesoamericanos, la exactitud de la cronología era de suma importancia, principalmente por razones agrícolas y religiosas. Y de manera similar a otras culturas mesoamericanas como los aztecas, los mayas mantenían un calendario solar de 360 días con cinco días intercalados al final del año y un calendario ritual de 260 días.

La estructura del calendario maya es casi idéntica a la del azteca. El calendario ritual de 260 días se conoce como la Ronda Sagrada y a menudo es referido por los mayas yucatecos como *Tzolk'in*, o *Chol Q'ij* en K'iche'. Este calendario se compone de una ronda entrelazada de veinte nombres de días sagrados y trece números de días. Los nombres de los días se usan en un orden específico recurrente, precedido por el número del día. Cada día se llama por número y nombre, por ejemplo: 5 Ix, 11 Ahau. Cuando se alcanza el decimotercer día, la cuenta comienza de nuevo con 1 en el nombre del día siguiente en la serie. Esto produce un conjunto de 260 designaciones de día únicas. A continuación se muestra una tabla que da una idea de cómo los sistemas de números y días interactúan entre sí.

Tabla 1: La Ronda Sagrada

Nombre de día	Traducción	Cuenta de días		
Imix	Lirio de agya	1	8	2
Ik	Viento	2	9	3
Akbal	Oscuridad	3	10	4
Kan	Amarillo	4	11	5
Chicchan	Serpiente	5	12	6
Cimi	Muerte	6	13	7
Manik	Venado	7	1	8
Lamat	Venus	8	2	9
Muluc	Agua	9	3	10
Oc	Pie	10	4	11
Chuen	Mono	11	5	12
Eb	Diente	12	6	13
Ben	Bastón	13	7	1
Ix	Jaguar	1	8	2
Men	Águila	2	9	3
Cib	Buitre	3	10	4
Caban	Tierra	4	11	5
Etznab	Pedernal	5	12	6
Cauac	Lluvia	6	13	7
Ahau	Señor	7	1	8 etc.

Traducciones de los nombres de los días de Prudence M. Rice, Maya Calendar Origins: Monuments, Myth History, and the Materialization of Time *(Austin: University of Texas Press, 2007), p. 34.*

El calendario solar se llama Haab', y consta de dieciocho meses de veinte días cada uno, más cinco días intercalados adicionales al final del año. Estos cinco días adicionales se consideran de muy mala suerte.

Tabla 2: Nombres de los meses de Haab'

Nombre yucateco	Traducción
Pop	Estera
Wo	Rana
Sip	Ciervo
Sotz'	Murciélago
Sek	Cráneo
Xul	Fin
Yaxk'in	Día verde
Mol	Reunión
Ch'en	Pozo
Yax	Verde
Sak	Blanco
Kej	Venado
Mak	Portada
K'ank'in	Día amarillo
Muwan	Búho
Pax	Tambor
K'ayab'	Tortuga
Kumk'u	Oscuro
Wayeb'	Espectro

Wayeb' es el conjunto de cinco días de mala suerte al final del año. Todos los demás meses tienen veinte días.

After Prudence M. Rice, Maya Calendar Origins: Monuments, Myth History, and the Materialization of Time *(Austin: University of Texas Press, 2007), p. 41.*

Además de los 365 días del calendario solar y los 260 días de la Cuenta Sagrada, los mayas reconocieron otros bloques de tiempo importantes. El gráfico que figura a continuación muestra cómo el sistema se construye a partir de un solo día, o *k'in*, en unidades cada vez más grandes a través del *b'ak'tun*. Este cálculo de grandes unidades de tiempo se conoce como la Cuenta Larga Maya.

Tabla 3: La Cuenta Larga

Unidad	Valor	Número de días	Valor gregoriano aproximado
k'in		1 día	
winal	20 k'in	20 días	
tun	18 winal	360 días	1 año
k'atun	20 tuns	7,200 días	20 años
b'ak'tun	20 k'atuns	144,000 días	396 años

Tabla compilada a partir de la información de Prudence M. Rice, Maya Calendar Origins: Monuments, Myth History, and the Materialization of Time *(Austin: University of Texas Press, 2007), p. 44.*

PARTE I: DOS MITOS DE LA CREACIÓN

El cuento de la creación del *Popol Vuh*

Para los mayas k'iche', la creación no ocurrió de un solo golpe, sino más bien en etapas. Los dioses realizan varios intentos fallidos de crear gente que pueda hablarles y honrarlos antes de que finalmente llegar a seres que estén completos, y solo tienen éxito cuando crean a la gente a partir del maíz, el alimento básico más importante de los mayas. También vemos en esta historia la importancia central de la palabra y la cronología para los mayas, ya que es a través de la palabra que los dioses desean ser honrados y dirigidos, y ya que desean que la gente mantenga un calendario sagrado para que puedan saber cuándo honrar a los dioses. Por lo tanto, los dioses mayas no son infalibles, ni son completamente autosuficientes: pueden cometer errores, y requieren la atención y la adoración de los seres sensibles para su propio sustento.

Al principio, no había nada más que el cielo y las aguas bajo el cielo. Y las aguas estaban quietas, las aguas del gran mar del principio, pero el mar estaba vacío y ninguna criatura vivía en él, allí bajo el cielo. No había tierra. No había peces, ni pájaros, ni animales, ni gente. Todo era agua y cielo, allí solo en la oscuridad.

Pero muy abajo en las aguas, en el fondo del mar sin fondo, estaban Tepeu el Gobernante y Gucumatz la Serpiente Emplumada. El Gobernante y la Serpiente Emplumada estaban con los otros creadores, El Que Lleva y El Que Engendra, El Que Hace y El Que Moldea. Juntos, todos estos creadores estaban escondidos en el fondo del mar sin fondo bajo una gran cantidad de plumas de quetzal y plumas de cotinga, plumas brillantes de azul y de verde, de negro y de rubí, y solo había luz. Y en lo alto del cielo, por encima de las aguas sin fondo, estaba Corazón del Cielo. Corazón del Cielo era a la vez uno y tres, y los tres son Huracán Trueno, Jóven Huracán y Trueno Repentino.

Corazón del Cielo envió su palabra a la Serpiente Emplumada, y juntos hablaron del mundo—. El mundo está vacío—dijeron—. ¿Cómo lo llenaremos?

Juntos, Corazón del Cielo y la Serpiente Emplumada hablaron de todas las cosas que harían con Tepeu y los otros Creadores que vivían en el fondo del mar sin fondo. Planearon y pensaron, hablaron de las cosas que harían, de las plantas y animales, y de la gente. Esto sucedió porque Corazón del Cielo envió su palabra a la Serpiente Emplumada; fue su palabra la que inició el comienzo de las cosas.

Cuando todo había sido planeado, cuando las formas de todas las cosas habían sido decididas y acordadas, los Creadores primero se apartaron de las aguas. Partieron el mar, lo vaciaron, inclinaron su pensamiento hacia su creación y así nació la tierra. De la tierra surgieron montañas y colinas, y en las montañas y colinas había bosques de verdes árboles, y entre las montañas y colinas los creadores dejaron fluir los ríos y los arroyos, y las aguas del mar rodearon la tierra.

La Serpiente Emplumada miró a la tierra que fue hecha y dijo—: ¡Corazón del Cielo! Este fue un buen pensamiento que tuviste, el crear nuevas cosas. Estoy complacido con esta tierra.

Corazón del Cielo respondió—: Sí, es bueno. Pero aún así debemos hacer a la gente, porque sin la gente, no habrá nadie que nos agradezca o nos alabe por lo que hemos hecho y lo que aún tenemos que hacer.

Y así, fue por los pensamientos y palabras de los Creadores que la tierra nació de las aguas del mar, y el cielo se puso sobre la tierra y las aguas.

A continuación, los Creadores consultaron entre sí sobre qué tipo de bestias y aves debían vivir en la tierra. El Que Lleva y El Que Engendra dijeron—: El mundo está en silencio. Solo hay tierra, agua, árboles y arbustos. Deberíamos hacer guardianes de estas cosas.

Y cuando dijeron esto, nacieron los ciervos y los pájaros. El Que Lleva y El Que Engendra dieron hogar al ciervo. Le dijeron al ciervo—: Vive en los bosques y a lo largo de los ríos. Ve a los prados. Estos lugares serán tu hogar, y allí tendrás tus crías. Caminarás a cuatro patas.

A continuación, El Que Lleva y El Que Engendra dieron hogar a los pájaros. Les dijeron a los pájaros—: Vivan en los árboles y los arbustos; hagan sus nidos en ellos. Allí estarán sus casas y allí tendrán a sus crías. Volarán en el cielo.

De esta manera, El Que Lleva y El Que Engendra dieron hogar a los ciervos y a los pájaros, al jaguar y a las serpientes, a todos los pájaros y a todas las bestias.

Cuando eso se hizo y todas las criaturas estaban en sus lugares apropiados, El Que Lleva y El Que Engendra, El Que Hace y El Que Moldea les dijeron—: ¡Hablen! Hablen entre ustedes! Digan nuestros nombres, porque nosotros les hemos creado. Récennos, y mantengan sagrados nuestros días festivos.

El jaguar escuchó la orden de los Creadores, pero no pronunció sus nombres. Solo rugió. Los pájaros oyeron la orden de los Creadores, pero no dijeron sus nombres. Solo cantaron sus canciones y llamaron a sus llamados. Ninguno de los pájaros o bestias fue capaz de decir sus nombres, porque no tenían idiomas con los que hablar.

—¡Oh! —exclamaron los Creadores—. Oh, esto ha ido mal. Los pájaros y las bestias no pueden decir nuestros nombres, aunque somos nosotros quienes los hemos creado.

Los Creadores dijeron entonces a los pájaros y a las bestias—: De ahora en adelante, los cañones y las montañas serán sus hogares. De ahora en adelante, prestarán un servicio, y es que su carne se convertirá en alimento. Esto lo ordenamos, porque no nos dieron el honor que nos corresponde; no dijeron nuestros nombres, y no pueden santificar nuestros días sagrados.

Y así fue que los Creadores hicieron las aves y las bestias, y les dieron hogares, y así fue que la carne de las aves y las bestias se convirtió en alimento, porque no podían hablar, sino solo hacer los sonidos que pertenecen a cada clase de criatura.

Una vez más, los Creadores consultaron entre ellos sobre qué hacer. El Que Hace y El Que Moldea hablaron junto con El Que Lleva y El Que Engendra. Dijeron—: Debemos intentarlo de nuevo. Los pájaros y las bestias no pueden hacer por nosotros lo que es necesario. Debemos hacer una nueva criatura, una que pueda hablar, una que pueda mantener sagrados nuestros días santos, una que pueda alabarnos y nutrirnos como merecemos.

Así que los Creadores tomaron un poco de tierra, tomaron un poco de lodo. Lo palmearon, le dieron forma, lo convirtieron en una forma de cuerpo. Sin importar cuánto trataron de darle forma, se desmoronó. El cuerpo se desmoronó, se volvió blando, se desmoronó. No pudieron poner la cabeza sobre él de la manera correcta. No podía ver correctamente. Hablaba, pero no entendía nada. Y cuando entró en el agua, se disolvió, se fue con la corriente del agua.

El Que Hace y El Que Moldea dijeron—: Esto no tuvo éxito. El cuerpo que hicimos no era lo suficientemente fuerte. Podía hablar, pero se disolvía demasiado rápido en el agua. No podía soportar la juventud. No pudo mantener sagrados nuestros días sagrados. Debemos intentarlo de nuevo.

Y así, los Creadores fueron a los otros dioses en busca de ayuda. Fueron con el Gobernante, el Corazón del Cielo y Serpiente Emplumada, a aquellos que eran videntes y guardianes del tiempo y de los días. Fueron a Xpiyacoc, que es la Abuela del Día. Fueron a Xmucané, que es la Abuela de la Luz. Fueron a Hunahpú Possum y Hunahpú Coyote. Llamaron al Gran Pecario y al Gran Tapir. Llamaron a los que son maestros de su arte.

—Dígannos —dijeron los Creadores—. Dígannos cómo podemos hacer seres que nos cuiden y nos adoren. Echen el maíz y las semillas del árbol de coral para la adivinación. Dígannos cómo será si hacemos seres de madera, porque ustedes son quienes tienen la sabiduría para ver.

Xpiyacoc y Xmucané arrojaron maíz para la adivinación. Echaron las semillas del árbol de coral. Trabajaron su arte de adivinación, y le dijeron a Corazón del Cielo y a la Serpiente Emplumada y a todos los Creadores—: Sí, su pensamiento es bueno. Hagan nuevos seres de madera. Háganlos para que puedan hablar y vivir.

Los Creadores dijeron—: Que así sea —y de esas palabras nacen las criaturas, las personas hechas de madera. El Que Hace hizo al hombre de la madera del árbol de coral. El Que Moldea hizo a la mujer de las cañas. Estas criaturas podían caminar, y hablar, y parir, y caminar sobre la tierra, pero como estaban hechas de madera y cañas no tenían alma, y sus cuerpos estaban mal formados y muy secos. No conocían a sus creadores. No conocían a Corazón del Cielo. Se dedicaban a sus asuntos diarios sin pensar en todos los que los habían creado, sin decir sus nombres.

Por lo tanto, Corazón del Cielo hizo una inundación y un desastre para destruir a la gente hecha de madera. Corazón del Cielo envió una inundación para lavarlos, y los destructores para destruir a la gente hecha de madera, para arrancarles los ojos y cortarles las cabezas, para comérselos y para desgarrar sus cuerpos. Esto se hizo porque la gente hecha de madera no les dio el honor apropiado a aquellos que los habían creado.

Vino Huracán, el que es una gran tormenta. La lluvia caía y caía y caía, todo el día y toda la noche. Las bestias de los bosques entraron en las casas de la gente de madera. Sus pertenencias se volvieron contra ellos, sus perros y pavos se volvieron contra ellos. Sus pertenencias se levantaron y los golpearon; golpearon al hombre y a la mujer en sus caras.

Los perros y los pavos dijeron—: ¡Nos comiste una vez, pero ahora te comeremos nosotros!

La piedra para moler el maíz dijo—: ¡Nos usaste para moler, pero ahora te moleremos a ti!

Los perros dijeron—: Nos golpeaste con palos, no nos diste nuestra comida. No podíamos comer por tu culpa. ¡Pero ahora te comeremos a ti!

Las ollas y las planchas dijeron—: Nos pusiste en el fuego. Estamos todos cubiertos de hollín. Nos quemaste, ¡pero ahora te quemaremos a ti!

Incluso las piedras del hogar se volvieron contra la gente de madera. Las piedras de la chimenea saltaron del hogar y se lanzaron a la gente, y en eso la gente se volvió y corrió.

La gente trató de esconderse en lo alto de sus casas, pero las casas se cayeron. Intentaron subir a los árboles, pero las ramas se rompieron debajo de ellos. Intentaron entrar en las cuevas, pero las bocas de las cuevas estaban cerradas.

Así que fue que la gente hecha de madera fue destruida. Se convirtieron en monos, y se fueron a vivir a los bosques. Y así es como los monos se parecen a las personas, porque provienen de esas criaturas hechas de madera que no eran más que seres humanos incompletos.

Dos veces los Creadores habían intentado hacer personas, y dos veces habían fallado. Una vez más, se reunieron y consultaron entre ellos, para ver qué se podía hacer, porque pronto el sol, la luna y las estrellas iban a elevarse sobre la tierra. Los Creadores planearon y pensaron, y finalmente dijeron—: ¡Ah! ¡Vemos lo que debe hacerse! Ahora sabemos lo que debemos usar para hacer a la gente de la forma correcta.

El lugar que tenía lo necesario para hacer a la gente se llamaba Lugar Quebrado, y también se llamaba Agua Salada. Dentro del Lugar Quebrado y Agua Salada había maíz, tanto amarillo como blanco. Los Creadores se enteraron del maíz de cuatro animales. El zorro, el coyote, el loro y el cuervo se acercaron a los Creadores y les dijeron dónde se podía encontrar el maíz amarillo y blanco. Les mostraron a los Creadores cómo entrar en el Lugar Quebrado. Los Creadores vieron el maíz, y así supieron que era lo mejor que podían usar para hacer nuevas personas. Los Creadores usaron el maíz para hacer los cuerpos, y el agua para hacer la sangre.

El maíz no era lo único que había dentro de Lugar Quebrado. También contenía muchos otros buenos alimentos. Había cacao, y frutas llamadas zapote y anona, y ciruelas agrias. Había todo tipo de otras frutas, y también buena miel dulce.

Xmucané, la Abuela de la Luz, tomó el maíz maduro. Tomó granos amarillos y blancos y los molió bien. Tomó agua y se lavó las manos con ella, y el agua que goteaba de sus manos se convirtió en grasa. Xmucané molió el maíz nueve veces, y El Que Engendra, El Que Lleva, el Gobernante y la Serpiente Emplumada juntos tomaron la harina de maíz y el agua, y lo convirtieron en seres humanos. Y así fue como las primeras personas verdaderas fueron hechas de maíz, fueron hechas de comida.

Los Creadores hicieron cuatro personas con el maíz y el agua. Y estos eran sus nombres: el primero se llamaba Jaguar Quitze; el segundo se llamaba Jaguar de la Noche; el tercero era Mahucutah; y el cuarto era Jaguar del Viento. Estas fueron las primeras personas, los primeros ancestros de todos los que vinieron después, y no tuvieron ni nacimiento ni engendramiento. Fueron creados por los Creadores, solo con sus pensamientos y su trabajo.

Una vez que las cuatro primeras personas fueron creadas, fueron capaces de hablar. Podían ver lo que estaba a su alrededor y oír. Podían moverse y hacer su trabajo. Estaban bien hechos en sus cuerpos, cuerpos que eran de varones humanos. Su comprensión del mundo era perfecta, y llegó a ellos sin pedirlo y al instante. Podían ver todo sin girar la cabeza, sin ir de un lugar a otro. Incluso podían ver a través de las piedras y los árboles.

El Que Hace preguntó a los nuevos hombres—: ¿Qué es lo que ven y qué es lo que saben? ¿Les gusta hablar y moverse? Digan lo que perciben.

Y así, los cuatro primeros hombres miraron a su alrededor, y lo vieron todo, y estaban muy contentos. Le dijeron a El Que Hace y El Que Moldea—: Podemos ver y podemos oír. Podemos hablar y podemos movernos. Estos son los dones de nuestros Creadores, que nos hicieron entender lo que está lejos y lo que está cerca, lo que es grande y lo que es pequeño. Por esto damos gracias a nuestro abuelo y a nuestra abuela. Damos gracias dos y tres veces a los que nos crearon.

Cuando los cuatro primeros hombres agradecieron así a los Creadores, entonces entendieron todo lo que había que saber en los cuatro rincones del mundo. Pero El Que Hace y El Que Moldea dijeron—: No es bueno que nuestras nuevas criaturas lo entiendan todo tan bien.

El Que Lleva y El Que Engendra escucharon las palabras de los otros Creadores, y también miraron a las nuevas personas y vieron que tenían demasiado conocimiento. Y así, oscurecieron la vista de la nueva gente, para que solo pudieran ver bien las cosas que estaban cerca. Cuando la vista de los cuatro hombres se oscureció, también perdieron su comprensión de todas las cosas que habían tenido antes.

Y así fue que los primeros cuatro hombres fueron hechos por los Creadores, y se les dio la palabra y el movimiento, pero fueron hechos para ser menores que los dioses.

Pero la creación del pueblo aún no estaba perfectamente lograda, ya que no había mujeres. Así que, una noche cuando los cuatro hombres dormían, los Creadores hicieron cuatro mujeres y las colocaron a los lados de sus hombres. Cuando los hombres se despertaron y encontraron a sus hermosas esposas a su lado, se regocijaron.

Estos eran los nombres de las mujeres: Casa Cielo Marino era la esposa de Jaguar Quitze; Casa Gamba era la esposa de Jaguar de la Noche; Casa Colibrí era la esposa de Mahucutah; y Casa Guacamayo era la esposa de Jaguar del Viento. Y así fue como las primeras cuatro mujeres fueron hechas por los Creadores, y se convirtieron en las madres de todo el pueblo K'iche'.

Allí en el Este la gente se multiplicó. Allí en el Este el pueblo K'iche' tuvo sus comienzos, con estos antepasados.

La tierra y el cielo habían sido creados, y la tierra separada de las aguas. Las bestias y los pájaros habían sido creados. Se habían encontrado muchas clases de buena comida, y se crearon nuevas personas que podían hablar, moverse, trabajar y mantener sagrados los días sagrados de los dioses. Pero aún así, el sol, la luna y las estrellas no se habían levantado, y toda la creación estaba en la oscuridad. Toda la creación esperaba el amanecer del sol.

Cuando llegó el momento, la Lucero del alba apareció brillando. La gente, los pájaros y las bestias la vieron en el cielo. Fue entonces cuando todas las criaturas supieron que el sol seguramente saldría. Y así, la gente esperó, y miró, y cuando vio la luz del sol comenzar a brillar en el Este, se regocijó enormemente. Prepararon ofrendas de incienso de copal, y lloraron mientras quemaban el incienso en agradecimiento por la salida del sol. En este momento, el número de personas se había hecho muy grande, y todas las tribus juntas alababan la salida del sol.

Los pájaros y las bestias también vieron el sol. Salieron de los cañones y subieron a las cimas de las montañas para ver esta nueva cosa, y como la gente, las aves y las bestias también se regocijaron. Viendo salir el sol, las bestias y los pájaros gritaron, cada uno según su especie. El jaguar rugió. El loro graznó. Los pájaros subieron al cielo, volando con gran felicidad.

El sol era muy grande y muy caliente, y secó la tierra al salir. En ese primer amanecer, todas las criaturas del mundo vieron el sol como realmente es; lo vieron en toda su grandeza y esplendor, y en todo su insoportable calor. Pero desde entonces el sol ha disminuido, para no dañar a las criaturas ni dominar la tierra.

Sobre esa montaña, el pueblo hizo su hogar, ese lugar sagrado desde el que vieron el primer amanecer, y desde el que vieron por primera vez la luna y las estrellas.

Y esa es la historia de cómo el mundo llegó a ser, con las bestias y los pájaros y la gente que vive en él.

El cuento de la creación de los *Libros de Chilam Balam*

Varios de los nueve libros del Chilam Balam *que existen hoy en día contienen versiones relacionadas de un cuento de la creación. Es en los mitos de la creación del* Chilam Balam *donde vemos algo de la diversidad de las creencias religiosas mayas: la historia yucateca de cómo se hizo el mundo es bastante diferente de la del K'iche' Popol Vuh. Por ejemplo, aunque tanto el concepto yucateco como el k'iche' de divinidad incluyen dioses multipartitos que parecen existir simultáneamente como una entidad única y unitaria, los dioses creadores primarios de estas dos tradiciones son diferentes. En el mito yucateco, la creación es llevada a cabo por entidades conocidas colectivamente como* Oxlahun-ti-ku *(Los Trece Dioses) y* Bolon-ti-ku *(Los Nueve Dioses), que parecen haber sido dioses de los cielos y del inframundo, respectivamente, y por deidades conocidas como los Cuatro Bacabes. Los K'iche', por el contrario, veían el proceso de creación como supervisado por una variedad de dioses tanto únicos como multipartitos, incluyendo el Corazón del Cielo (una trinidad) y la Serpiente Emplumada (una unidad).*

Dos términos técnicos de esta historia requieren una explicación. El primero es la frase "Katun 11 Ahau", que es una referencia calendárica. Un katun *es un lapso de aproximadamente 20 años en el calendario de la Cuenta Larga Maya;* 11 Ahau *designa a qué katun se refiere. El otro término es "Petén", una palabra maya que se refiere a la tierra habitada por los mayas en la península de Yucatán. Estos dos elementos ubican la historia tanto en el lugar como en el tiempo.*

Al leer el mito de la creación yucateca que se presenta a continuación, es importante señalar que las convenciones mayas de la mitografía y la narración de historias difieren de las que la mayoría de los lectores occidentales estarán familiarizados. Estos mitos no fueron contados y registrados para los lectores occidentales: fueron hechos para los mayas, quienes sin duda los consideraron muy significativos y suficientes en sí mismos, y cuyas tradiciones y cultura habrían informado su comprensión de la historia.

Algunos traductores y editores de los libros de Chilam Balam *presentan los textos en prosa, mientras que otros los presentan en forma poética. Yo elijo presentar este mito como poesía, ya que la poesía tiene un sabor y un ritmo que parece más adecuado para la historia que la prosa. Aunque aquí combino varias versiones relacionadas del mito de la creación yucateca en una sola historia, en general no traté de suavizar las aparentes discrepancias, ya sea de eventos o de tiempo, que existen en el original.*

En el principio
 estaba Oxlahun-ti-ku, Los Trece Dioses.
Estaba Bolon-ti-ku, Los Nueve Dioses.
Estaba Itzam Cab Ain, el Gran Cocodrilo de la Tierra.
Estaba Itzam Cab Ain,

cuyo cuerpo se convirtió en la tierra,

cuyo cuerpo se convirtió en el Petén,

cuyo cuerpo se convirtió en la tierra en la que vive la gente.

Después de la gran inundación,

después del gran diluvio que lo destruyó todo,

antes de que todo se hiciera de nuevo.

Fue en Katun 11 Ahau

que Ah Musen Cab salió.

Ah Musen Cab,

el Señor de las Abejas,

salió.

Vino a Oxlahun-ti-ku,

Ah Musen Cab tomó a Oxlahun-ti-ku,

tomó a los Trece Dioses

y le vendaron los ojos.

Y los Trece Dioses no sabían su nombre.

Esto sucedió después de que el mundo ya estaba hecho,

pero antes de que fuera arrasada y creada de nuevo.

Oxlahun-ti-ku tenía los ojos vendados,

y entonces fue capturado por Bolon-ti-ku.

El Señor de los Cielos tenía los ojos vendados,

indefenso.

Y el fuego bajó.

Y las cuerdas cayeron.

Y cayeron piedras y árboles.

Y el Señor del Inframundo

vino al que tenía los ojos vendados.

Bolon-ti-ku lo golpeó.

Golpeó a Oxlahun-ti-ku en la cabeza,

lo hirió en la cabeza,

lo golpeó en la cara,

le escupió,

Ató a Oxlahun-ti-ku

y lo puso de espaldas,

indefenso.

Bolon-ti-ku tomó sus ropas.

El Señor del Inframundo

Tomó el cetro del Señor de los Cielos,

se llevó sus cenizas,

la ceniza que marca la cara de uno

que está en ayunas,

que está siendo purificado,

que está siendo consagrado.

Cuando Oxlahun-ti-ku fue libre,

cuando se liberó de sus ataduras,

tomó brotes verdes,

los brotes del árbol de *yaxum*.

Tomó semillas,

semillas de calabaza,

semillas y frijoles,

y los envolvió en el cuerpo de Bolon Dz'acab,

en el cuerpo del Señor de las Nueve Generaciones.

Oxlahun-ti-ku envolvió las semillas,

y luego ascendió al decimotercer cielo.

Cuando Oxlahun-ti-ku ascendió,

en la tierra solo quedaban las cáscaras,

en la tierra solo quedaban las mazorcas de maíz.

El corazón de la tierra,

el corazón de la gente se había ido

debido al ascenso de Oxlahun-ti-ku,

pero el pueblo estaba en la ignorancia.

La gente estaba viva en la tierra,

pero no tenían corazón.

La gente estaba viva en la tierra,

pero no tenían padres,

no tenían maridos,

no tenían corazón,

y así todos fueron destruidos,

juntos fueron todos destruidos.

Fueron enterrados por la arena,

se ahogaron en las olas,

las olas del mar.

Cuando la insignia de los Trece Dioses fue tomada,

cuando le robaron su cetro

cuando le robaron sus cenizas,

la ceniza para la penitencia

y para la consagración,

fue entonces cuando llegaron las inundaciones.

Fue entonces que el cielo se cayó.

Fue entonces cuando los Cuatro Bacabes aparecieron,

fue entonces cuando los Cuatro Bacabs destruyeron el mundo

y lo rehicieron de nuevo.

Los Cuatro Bacabs plantaron cuatro poderosos árboles,

cuatro poderosos árboles en los rincones del mundo,

cuatro poderosos árboles en las esquinas del Petén.

Un árbol rojo para el Este,

un árbol blanco para el Norte,

un árbol negro para el Oeste,

un árbol amarillo para el Sur,

árboles de la abundancia,

árboles para el anidamiento de las aves,

árboles para sostener los cielos.

Y cuando se plantaron los Árboles de las Cuatro Esquinas,

los Bacabs fueron al centro del mundo.

Fueron al centro del Petén,

y allí plantaron un gran árbol verde,

el árbol verde de la abundancia,

el Árbol del Mundo

que registra la destrucción del mundo.

Y así fue

después de que los Árboles fueron establecidos

que la Lucero del alba

y la estrella vespertina

se colocaron en sus lugares.

La luz rosada del amanecer en el Este

y la luz del atardecer en el Oeste se desvanece

se colocaron en sus lugares.

Y Lahun Chan que es el Décimo Cielo

es la estrella vespertina,

y está en el Oeste.

Y Lahun Chan que es el Décimo Cielo

es la Estrella del Albra,

y está en el Este.

Entonces fue cuando Ah Uuc Cheknal apareció,

que el que fertiliza el maíz siete veces se presentó,

salió a las siete partes del mundo,

fue a Itzam Cab Ain,

y fue entonces cuando los cielos tocaron la tierra,

Fue entonces cuando Itzam Cab Ain se hizo fértil,

que la tierra se hizo fecunda.

En ese momento no había ni día ni noche.

En ese momento todo estaba en la oscuridad.

En ese momento no había ni sol, ni luna, ni estrellas,

pero entonces el mundo comenzó a ser creado.

Vieron que el mundo estaba siendo creado,

¡y mira! Había un amanecer,

y el mundo se hizo de nuevo.

PARTE II: LAS AVENTURAS DE LOS GEMELOS HÉROES

La caída de Siete Guacamayo

La historia de la caída de Siete Guacamayo es la primera de las historias de los héroes gemelos, Hunahpú e Ixbalanqué, en el Popol Vuh. En esta historia, los gemelos son más listos y derrotan a un ser presumido que se atreve a creerse más grande que el sol. Los gemelos héroes, como sirvientes del dios trino Corazón del Cielo, tienen la tarea de poner a Siete Guacamayo en su lugar. Esto es importante no solo porque Corazón del Cielo lo requiere, sino porque Hunahpú e Ixbalanqué están destinados a convertirse en el sol y la luna, como vemos en la historia de sus batallas con los señores de la Muerte en una historia posterior, y no es correcto que Siete guacamayo usurpen su posición.

Los nombres de los gemelos, Hunahpú e Ixbalanqué, son difíciles de traducir. En su traducción del Popol Vuh, *Allen Christenson afirma que "Hunahpú" puede ser traducido como "Un cazador de cerbatanas". Christenson señala que "Ixbalanqué" es bastante más difícil de traducir. Dice que el prefijo x- puede ser un afijo diminuto o una indicación de género femenino, mientras que* balan *es probablemente la misma palabra que* balam, *que* significa "jaguar", y q'e significa "sol" en un dialecto Maya Kekchi. También señala que los mayas "identificaban al jaguar con el sol, particularmente en su viaje a través del inframundo por la noche" (p. 81, n. 164). Por lo tanto, Christenson sugiere la traducción "Joven Oculto/Sol Jaguar" para este nombre, y señala que es especialmente apto dada la entrada de los gemelos héroes en Xibalbá, el inframundo maya, en una historia posterior en el Popol Vuh.

En la época de los pueblos hechos de madera, en la época en que fueron destruidos en el gran diluvio, y en la época anterior a la salida del sol y la luna y las estrellas, había un ser llamado Siete Guacamayo. Y aunque no había luz del sol, la luna o las estrellas, había una luz de Siete Guacamayo, porque era un gran ser.

Pero Siete Guacamayo estaba demasiado orgulloso de su grandeza. Se jactaba largo y tendido de lo grande que era. Dijo—: ¿Qué necesidad tienen los habitantes del sol y la luna? Puedo hacer toda la luz que necesitan, porque soy realmente grande. Tengo ojos hechos de brillantes joyas. Tengo dientes hechos de brillantes joyas. Mi nido está hecho de metal brillante. Mis plumas están hechas de metal brillante. Mi grandeza brilla en toda la tierra —y así, se hinchó y se jactó de su grandeza, aunque no podía ver el mundo entero sino solo el horizonte.

En ese momento también había dos chicos, gemelos llamados Hunahpú e Ixbalanqué, y ambos eran dioses. Vieron cómo Siete Guacamayo se hinchaba. Escucharon cómo se jactaba de su grandeza. Los gemelos se dijeron—: No es bueno que Siete Guacamayo se jacte así. No es bueno que se alabe a sí mismo tan fuerte ante Corazón del Cielo. La gente no podrá ser creada, ni podrá vivir en la tierra, con Siete Guacamayo haciendo lo que él hace. La gente no puede vivir correctamente donde las joyas y los metales preciosos son las cosas más importantes. Tomemos nuestras cerbatanas y pongamos fin a Siete Guacamayo, a toda su jactancia y todas sus riquezas.

Y así, los gemelos tomaron sus cerbatanas y salieron a buscar a Siete Guacamayo para acabar con él.

Ahora, Siete Guacamayo tenía dos hijos propios, y estos eran Zipacná y Cabracán. Y Siete Guacamayo también tenía una esposa, llamada Chimalmat, que era la madre de sus hijos. Zipacná hacía grandes montañas, y Cabracán, cuyo nombre significa "terremoto", las sacudía. Zipacná y Cabracán tenían la misma falta de orgullo que su padre.

Siete Guacamayo dijo—: ¡Soy grande! ¡Soy el sol!

Zipacná dijo—: ¡Soy grande! ¡Yo hago las montañas!

Cabracán dijo—: ¡Soy grande! ¡Hago que el cielo tiemble y que las montañas se derrumben!

Hunahpú e Ixbalanqué vieron cómo Zipacná y Cabracán se jactaban, al igual que su padre. Los gemelos vieron que esto era malvado y juraron que también acabarían con los hijos de Siete Guacamayo.

La comida favorita de Siete Guacamayo era la fruta nance. Todos los días, iba al árbol Nance y se sentaba en las ramas para comer la fruta. Hunahpú e Ixbalanqué descubrieron dónde le gustaba a Siete Guacamayo comer su comida. Llegaron antes que él y lo esperaron. Cuando Siete Guacamayo subió al árbol y empezó a comer, Hunahpú tomó su cerbatana y le disparó a Siete Guacamayo. El dardo entró en la mandíbula de Siete Guacamayo y su fuerza lo hizo caer del árbol. Hunahpú se acercó corriendo a Siete Guacamayo, pensando en agarrarlo. Pero en lugar de eso, Siete Guacamayo agarró a Hunahpú por el brazo y lo dobló hacia atrás, atrás, atrás. Siete Guacamayo tiró y tiró. Le arrancó el brazo a Hunahpú de su cavidad y luego huyó a casa, llevando el brazo de Hunahpú con él.

Cuando Siete Guacamayo llegó a casa, su esposa Chimalmat dijo—: ¿Qué te pasó? ¿Qué le pasa a tu mandíbula? ¿Y qué es lo que llevas?

Siete Guacamayo respondió—: Estaba en el árbol de nance comiendo cuando dos demonios me dispararon. Me dispararon en la mandíbula, y ahora está todo roto, mis dientes están todos rotos, y me duele. Pero me defendí. Le arranqué el brazo a uno de ellos de su cavidad. Lo colgaré sobre la chimenea hasta que decidan venir a recuperarlo —luego tomó el brazo de Hunahpú y lo colgó sobre la chimenea, como dijo que haría.

Después de que Siete Guacamayo se fuera con el brazo de Hunahpú, los gemelos pensaron en lo que debían hacer a continuación. Decidieron que necesitaban recuperar el brazo de Hunahpú. También sabían que necesitarían ayuda para hacerlo. Hunahpú e Ixbalanqué fueron a buscar a un abuelo muy viejo de pelo blanco y una abuela muy humilde. El nombre del abuelo era Gran Pecarí Blanco. El nombre de la abuela era Gran Tapir Blanco. Ambos eran muy, muy viejos.

Hunahpú e Ixbalanqué pidieron ayuda a la abuela y al abuelo. Los gemelos dijeron—: Vamos a recuperar el brazo de Hunahpú de Siete Guacamayo. Le dirán a Siete Guacamayo que somos sus nietos y que su trabajo es curar a la gente del dolor de muelas. Así engañaremos a Siete Guacamayo para que piensen que somos meros niños.

Los abuelos acordaron ayudar a los gemelos y hacer lo que dijeron.

Y así Hunahpú e Ixbalanqué salieron a la casa de Siete Guacamayo con la abuela y el abuelo. Los viejos se pusieron al frente. Los gemelos fueron detrás, jugando y corriendo como si fueran niños. Llegaron a la casa de Siete Guacamayo, donde Siete Guacamayo lloraba en voz alta con dolor de dientes y mandíbula. Siete Guacamayo vio a los abuelos y a los gemelos y les dijo—: ¿Adónde van? ¿Son esos tus hijos?

El abuelo dijo—: Viajamos y ejercemos nuestro oficio, mi señor. Y estos son nuestros nietos. Lamentablemente, sus padres han muerto y debemos cuidarlos.

Luchando contra el dolor de su boca, Siete Guacamayo dijo—: ¡Tengan piedad de mí, ayúdenme! Tal vez conozcan alguna forma de curar el dolor de mi mandíbula, de curar lo que está mal en mis ojos. ¿Pueden ayudarme?

—Sacamos dientes podridos, mi señor —dijeron los abuelos—, y curamos enfermedades de los ojos y ponemos huesos. Sí, podemos ayudarte.

—Oh, por favor, por favor curen mi boca —dijo Siete Guacamayo—. Curen mi mandíbula. Arreglen mis dientes sueltos. Me duelen tanto que no puedo comer. No puedo dormir. Curen también mis ojos. Me dispararon dos demonios, ¡y cómo he sufrido desde entonces!

—Ah —dijeron los abuelos—. Tendremos que quitar los dientes sueltos para curarlos. Esa es la forma de curar los males de tu boca.

Siete Guacamayo dijo—: No quiero que me saquen los dientes. Todos están hechos de joyas preciosas. Y no me veré tan bien sin dientes en mi boca.

—No tenga miedo, mi señor —dijeron los abuelos—. Te daremos dientes de reemplazo, aunque sean de hueso molido.

—Hagan lo que deban—dijo Siete Guacamayo—, pero asegúrense de darme nuevos dientes de reemplazo.

Los abuelos le sacaron todos los dientes a Siete Guacamayo, cada uno de ellos una joya preciosa. Y luego colocaron los dientes de reemplazo en su boca. Pero aquí lo engañaron, porque los dientes no eran de hueso, como habían dicho, sino de granos de maíz blanco. Entonces los abuelos curaron los ojos de Siete Guacamayo. Le quitaron de los ojos todas las joyas y metales preciosos que habían estado allí. Le quitaron todas las cosas que lo habían hecho hermoso y orgulloso. Y entonces el dolor de Siete Guacamayo desapareció, pero ya no se veía bien y señorial, y murió de vergüenza, y su esposa Chimalmat murió con él.

Entonces los abuelos tomaron el brazo de Hunahpú del lugar donde lo había colgado Siete Guacamayo y lo volvieron a unir. Muy pronto, Hunahpú quedó como nuevo.

Y así fue como Hunahpú e Ixbalanqué hicieron la voluntad de Corazón de Cielo. Provocaron la caída de Siete Guacamayo, cuyo orgullo lo había vuelto malvado.

La caída de Zipacná

En su traducción del Popol Vuh, *Allen Christensen señala el significado ritual y cultural del dintel de las casas en la cultura maya. Según Christensen, los mayas consideran que los dinteles de las casas tienen un gran poder, y que la transgresión de Zipacná fue tomar un poderoso objeto ritual por sí mismo sin permiso y sin haber sido preparado ritualmente primero para hacerlo. Esto es lo que lleva a los cuatrocientos chicos a condenarlo a muerte, y da a los gemelos héroes una razón legítima para matarlo.*

Christensen también señala que el nombre de Zipacná podría haber derivado de cipactli, *la palabra náhuatl para "cocodrilo". Si es así, afirma Christensen, entonces Zipacná es en sí mismo un cocodrilo. Dado que los cocodrilos no son particularmente móviles cuando están de espaldas, parte del truco de los gemelos héroes contra Zipacná consiste en ponerlo de espaldas, una posición en la que es vulnerable a pesar de su gran fuerza.*

Zipacná era el hijo de Siete Guacamayo. Zipacná era un creador de montañas, y un gigante muy fuerte. Un día, Zipacná se estaba bañando en el río cuando un grupo de cuatrocientos chicos pasó, arrastrando con ellos el tronco de un gran árbol. Era un trabajo duro para los chicos, ya que el tronco era muy grande y muy pesado.

Zipacná los llamó. Les dijo—: ¿Qué están haciendo? ¿Por qué llevan ese árbol?

Los chicos respondieron—: Hemos cortado este árbol para hacer un dintel para ponerlo en la puerta de nuestra casa. Pero es tan pesado que no podemos levantarlo. No podemos cargarlo.

Zipacná dijo—: Déjame ayudarles —y tomó el gran tronco del árbol sobre sus hombros y lo llevó al lugar donde los chicos estaban construyendo su casa. Zipacná les ayudó a poner el dintel en su casa.

Cuando terminaron, los chicos dijeron—: ¿Tienes madre o padre?

—No tengo ninguno de los dos —dijo Zipacná, porque tanto Siete Guacamayo, su padre, como Chimalmat, su madre, habían muerto.

—Entonces quédate con nosotros —dijeron los chicos—, y puedes ayudarnos a conseguir otro árbol para usar en la construcción de nuestra casa.

Así que Zipacná aceptó quedarse con los chicos y ayudarles a conseguir otro árbol. Pero a espaldas de Zipacná, los chicos conspiraron contra él—. ¿Quién se cree que es, levantando nuestro tronco así él solo? Deberíamos matarlo.

Los chicos decidieron cavar un gran agujero y pedirle a Zipacná que se metiera en él. Luego le tirarían el árbol en la cabeza y lo matarían con él. Cuando terminaron de cavar el agujero, fueron a Zipacná y le dijeron—: Necesitamos que este agujero sea más profundo, pero no podemos hacer ese trabajo nosotros solos. ¿Lo harás por nosotros?

Zipacná accedió a cavar—. Llámanos cuando hayas cavado lo suficiente —dijeron los muchachos, y lo dejaron con su trabajo, pensando que tirarían el tronco cuando Zipacná llamara. Pero Zipacná había oído los planes de los muchachos. Sabía que tenían la intención de matarlo. Así que en lugar de cavar, cavó a un costado del agujero. Cavó una pequeña cámara para esconderse, para salvarse cuando los chicos intentaran matarlo.

Los chicos vinieron al agujero y dijeron—: ¿Ya terminaste de cavar?

Zipacná respondió—: Todavía no. Les llamaré cuando el agujero sea lo suficientemente profundo.

Zipacná siguió cavando hasta que hizo una cámara lo suficientemente grande para esconderse. Luego entró en la cámara y llamó a los muchachos—. ¡El agujero es lo suficientemente profundo! Por favor, ayúdame a quitar toda la tierra que he cavado. ¡Deberían ver cuán profundo he cavado!

Los chicos escucharon la llamada de Zipacná. Tomaron el gran árbol y lo arrastraron hasta el borde del agujero. Inclinaron el árbol hacia dentro del agujero. Cayó, golpeando el fondo con un poderoso golpe. Y cuando el árbol tocó el fondo del agujero, Zipacná gritó como en agonía.

—¡Ja! ¡Está muerto!—dijeron los chicos, y bailaron con alegría por su victoria—. Es bueno que lo hayamos matado—se dijeron unos a otros—, porque era demasiado fuerte, y podría haber intentado gobernarnos sin nuestro consentimiento.

Entonces los chicos decidieron que harían un buen licor para beber, que lo harían durante tres días, y que durante los tres días, comprobarían que el gigante estuviera realmente muerto. Sabrían que estaría muerto cuando las hormigas comenzaran a reunirse en el agujero. Cuando la bebida estuviera lista, y las hormigas se hubieran reunido, y estuvieran seguros de que Zipacná estaba muerto, celebrarían una gran fiesta.

Zipacná se sentó en la cámara que había cavado, y desde ese agujero en la tierra, escuchó todos los planes de los chicos. Sabía que tenía que convencerlos de que estaba muerto. Se cortó las uñas. Se cortó el pelo. Las hormigas bajaron por el agujero y encontraron el pelo y los recortes de las uñas. Los tomaron y comenzaron a llevarlos a su nido.

Después de tres días, los chicos fueron al agujero y vieron a las hormigas llevando trozos de las uñas y el pelo de Zipacná. Dijeron—: ¡Seguramente el gigante está muerto! ¿Ven? Las hormigas están llevando sus uñas y su pelo. Ahora podemos tener nuestra celebración.

Los chicos entraron en su casa y bebieron su licor dulce hasta que se emborracharon. Cuando Zipacná estuvo seguro de que estaban tan borrachos que no le oyeron llegar, salió del agujero y les derribó la casa sobre sus cabezas, matándolos a todos. Ninguno de los cuatrocientos chicos sobrevivió. Fueron llevados a los cielos y se convirtieron en la constelación llamada Motz (Pléyades).

Ahora, pronto llegó a oídos de Hunahpú e Ixbalanqué que Zipacná había matado a los cuatrocientos niños. Esto hizo que los gemelos se enfadaran mucho, ya que los chicos habían sido sus amigos. Juraron vengarse de Zipacná por su acción. Los gemelos sabían que durante el día, Zipacná estaría en el río pescando peces y cangrejos, mientras que por la noche andaba llevando montañas de un lugar a otro. Los gemelos juraron que lo engañarían usando su amor por la carne de cangrejo. Tomaron algunas hojas y flores de la planta bromelia y las usaron para hacer las patas y garras, mientras que una gran piedra se convirtió en el cuerpo. Los gemelos escondieron el falso cangrejo en una cueva que estaba bajo una montaña llamada Meauan. Luego fueron a buscar a Zipacná.

Los gemelos fueron a lo largo del río, adivinando que este era el lugar más probable en el que el gigante estaría durante el día, y pronto lo encontraron allí, pescando cangrejo como era su costumbre—. ¿Qué estás haciendo allí?—le preguntaron.

Zipacná respondió—: Estoy pescando cangrejos para comer.

—¿Has cogido alguno?—dijeron los gemelos.

—No—dijo Zipacná—. No he tenido suerte durante días, y estoy hambriento.

—¡Oh!—dijeron los gemelos—. Oh, sabemos dónde hay un gran cangrejo que podrías comer. Lo vimos hace poco, en una cueva no muy lejos de aquí. Intentamos atraparlo, pero sus garras eran demasiado fuertes y tuvimos que dejarlo ir. Pero tú pareces un tipo muy fuerte; tal vez podrías atrapar el cangrejo.

—¡Sí!—dijo Zipacná—. ¡Podría atrapar un gran cangrejo como ese con facilidad! Por favor, muéstrenme cómo llegar a la cueva.

—Tenemos otros asuntos que atender y no podemos mostrarte—dijeron los gemelos—, pero si sigues el río hacia el oeste hasta la base de esa montaña de allí, encontrarás la cueva muy fácilmente. El cangrejo es bastante grande, así que no deberías tener dificultad para encontrarlo.

—¡Oh, por favor, por favor, muéstrenme el camino!—gritó Zipacná—. ¿Y si me pierdo y no puedo encontrar la cueva? No he comido en mucho tiempo, estoy muy débil. Además, si vienen conmigo, tal vez encuentren pájaros a los que disparar con sus cerbatanas por el camino, y entonces todos tendremos algo bueno que comer hoy.

Cuando los chicos vieron lo desesperado que estaba Zipacná, acordaron llevarlo a la cueva. Juntos los tres caminaron hacia el oeste a lo largo del río hasta que llegaron al lugar donde los gemelos habían escondido el falso cangrejo. Zipacná vio las garras que se veían cerca de la boca de la cueva. Se acostó sobre su estómago para entrar, ya que la boca de la cueva era muy estrecha. Se arrastró hacia adelante de cabeza, pero el falso cangrejo se alejó y no pudo atraparlo. Zipacná salió de la cueva con las manos vacías.

—¿No atrapaste el cangrejo?—preguntaron los gemelos.

—No, se alejó cuando me acerqué—dijo Zipacná.

—Tal vez si te metes de espaldas tengas mejor suerte—dijeron los gemelos.

—Sí, es una buena idea—dijo Zipacná—. Intentaré hacerlo.

Zipacná se acostó de espaldas y se metió en la boca de la cueva. Se contorsionó hasta los hombros y luego hasta la cintura. Pero cuando llegó hasta las rodillas, la montaña se asentó sobre él y no pudo salir. Y de esta manera, Hunahpú e Ixbalanqué acabaron con Zipacná, hijo de Siete Guacamayo, allí en el oeste del mundo.

La caída de Cabracán

Guatemala forma parte del cinturón de Fuego del Pacífico, y su cordillera occidental y su llanura suroeste están salpicadas de volcanes. Por lo tanto, Guatemala experimenta frecuentes terremotos, por lo que no es sorprendente que los mayas hayan creado un mito en torno a esos espantosos y potencialmente destructivos eventos naturales.

La historia de la caída de Cabracán, cuyo nombre es la palabra maya para "terremoto", es una combinación de un cuento con moraleja contra el orgullo excesivo y un cuento con truco. También puede ser una especie de historia justa, ya que según Allen Christensen, los mayas aún hoy en día conceptualizan los terremotos como la paliza de un gigante que está enterrado bajo tierra.

Cabracán fue el segundo hijo del orgulloso Siete Guacamayo—. ¡Soy el más fuerte!—proclamaba Cabracán—. ¡Sacudo las mismas montañas! ¡Las hago caer!

Corazón del Cielo miró desde el cielo y vio a Cabracán derribando montañas y presumiendo de ello—. Esto no está bien —dijo Corazón de Cielo—. Esta fanfarronería es muy mala. Está tratando de parecer que es aún más grande que el sol. Tendré que hacer algo al respecto.

Y así, Corazón del Cielo fue a los gemelos héroes, Hunahpú e Ixbalanqué. Les dijo a los gemelos que Cabracán se había vuelto tan orgulloso que debía ser asesinado—. Cabracán cree que es más importante incluso que el sol —dijo Corazón del Cielo a los gemelos—, y por eso deben acabar con él. Llévenlo al este, donde sale el sol, y ocúpense de él allí.

—Haremos esto, oh Corazón del Cielo—dijeron los gemelos—, porque también desaprobamos su comportamiento jactancioso, y es nuestro deber hacer tu voluntad.

Hunahpú e Ixbalanqué fueron a buscar a Cabracán. Pronto lo encontraron, bajando las montañas como era su costumbre. Cabracán era tan poderoso que todo lo que necesitaba hacer era dar un golpecito con el pie y se derrumbaría la montaña; no quedaría nada más que escombros y polvo.

Los gemelos le dijeron a Cabracán—: ¿A dónde vas?

Cabracán dijo—: No voy a ninguna parte. Estoy derribando montañas, convirtiéndolas en escombros y polvo. Eso es lo que me gusta hacer.

Entonces Cabracán miró de cerca a los gemelos—. Creo que no les he visto antes. ¿De dónde son? ¿Cómo se llaman?

—No tenemos nombres—dijeron los gemelos—. Somos simplemente pobres cazadores. Vagamos por las montañas con nuestras cerbatanas buscando caza. Pero si buscas montañas para aplastar, tal vez deberías ir allí. Vimos una gran montaña allí, tan grande que se alza sobre todas las demás. Intentamos e intentamos atrapar pájaros en esa montaña, pero no tuvimos suerte. ¿Realmente derribas montañas?

—Sí, ciertamente lo hago—dijo Cabracán—. Pero cuéntenme más de esta montaña. No veo cómo pude haberme perdido una tan grande.

—Está al este—dijeron los gemelos.

—Llévenme allí—dijo Cabracán.

Y así, se pusieron en camino juntos, con Cabracán en el medio y un gemelo a cada lado de él. Mientras caminaban, los gemelos cazaban pájaros con sus cerbatanas. Las armas no tenían perdigones. Todo lo que los gemelos tenían que hacer era apuntar el arma a un pájaro y soplar, y el pájaro caería muerto. Cabracán observó a los gemelos, y se maravilló de cómo podían matar a los pájaros con solo la fuerza de su aliento.

Cuando los chicos habían matado suficientes pájaros, se detuvieron para cocinarlos y comerlos. Los chicos hicieron un fuego, y comenzaron a asar algunos de los pájaros en un asador. Dejaron un pájaro a un lado. A este lo cubrieron con tierra, para usarlo para engañar a Cabracán. Dijeron—: Cuando tenga hambre, le daremos este para que lo coma. Cuando coma el pájaro cubierto de tierra, lo debilitará y podremos derrotarlo. Cabracán será enterrado en la tierra, así como el pájaro que come se enterrará dentro de él.

Después de un tiempo, el rico aroma de pájaro asado llenó el aire. Las pieles de los pájaros se volvieron marrón dorado. La rica grasa goteaba en el fuego y chisporroteaba, arrojando un humo fragante. Cabracán olió la bondad de los pájaros asados. Se puso muy hambriento, y se le hizo la boca agua—. ¿Qué es esto que están cocinando?—dijo—. Huele tan bien; déjenme comer un poco.

—Por supuesto—dijeron los gemelos, y le entregaron el pájaro que habían untado con tierra.

El gigante estaba tan hambriento que se tragó el pájaro de un solo bocado. Ni siquiera se dio cuenta de que estaba cubierto de tierra. Se comió el pájaro, la tierra, las plumas, la carne, los huesos y todo lo demás.

Cuando los tres terminaron de comer, continuaron su viaje hacia el este. Cabracán se sintió extraño. Sus miembros se sentían cansados y débiles. No podía entender lo que estaba pasando. El pájaro encantado cubierto de tierra estaba haciendo su trabajo. Pronto llegaron a la montaña.

—¡Ahí está!—dijeron los gemelos—. ¡Derrumba la montaña!

Cabracán trató de sacudir la montaña, pero no pudo hacer nada. Estaba tan débil que se hundió en el suelo. Los gemelos agarraron a Cabracán y le ataron las manos a la espalda. También le ataron los tobillos. Entonces los gemelos cavaron una gran fosa. Echaron a Cabracán dentro de ella, y llenaron la fosa con tierra, y allí el gigante murió. Y así Cabracán, el hijo de Siete Guacamayo, fue derribado por los gemelos héroes, Hunahpú e Ixbalanqué, allí al Este del mundo.

La historia de los gemelos héroes

Además de las tres historias de las victorias de los gemelos héroes sobre Siete Guacamayo y sus hijos, el Popol Vuh *contiene un extenso relato de la paternidad de los gemelos y sus hazañas en Xibalbá, el inframundo maya. Que los gemelos son seres divinos está atestiguado no solo por sus poderes sobrehumanos sino también por su relación de sangre con varias deidades mayas, y por la naturaleza inusual de su concepción.*

El padre de Hunahpú e Ixbalanqué es Un Hunahpú, hijo de Xmucané, la Abuela de la Luz y una de las deidades involucradas en la creación del mundo, como vimos anteriormente. Su madre es Dama Sangre, que es la hija de Sangre Acumulada, uno de los señores del Inframundo. Los gemelos son concebidos cuando la cabeza de Un Hunahpú, que ha sido asesinado, derrama saliva en la mano de la Dama Sangre. Por lo tanto, la historia maya comparte con muchas otras tradiciones, incluyendo las de los aztecas y los antiguos irlandeses, la idea de que los seres divinos pueden ser concebidos sin coito.

El juego de pelota sagrado, que los mayas llamaban pitz *y los aztecas conocían como* tlatchtli, *juega un papel central en la mayor parte de las historias de Hunahpú e Ixbalanqué, y era una característica importante de la vida social y ritual de Mesoamérica. Este juego, que consistía en jugar en una cancha en forma de I con paredes elevadas, utilizaba una pelota de goma sólida que los jugadores debían golpear con sus caderas, rodillas o codos a través de un aro de piedra que se fijaba en las paredes de los lados largos de la cancha.*

Los gemelos encarnan algunos de los rasgos más comunes de los héroes divinos. Son prodigiosamente fuertes, hábiles, inteligentes y pueden hacer cierta cantidad de magia. Pueden hablar con los animales y entender lo que los animales les dicen. También son magníficos embaucadores: no solo logran salir de los apuros que fueron la perdición de sus propios mayores, sino también derrotar a los señores de la Muerte por medio de un truco.

Un Hunahpú y Siete Hunahpú en Xibalbá

Hemos oído hablar de las grandes hazañas de Hunahpú e Ixbalanqué, y cómo derrotaron al presumido Siete Guacamayo y sus hijos, Zipacná y Cabracán. Y ahora veremos las hazañas de su padre, y de cómo nacieron Hunahpú e Ixbalanqué, y de las hazañas de los gemelos y su padre en Xibalbá, que es el Inframundo, la Tierra de la Muerte.

Había dos hermanos, Un Hunahpú y Siete Hunahpú, y eran los hijos de Xmucané, la Abuela de la Luz, que ayudó a la creación de la humanidad. Un Hunahpú fue el padre de Hunahpú e Ixbalanqué, pero también tuvo otros dos hijos, llamados Un Batz y Un Chouen, que significan Un Mono y Un Artesano, y estos nacieron mucho antes que los gemelos héroes. La esposa de uno de ellos se llamaba Xbaquiyalo, que significa Mujer Garza, pero murió muy pronto.

Siete Hunahpú no tenían esposa, pero vivían con su hermano como compañero y sirviente. Tanto Un Hunahpú como Siete Hunahpú eran sabios y conocedores. Eran hombres de buen corazón, videntes que podían predecir el futuro. Enseñaron todo lo que sabían a Un Mono y a Un Artesano, y así los chicos tocaban bien la flauta y cantaban con voces dulces. Sabían cómo hacer cosas hermosas con jade, plata y oro. Escribían bien, y podían esculpir en piedra.

A Un Hunahpú y a Siete Hunahpú les gustaba pasar sus días jugando a los dados y al juego de pelota sagrado. Cada día bajaban al campo de juego para practicar. A veces Un Mono y Un Artesano se unían a su padre y a su tío, y juntos los cuatro jugaban un juego tras otro. Eran todos muy hábiles jugadores de pelota. En los momentos en que todos jugaban juntos, Voc, el Halcón, que es el mensajero de Corazón del Cielo, venía a verlos.

Ahora, el campo de juego de Un Hunahpú y Siete Hunahpú estaba directamente sobre el camino a Xibalbá. Cada vez que los hombres y los gemelos jugaban a la pelota, el golpeteo de sus pies y el golpeteo de la pelota contra el suelo, las paredes y los cuerpos resonaban en los pasillos del Inframundo. Un día, los hermanos y los gemelos jugaron un juego de pelota muy duro. Los golpes y choques fueron aún más fuertes que de costumbre mientras intentaban derrotarse entre ellos. Era tan ruidoso y tan perturbador que los señores de Xibalbá, Un Muerte y Siete Muerte, se dijeron el uno al otro—: ¿Qué es todo ese alboroto que hacen allí? Esto es tan irrespetuoso. No deberían hacer tanto ruido. Les mostraremos lo que significa respetar a los señores de Xibalbá. Los invitaremos a jugar ese ruidoso juego aquí abajo. Les mostraremos quiénes son los mejores jugadores del mundo, y cuando lo hagamos, ya no podrán jugar más, y nuestro reino volverá a ser pacífico y tranquilo.

Un Muerte y Siete Muerte convocaron a todos los jueces y demonios de Xibalbá, y estos son sus nombres y deberes:

Costra Voladora y Sangre Acumulada hacen que la gente se enferme en su sangre.

Demonio Pus y Demonio Ictericia hacen que la piel se vuelva amarilla y que el cuerpo se hinche y supure pus.

Bastón de Hueso y Bastón de Cráneo llevan bastones hechos de hueso. Su deber es hacer que la gente se consuma hasta que no sean más que piel y huesos.

Demonio Basura y Demonio Puñalada atacaban a la gente que no limpiaba la basura de sus casas, a los que no barrían sus umbrales y mantenían el espacio alrededor de sus casas limpio y ordenado. Estos demonios descendían sobre esas personas y las apuñalaban hasta que morían.

Los dos últimos jueces de Xibalbá se llamaban Alas y Patán. Atacaban a los que viajaban por los caminos, y a los que caminaban por los caminos llevando cargas pesadas. Alas y Patán hacían que esta gente muriera vomitando sangre.

Y así, los señores de Xibalbá les dijeron a los jueces y demonios lo que iban a hacer. Dijeron—: Un Hunahpú y Siete Hunahpú no nos respetan. Juegan su juego de pelota muy ruidosamente. Vamos a desafiarlos a un juego de pelota para hacerlos parar. ¿Qué dicen?

Los jueces y los demonios respondieron—: Este es un buen pensamiento. Son buenas palabras. También estamos cansados del ruido que hacen. Además, deseamos tener su equipo de juego, sus almohadillas y máscaras, y su pelota. Sí, juguemos el juego de pelota con ellos y mostrémosles quiénes son los verdaderos campeones. Podemos ganar de ellos sus cosas de juego. Entonces no podrán jugar, y tal vez tengamos algo de paz y tranquilidad.

Cuando los jueces y los demonios aceptaron el plan, los señores de Xibalbá llamaron a sus búhos mensajeros. Enviaron a los búhos a Un Hunahpú y a Siete Hunahpú, ordenándoles que vinieran a Xibalbá a jugar el juego de pelota allí y que trajeran con ellos todo su equipo de juego. Un Hunahpú y Siete Hunahpú aceptaron la convocatoria, pero antes de irse, les dijeron a Un Mono y a Un

Artesano que se quedaran con su abuela, Xmucané, para cuidarla. También les dijeron a los chicos que continuaran practicando sus artes.

Xmucané se asustó mucho cuando escuchó lo que Un Hunahpú y Siete Hunahpú habían sido llamados. Lloró muy amargamente—. Hijos míos—dijo—, seguramente no los volveré a ver nunca más. Seguramente los señores de Xibalbá nunca los dejarán marchar. Por favor, no me dejen aquí sola.

—No temas, madre—dijeron los hermanos—. Volveremos. Esto te lo prometemos. Y mientras no estemos, Un Mono y Un Artesano te cuidarán como nosotros siempre lo hemos hecho.

Y así, Un Hunahpú y Siete Hunahpú tomaron sus equipos para ir a jugar a donde los señores de la Muerte. Pero dejaron su pelota de goma, que ataron en la parte superior de su casa. Luego, despidiéndose de su madre y de los gemelos, siguieron a los búhos hasta la entrada de Xibalbá.

Fue un largo y cansado camino hasta Xibalbá. Los búhos guiaron a los hermanos por un largo tramo de escaleras que llegaban al fondo de un cañón. Tuvieron que atravesar dos cañones. Los hermanos también tuvieron que cruzar muchos ríos peligrosos. Un río estaba lleno de escorpiones. Otro estaba hecho todo de sangre, y otro de pus. Pero los hermanos los cruzaron todos sin sufrir daño alguno.

Después de cruzar todos los ríos, los hermanos llegaron a un lugar donde se encontraban cuatro caminos. Había un camino blanco que conducía al norte, un camino amarillo que conducía al sur, un camino rojo que conducía al este y un camino negro que conducía al oeste. Los hermanos no sabían qué camino tomar, hasta que escucharon un extraño susurro que venía del suelo—. Yo soy el camino negro—dijo la voz susurrante—. Es mi camino el que deben pisar para llegar al lugar al que van.

Por fin los hermanos llegaron a la cámara del consejo de los señores de Xibalbá. Allí vieron dos figuras sentadas—. Saludos, oh, Un Muerte—dijeron—. Saludos, oh Siete Muerte.

Pero las figuras no respondieron. Un Hunahpú y Siete Hunahpú estaban muy desconcertados, hasta que oyeron risas chillonas y gárgaras que venían del interior de la cámara. Entonces se dieron cuenta de que las figuras frente a la cámara no eran más que estatuas de madera para engañarlos.

—¡Adelante, adelante!—dijeron los señores de la Muerte—. No se preocupen por nuestra pequeña broma. ¡Entren!

Los hermanos entraron en la cámara donde los esperaban los señores de la Muerte junto con todos los jueces y demonios.

—¡Siéntense!—dijeron los señores de la Muerte, mostrando a los hermanos un banco—. Deben estar cansados después de su largo viaje. Mañana jugaremos el juego de pelota. ¿Por favor, siéntense!

Un Hunahpú y Siete Hunahpú fueron al banco y se sentaron, pero inmediatamente volvieron a saltar. El banco estaba hecho de piedra, y estaba al rojo vivo. Los hermanos no podían sentarse en él; la piedra les quemaba las nalgas. Una vez más, todos los Xibalbáns rugieron de risa. Rieron y rieron hasta que las lágrimas corrieron por sus mejillas y les dolieron las costillas.

Cuando los señores de la Muerte y los otros Xibalbáns terminaron finalmente con su regocijo, dijeron a los hermanos que serían llevados a un lugar donde podrían pasar la noche. La Tierra de los Muertos tenía muchas casas dentro de ella, y en cada casa había un tipo de prueba diferente.

La Casa de la Oscuridad no contenía nada más que el negro de la noche, una noche sin luna y sin estrellas. Era completamente oscura por dentro.

La Casa de Hielo era una casa de frío. El interior estaba rodeado de escarcha, y un viento helado soplaba continuamente a través de ella.

La Casa de los Jaguares estaba llena de jaguares. Los jaguares merodeaban por ahí. Tenían dientes afilados y garras con las que rasgar y desgarrar.

La Casa de los Murciélagos estaba llena de murciélagos que revoloteaban y revoloteaban por todas partes. Nunca descansaban, sino que volaban por ahí chirriando.

La Casa de los Cuchillos estaba llena de cuchillas afiladas que se deslizaban de un lado a otro.

Los señores de la Muerte decidieron que los hermanos debían ser colocados en la Casa de la Oscuridad—. Aquí hay una antorcha, y aquí hay cigarros para ustedes—dijeron los señores de la Muerte—. Tengan cuidado de no usarlos todos, porque no les pertenecen. Devuélvanoslos por la mañana, tal y como los reciben ahora.

Y así, Un Hunahpú y Siete Hunahpú pasaron la noche en la Casa de la Oscuridad, viendo como la antorcha y los cigarros se consumían lentamente hasta que no quedaba nada.

Por la mañana, los señores de la Muerte vinieron a buscar a los hermanos para el juego. Abrieron la puerta de la Casa de la Oscuridad y dijeron—: ¡Buenos días! Es hora de nuestro juego, pero primero deben devolver la antorcha y los cigarros.

—No podemos, señores—dijeron los hermanos—, porque se han quemado durante la noche.

—¿Qué?—dijo Una Muerte y Siete Muerte—. Les dijimos que los devolvieran. No han seguido nuestras instrucciones. Han destruido nuestras pertenencias. Por lo tanto, ¡deben morir!

Los señores de Xibalbá se llevaron a los hermanos y los sacrificaron. Cortaron la cabeza de Un Hunahpú, y luego enterraron el resto de su cuerpo junto con su hermano. Una Muerte y Siete Muerte ordenaron que la cabeza de Un Hunahpú se colocara en las ramas de un árbol que estaba cerca del camino. Tan pronto como la cabeza fue colocada allí, el árbol comenzó a dar frutos, aunque nunca antes lo había hecho, y la cabeza de Un Hunahpú cambió para parecerse tanto a la fruta que ya nadie podía decir dónde estaba la cabeza. Así es como el árbol de calabaza comenzó a dar frutos, y es por eso que su fruto es como una cabeza humana.

Los Xibalbáns se reunieron alrededor del árbol, sorprendidos de que hubiera empezado a dar frutos tan repentinamente, simplemente porque la cabeza de Un Hunahpú había sido colocada allí. Y así, los Xibalbáns hicieron una ley que decía que nadie debía tomar el fruto de ese árbol, y nadie debía refugiarse a su sombra, debido al poder de la cabeza de Un Hunahpú.

La Dama Sangre y el árbol de Un Hunahpú

Una vez hubo una doncella llamada Dama Sangre, y era la hija de un señor llamado Sangre Acumulada. Un día, su padre llegó a casa con una extraña historia para contar: era la historia del árbol de calabaza en Xibalbá, y cómo había empezado a dar frutos debido a que la cabeza de Un Hunahpú había sido colocada en él. Después de que la Dama Sangre escuchó la historia, no pudo pensar en nada más que en el árbol de calabaza. Anhelaba verlo y probar su fruto, y por mucho que su padre lo intentara, por mucho que le advirtiera sobre la ley de no tocar el árbol o estar a su sombra, no podía hacer cambiar de opinión a su hija, ni distraerla de su deseo por el fruto del árbol de calabaza.

Finalmente, el deseo de Dama Sangre se hizo tan fuerte que no pudo soportarlo más. Bajó por el camino al lugar donde estaba el árbol de calabaza. Se paró frente al árbol y miró con anhelo su fruto—. Esa fruta parece muy buena—dijo—. Debería elegir una y comérmela. Estoy segura de que no me pasará nada.

Una voz respondió desde el centro de las ramas, la voz del cráneo de Un Hunahpú—. ¿Por qué desearías un cráneo que ha sido colocado en las ramas de un árbol? Eso no es algo deseable.

—Tal vez no, pero de todas formas deseo probar una—dijo la doncella.

—Muy bien—dijo el cráneo—. Extiende tu mano derecha. Ponla entre las ramas del árbol donde pueda verla.

La Dama Sangre hizo lo que el cráneo le indicó, pero en vez de recibir un fruto de calabaza, sintió que algo húmedo goteaba en la palma de su mano: el cráneo había goteado algo de saliva en su mano. La doncella retiró su mano para ver lo que había goteado allí, pero cuando miró, no vio nada en absoluto.

—No temas—dijo el cráneo—solo te he dado mi saliva, y en la saliva de los reyes están sus descendientes. Cuando un hombre está vivo, tiene belleza porque sus huesos están cubiertos de carne, pero los huesos de los muertos dan miedo. La esencia del hombre, especialmente si es un gran señor, está en su saliva, y así su esencia se transmite a sus hijos. La esencia del señor, y su rostro, y su habla, continúan en los cuerpos de sus hijos e hijas. Y así será para mí, porque te he dado mi saliva. Es hora de que regreses a tu casa. No sufrirás ningún daño y verás que te he dicho la verdad.

Y así se cumplió la voluntad de Corazón del Cielo en el encuentro de la Dama Sangre y el cráneo de Un Hunahpú.

Después de darle a la Dama Sangre otras instrucciones, Un Hunahpú le pidió que regresara a casa. Lo hizo, y no mucho después, se encontró con que estaba embarazada. Esto sucedió cuando el cráneo escupió en su mano, y así fue como se concibieron los gemelos héroes Hunahpú e Ixbalanqué.

La Dama Sangre pudo ocultar su condición durante seis meses, pero después de ese tiempo comenzó a mostrarse. Sangre Acumulada notó que su hija estaba embarazada, y se enojó. Se presentó ante Una Muerte y Siete Muerte y los otros señores de Xibalbá y les dijo que su hija se había acostado con un hombre y ahora estaba embarazada.

—Ve y pregúntale qué pasó—dijeron los señores de Xibalbá—. Sácale la verdad. Y si no es sincera, será sacrificada.

Sangre Acumulada estuvo de acuerdo en que era un buen plan. Regresó a casa y le preguntó a su hija cómo era que estaba embarazada. Le preguntó quién era el padre, con qué hombre se había acostado.

—Nunca me he acostado con un hombre, Padre—dijo Dama Sangre—. No sé de qué estás hablando.

—Entonces es verdad—dijo Sangre Acumulada—. No eres más que una vulgar prostituta.

Sangre Acumulada convocó a los cuatro búhos de Xibalbá. Cuando llegaron, Sangre Acumulada dijo—: Llévensela a esa vulgar prostituta y sacrifíquenla. Devuélvanme su corazón en un cuenco.

Los búhos agarraron a la joven entre sus garras. Llevando también un cuenco y un cuchillo de pedernal, llevaron a la Dama Sangre por los cielos de Xibalbá hasta el lugar del sacrificio.

—No pueden matarme—dijo la Dama Sangre—. Estoy embarazada, pero no porque me haya acostado con un hombre. Este es el niño que me dio el cráneo de Un Hunahpú, que descansa en el árbol de calabaza, el que está junto al camino cerca del campo de juego. No merezco ser sacrificada.

—No queremos sacrificarte—dijeron los búhos—pero debemos llevar algo en el cuenco. ¿Qué debemos hacer?

—Vayan al árbol de crotón—dijo la Dama Sangre—. Recojan su savia, porque parece sangre. Recojan su savia, y parecerá un corazón cuando lo pongan en el cuenco.

Los búhos hicieron lo que la joven les dijo. Fueron al árbol. La Dama Sangre lo apuñaló con el cuchillo de pedernal sagrado de los búhos. La savia roja rezumó. Los búhos atraparon la savia en el cuenco, y allí formó un bulto. La savia se juntó, y se convirtió en una forma redondeada que parecía un corazón.

—Espera aquí—dijeron los búhos—. Espéranos aquí. Iremos a mostrar esto a los señores de Xibalbá, y cuando estén satisfechos por haber sido sacrificada, volveremos para guiarte lejos de aquí. Te guiaremos a un lugar seguro.

Y así, los búhos volaron de vuelta a los señores de Xibalbá con el cuenco lleno de savia. Cuando llegaron, Una Muerte dijo—: ¿Es ese el corazón de la joven en ese cuenco?

—Lo es—dijeron los búhos—. Ciertamente lo es.

—Tráiganlo aquí para que pueda examinarlo—dijo Una Muerte.

Los búhos llevaron el cuenco a Una Muerte. Puso sus dedos en la savia roja. Agitó la savia con los dedos, luego los levantó y miró. Sus dedos parecían chorrear sangre.

—Aticen el fuego—dijo Una Muerte—. Aticen para que arda más caliente. Entonces quemaremos el corazón en él.

Los búhos atizaron el fuego y le añadieron leña. Cuando estaba ardiendo bastante, Una Muerte puso la savia en él. La savia humeaba con una dulce fragancia. Todos los Xibalbáns se reunieron alrededor del fuego para oler la fragancia de la savia ardiente, que todos pensaron que era sangre. Y así es como la Dama Sangre engañó a los señores de Xibalbá.

Mientras los señores de Xibalbá olían la fragancia de la savia del árbol, los búhos volvieron a la Dama Sangre y la guiaron al mundo de arriba. Entonces los búhos volvieron a Xibalbá.

La Dama Sangre fue a la casa de Xmucané, la Abuela de la Luz, que era la madre de Un Hunahpú y Siete Hunahpú y la abuela de Un Mono y Un Artesano. La Dama Sangre fue ante Xmucané y le dijo—: Te saludo, oh Madre, porque soy tu nuera.

Xmucané estaba asombrada—. ¿Cómo puede ser esto? Mis hijos descendieron a Xibalbá y nunca regresaron, y estoy segura de que deben estar muertos. Solo tengo a mis nietos, Un Mono y Un Artesano. Son todo lo que me queda de mis propios hijos queridos. Lo que dices no puede ser verdad. Vete. Vuelve al lugar de donde viniste.

—Yo digo la verdad—dijo la Dama Sangre—. Estoy embarazada, tengo gemelos, y ellos son los hijos de Un Hunahpú. Un Hunahpú y Siete Hunahpú no están muertos. Los verás de nuevo. Los verás cuando nazcan mis dos hijos.

—No, tú mientes—dijo Xmucané—. Tú mientes. Mis hijos están muertos. Esos no pueden ser sus hijos. Te acostaste con un hombre y ahora vienes a mí pensando que te creeré. No te creo. Vete de aquí.

—Digo la verdad—dijo la Dama Sangre—. En verdad estos son los hijos de Un Hunahpú.

—Si realmente eres mi nuera—dijo Xmucané—debes probarlo. Toma esta red y llénala de maíz. Haz esa tarea con éxito, y aceptaré que eres mi nuera.

—Haré lo que me pidas—dijo la Dama Sangre.

La Dama Sangre tomó la red. Fue al campo donde crecía el maíz, el campo que pertenecía a Un Mono y Un Artesano. La Dama Sangre fue al campo y empezó a buscar maíz para llenar su red. Buscó y buscó, y aunque el maíz crecía bien, solo pudo encontrar una mazorca para llevar a casa. No importaba cómo buscara, no pudo encontrar más de una mazorca de maíz que estuviera lista para comer—. ¡Oh, no!—lloró Dama Sangre—. ¿Qué debo hacer? Seguramente he hecho mal, porque no puedo devolverle una red de maíz a mi suegra. No hay maíz. ¿Qué debo hacer?

Entonces la Dama Sangre comenzó a cantar. Cantó una canción llamando a las diosas del campo de maíz—. ¡Ven, oh Señora del Trueno!—cantó—. ¡Ven, oh Dama Amarilla! ¡Ven, Señora del Cacao! ¡Ven, Señora de la Harina de Maíz! Vengan en mi ayuda, oh guardianes del campo de Un Mono y Un Artesano.

La Dama Sangre tomó la seda de maíz de la parte superior de la mazorca entre sus dedos. Tiró suavemente de la seda de maíz, sin abrir la cáscara, sin quitar la mazorca del tallo. Suavemente y con cuidado tiró, y mientras tiraba, las mazorcas de maíz maduras cayeron de la seda a su red. El maíz se multiplicó y multiplicó, y aún así la única mazorca de maíz estaba intacta en el tallo. Finalmente, la joven tenía suficiente maíz para llenar su red, pero ¿cómo cargarlo? Estaba muy llena y era muy pesada, y la casa de la abuela Xmucané estaba bastante lejos. Pero pronto el problema se resolvió: los animales salieron de los árboles para ayudarla. Tomaron la red y el armazón de la mochila, y la llevaron de vuelta por el camino. Pero cuando estuvieron a la vista de Xmucané, se la devolvieron a la Dama Sangre, que la tomó y fingió que la había llevado todo el camino ella misma.

Cuando Xmucané vio a la Dama Sangre cargando la pesada red llena de maíz, se quedó asombrada—. ¿Dónde encontraste todo ese maíz? ¿Lo robaste de algún otro campo? Voy al campo de Un Mono y Un Artesano. Veré si realmente conseguiste el maíz de allí o de algún otro campo.

Xmucané bajó por el camino al campo de maíz, y allí vio la planta con una sola espiga, y las otras plantas sin espigas maduras. Miró el suelo debajo de la planta con una mazorca. Allí vio los surcos de las cuerdas de la red que fueron empujadas al suelo mientras el maíz caía de la seda de maíz, la depresión en el suelo por el peso de la gran pila de maíz. Entonces Xmucané comprendió lo que había pasado, y regresó a casa.

Xmucané fue a la Dama Sangre y le dijo—: Ahora veo que has hablado con sinceridad. Eres mi nuera, y esos son mis nietos que llevas.

Las hazañas de la niñez de Hunahpú e Ixbalanqué

Cuando llegó el momento de que nacieran los gemelos, Dama Sangre se fue a las montañas. Fue allí donde nacieron los gemelos. Llegaron de repente; su abuela no tuvo tiempo de llegar para verlos nacer. Dama Sangre nombró a los niños Hunahpú e Ixbalanqué, y los llevó a la montaña para que vivieran en la casa de la abuela Xmucané con sus hermanos mayores Un Mono y Un Artesano. Pero esto no fue fácil para nadie, ya que los gemelos lloraban constantemente, y nadie podía dormir.

Finalmente, Xmucané había tenido suficiente—. ¡Llévate a esos dos bebés! ¡Llévatelos a otro lugar! Nadie en esta casa puede dormir con ellos aquí.

Dama Sangre llevó a los niños a un hormiguero. Las hormigas corrían de un lado a otro, entrando y saliendo del hormiguero. Dama Sangre puso a los gemelos en el hormiguero, y al instante dejaron de llorar y se durmieron.

En otra ocasión, cuando los gemelos estaban llorando, Un Mono y Un Artesano los tomaron y los pusieron en un arbusto de espinas. De nuevo, los gemelos se durmieron—. Deberíamos dejarlos allí—dijeron Un Mono y Un Artesano—. Deberíamos dejarlos en las espinas, o en el hormiguero. Tal vez mueran allí y tengamos algo de paz. —dijeron esto porque eran videntes y sabían todo lo que les pasaría a Hunahpú e Ixbalanqué, y todo lo que lograrían. Un Mono y Un Artesano deseaban que sus hermanos murieran porque estaban muy celosos, a pesar de sus grandes habilidades y dones.

Y así fue que Hunahpú e Ixbalanqué crecieron al aire libre en las montañas, y no en la casa de su abuela. Los gemelos crecieron bien y fuertes, y pronto pudieron ir de caza. Todos los días iban al bosque a cazar aves para que su familia comiera, y siempre volvían con algo bueno. Un Mono y Un Artesano, sin embargo, se sentaban alrededor de la casa y tocaban sus flautas. No ayudaban con la caza. Practicaban su escritura y tallado, y cantaban. Eran muy sabios, porque se habían convertido en el rostro de su padre, Un Hunahpú, que había sido derrotado por los señores de la Muerte en Xibalbá. Pero sus grandes habilidades no dieron resultado, porque sus corazones estaban carcomidos por la envidia, sus corazones ardían de envidia por Hunahpú e Ixbalanqué.

Cuando Xmucané preparaba la comida, Un Mono y un Artesano comían primero. Hunahpú e Ixbalanqué esperaban en la puerta por las sobras. Cuando Hunahpú e Ixbalanqué traían pájaros del bosque, Un Mono y Un Artesano los arrebataban y se los comían, y no daban nada a sus hermanos menores. Los gemelos no recibieron ningún amor de sus hermanos mayores, ni tampoco de su abuela. Pero Hunahpú e Ixbalanqué no se enojaron. Comprendieron cómo eran las cosas en la casa de su abuela. En vez de eso, esperaron su tiempo, esperando una oportunidad de justicia.

Un día, Hunahpú e Ixbalanqué regresaron de un día en el bosque sin ningún pájaro. Xmucané estaba muy enojada con ellos—. ¿Dónde están los pájaros? ¿Por qué han vuelto con las manos vacías?—reclamó.

—Los pájaros volaron hacia las ramas superiores del árbol, abuela—dijeron los gemelos—. Volaron tan alto que no pudimos atraparlos. Necesitamos ayuda para atraparlos. Queremos que Un Mono y Un Artesano nos ayuden —dijeron esto porque Hunahpú e Ixbalanqué habían ideado un plan para derrotar a sus envidiosos hermanos.

No planeaban matar a Un Mono o a Un Artesano, sino transformarlos, como castigo por su envidia y el mal trato que daban a Hunahpú e Ixbalanqué—. No nos tratan como hermanos—dijeron los gemelos—. Nos tratan como esclavos, y así tendremos justicia por ello.

Y así fue como Un Mono y Un Artesano fueron al bosque con sus hermanos a cazar pájaros. Llegaron a un gran árbol que estaba lleno de pájaros. Los pájaros estaban en las ramas del árbol cantando. Hunahpú e Ixbalanqué apuntaron sus cerbatanas a los árboles y dispararon a los pájaros, pero ninguno de los pájaros a los que dispararon cayó al suelo.

—¿Ven? Este es el problema—dijeron Hunahpú e Ixbalanqué—. Disparamos a los pájaros, pero el árbol es tan grande que se atascan en las ramas. Necesitamos que suban al árbol y nos traigan los pájaros muertos.

—Muy bien—dijeron Un Mono y Un Artesano, y empezaron a subir al árbol.

Subieron, subieron, subieron, alto entre las ramas. Entonces ocurrió algo extraño. Cuanto más alto subían, más grande se hacía el árbol, hasta que el árbol era tan grande que cuando Un Mono y Un Artesano estaban listos para bajar, ya no podían hacerlo.

—¡Ayúdennos!—gritaron Un Mono y Un Artesano—. ¡Ayúdennos, hermanos! ¡Este árbol es espantosamente alto! ¡No podemos bajar!

—Quítense los taparrabos—dijeron Hunahpú e Ixbalanqué—. Amárrenlos alrededor de la cintura y dejen que la parte larga cuelgue detrás de ustedes. Tiren de esa parte suelta. Entonces verán que pueden trepar a los árboles muy bien.

Un Mono y Un Artesano hicieron lo que sus hermanos dijeron. Retiraron sus taparrabos, y tiraron del cabo suelto que colgaba detrás. Mientras tiraban, el extremo de su taparrabos se convirtió en una cola. Las pieles empezaron a crecer por todo el cuerpo. Sus manos y pies se volvieron largos y delgados. Los dedos de los pies se volvieron largos y perfectos para el agarre. Sus brazos se hicieron largos, y sus cuerpos y cabezas se encogieron. ¡Un Mono y Un Artesano se convirtieron en monos araña!

Un Mono y Un Artesano gritaban y parloteaban, ya que no tenían habla humana. Pero trepar a los árboles no les resultaba difícil: subían y bajaban del gran árbol, trepaban con rapidez y habilidad, y se balanceaban de las ramas sobre sus colas. Se adentraron en el bosque, donde se treparon a los árboles, chillando entre ellos.

Hunahpú e Ixbalanqué se fueron a casa. Cuando Xmucané vio que sus hermanos no estaban con ellos, preguntó qué había sido de ellos.

—No temas, abuela—dijeron los gemelos—. Nuestros hermanos están a salvo. De hecho, los verás muy pronto, pero debes prometer que no te reirás de ellos. Los llamaremos ahora. Recuerda: ¡no debes reírte!

Hunahpú e Ixbalanqué tomaron la flauta y el tambor. Empezaron a tocar una canción, y el nombre de la canción era "Mono Araña Hunahpú". Un Mono y Un Artesano escucharon la canción cuando estaban en el bosque. No pudieron resistirse a su llamada. Entraron deambulando en la casa de la abuela Xmucané, parloteando y haciendo gestos como lo hacen los monos. Cuando Xmucané los vio, inmediatamente comenzó a reírse. Esto asustó a los monos, y volvieron corriendo al bosque.

Hunahpú e Ixbalanqué dijeron—: ¿Intentamos de nuevo, abuela? Podemos llamarlos de nuevo, pero solo podemos hacerlo cuatro veces. Podemos llamarlos tres veces más, pero debes prometer que no te reirás.

Xmucané prometió no reírse, así que una vez más Hunahpú e Ixbalanqué tocaron su canción. Una vez más, Un Mono y Un Artesano entraron en la casa de Xmucané. Bailaron por ahí, y estaban completamente desnudos como los monos. Xmucané miró su desnudez y su tonto baile. Intentó con todas sus fuerzas no reírse, pero no pudo contenerse. Pronto se rió mucho, y los dos monos huyeron al bosque.

Los gemelos trataron una vez más de llamar a sus hermanos para que regresaran del bosque. Una vez más, advirtieron a su abuela que no se riera. De nuevo, los monos vinieron cuando escucharon la llamada de la canción, y bailaron en la casa de Xmucané. Esta vez Xmucané intentó con más fuerza no reírse, pero las payasadas de sus nietos eran tan divertidas que no pudo evitarlo. Una vez más se echó a reír, y los monos volvieron al bosque.

—Lo intentaremos una vez más, abuela—dijeron los gemelos. Y así, comenzaron a tocar su canción, pero esta vez los monos no vinieron. Se quedaron en el bosque.

—No te apenes, abuela—dijeron Hunahpú e Ixbalanqué—. No podemos traer a Un Mono y Un Artesano de vuelta, pero estamos aquí. Estamos aquí, y también somos tus nietos, y te pedimos que ames a nuestra madre. Debes saber también que nunca olvidaremos a nuestros hermanos. Siempre se pronunciarán sus nombres. Siempre recordaremos sus actos.

Y así sucedió que cada vez que los músicos, escritores o talladores comenzaban un trabajo, llamaban a Un Mono y Un Artesano para bendecir su arte. Pero aunque estos hermanos eran venerados, no eran considerados dioses. No tenían ese honor, porque aunque sus actos como músicos y escritores eran buenos y dignos de ser recordados, tenían demasiado orgullo y envidia, y por esos pecados fueron convertidos en monos.

Ahora que Un Mono y Un Artesano vivían en el bosque como monos, ya no podían ayudar a su familia trabajando en el campo de maíz—. No teman—dijeron Hunahpú e Ixbalanqué a su madre y a su abuela—. Haremos ese trabajo ahora. Tomaremos el lugar de Un Mono y Un Artesano.

Los gemelos cogieron sus herramientas y sus cerbatanas y se prepararon para ir al campo de maíz—. Tráenos una comida al mediodía por favor, abuela—dijeron.

—La traeré—dijo Xmucané.

Los gemelos llegaron al campo de maíz. Tomaron la azada y la clavaron con gran fuerza en el suelo. La azada comenzó a cavar surcos en la tierra por sí misma. Tomaron el hacha y la clavaron con gran fuerza en un árbol. Entonces el hacha cortó el árbol por sí misma. Y así, la azada aró el campo y cavó las zarzas, y el hacha cortó los árboles.

Hunahpú e Ixbalanqué vieron a la tórtola en el borde del campo—. Tórtola—le dijeron al pájaro—debes ser nuestro vigía. Cuando veas venir a la abuela Xmucané, llámanos para que tomemos nuestras herramientas con nuestras propias manos.

La tórtola aceptó, y fue a un lugar donde podía vigilar a Xmucané. Mientras tanto, los gemelos tomaron sus cerbatanas y fueron a cazar pájaros para comer en lugar de trabajar en el campo de maíz. Muy pronto, la tórtola llamó a los gemelos. Se frotaron tierra por todo el cuerpo. Recogieron la azada y el hacha. Fingieron estar exhaustos por todo su duro trabajo. La abuela vino y vio todo el trabajo que habían hecho. Les dio a los chicos su comida, pero no se la habían ganado, porque no habían hecho el trabajo ellos mismos.

Cada noche, los gemelos volvían a casa y fingían estar doloridos y exhaustos por todo el trabajo—. ¡Oh!—decían—, ¡Oh, cómo nos duele la espalda! ¡Oh, qué cansados están nuestros miembros! Realmente trabajamos muy duro hoy.

Cada mañana, Hunahpú e Ixbalanqué volvían al campo de maíz. Pero cuando llegaban allí, se detenían y miraban con asombro. Porque durante la noche, todos los surcos se habían aplanado. Todas las zarzas y arbustos que habían sido excavados estaban de vuelta en sus lugares. Todos los árboles que habían sido cortados estaban enteros de nuevo.

—¿Cómo ha pasado esto?—gritaron los gemelos—. Alguien nos está jugando una mala pasada.

Lo que había sucedido es lo siguiente: en la noche, los animales vinieron. Alisaron los surcos. Volvieron a plantar las zarzas y los arbustos. Hicieron los árboles cortados enteros. Y así fue como cuando Hunahpú e Ixbalanqué llegaron a la mañana siguiente, todo su trabajo había sido deshecho.

Una vez más, Hunahpú e Ixbalanqué araron los surcos y cavaron zarzas y cortaron árboles. Pero cuando terminaron el trabajo del día, juraron vigilar su campo por la noche para ver quién era el que estaba deshaciendo todo su trabajo. Volvieron a casa y le contaron a su abuela lo que había pasado y lo que planeaban hacer, y entonces volvieron al campo de maíz para vigilar.

Cayó la noche. Hunahpú e Ixbalanqué se ocultaron en un lugar donde podían ver el campo pero no ser vistos por ellos mismos. Pronto hubo un crujido del bosque. Del bosque salieron todo tipo de animales: jaguares y coyotes, conejos y ciervos, tapires y coatíes, y todo tipo de aves. Los animales fueron a los zarzales y arbustos y les pidieron que se replantaran, y una vez más los zarzales y arbustos crecieron en sus lugares. Hicieron lo mismo con los árboles, y una vez más los árboles estaban enteros y creciendo en sus lugares.

Hunahpú e Ixbalanqué vieron a los animales deshacer todo su trabajo. Salieron de su escondite e intentaron atrapar a los animales. Primero, intentaron atrapar al jaguar y al coyote, pero esos animales eran demasiado rápidos. Luego trataron de atrapar conejos y ciervos. Atraparon al conejo y al ciervo por sus largas colas, pero las colas se rompieron, y los animales se escaparon. Es por eso que los conejos y los ciervos tienen hoy en día colas cortas.

Los gemelos intentaron e intentaron atrapar a los animales, pero no tuvieron éxito. Finalmente, fueron capaces de atrapar una rata. Sacaron su furia en la rata. La sostuvieron sobre el fuego y le quemaron el pelaje de la cola, y es por eso que las ratas tienen colas desnudas hoy en día.

—¡Alto!—dijo la rata—. No deben matarme. Tengo un mensaje para ustedes, y es este: ustedes no están destinados a ser granjeros de maíz. Pero sí sé qué es lo que se supone que deben hacer.

—Dinos—dijeron los gemelos.

—Les diré si me dejen marchar, y si me dan un poco de comida—dijo la rata—. Juro que no me escaparé y que les diré la verdad.

—Te daremos comida después de que nos des tu mensaje—dijeron los gemelos.

—Como quieran—dijo la rata—. Este es mi cuento: Sé dónde está el equipo de juego, las almohadillas, los cascos y la pelota que pertenecieron a sus padres, Un Hunahpú y Siete Hunahpú, que fueron a Xibalbá y murieron allí. Si se fijan en el tejado de la casa de su abuela, allí encontrarán todo su equipo para el juego de pelota. Su abuela ocultó estas cosas, porque sus padres murieron después de aceptar un desafío a un juego de pelota de los señores de Xibalbá.

Los gemelos se regocijaron al escuchar lo que la rata les dijo. Luego le dieron a la rata mucha buena comida, como habían prometido. Le dieron maíz, chiles y cacao, y muchas otras cosas buenas. Le dijeron a la rata que a partir de entonces tendría derecho a llevarse cualquier bocado de comida que hubiera sido barrida fuera de la casa.

—Ahora te llevaremos a casa para que nos muestres dónde está el equipo de juego—dijeron los gemelos.

—Con mucho gusto—dijo la rata—, ¿pero qué pasa si tu abuela nos atrapa? ¿Qué haremos entonces?

—No tengas miedo—dijeron los gemelos—. Sabemos qué hacer. Te pondremos entre las vigas y nos mostrarás dónde están las cosas. Podremos ver lo que haces reflejado en la salsa de chile que la abuela nos preparará.

Luego los gemelos y la rata pasaron el resto de la noche haciendo sus planes, y a medio día regresaron a casa. Escondieron a la rata para que no pudiera ser vista. Cuando llegaron a la casa de la abuela Xmucané, uno de los gemelos entró, mientras que el otro rodeó el exterior de la casa para poner a la rata en un lugar donde pudiera entrar en el tejado, y luego el gemelo entró también.

—¿Nos harás algo de comer, madre?—preguntaron los gemelos.

—Sí, con mucho gusto—dijo su madre—. ¿Qué les gustaría?

—Oh, haz algo con esa salsa de chile que es tan buena—respondieron.

Pronto la comida estaba delante de ellos, junto con un tazón de salsa de chile. Los gemelos fingieron estar muy sedientos. Bebieron toda el agua de la jarra.

—¿Nos traes más agua, oh abuela?—preguntaron. Pero no estaban realmente sedientos; esto no era más que una artimaña para hacer que la abuela saliera de la habitación.

Mientras esto sucedía, la rata esperaba en las vigas de la casa. Cuando la abuela se fue, la rata fue a donde estaban las cosas del juego. Se paró junto a las cosas del juego, y los gemelos vieron su reflejo en el tazón de salsa de chile. De esta manera, Hunahpú e Ixbalanqué descubrieron dónde se había escondido el equipo de juego.

Para poder bajar el equipo en secreto, también tuvieron que sacar a su madre de la casa. Le dijeron a una pequeña mosca mordedora que encontrara a la abuela y que hiciera un agujero en la jarra de agua para que se filtrara. La abuela no vio la mosca, pero sí vio la fuga. Intentó e intentó arreglarla, pero no pudo.

De vuelta a la casa, los gemelos comenzaron a quejarse de lo sedientos que estaban—. ¿Por qué tarda tanto la abuela? Algo seguramente debe haber salido mal. Oh, madre, ve a buscar a la abuela y mira si necesita ayuda.

Y así, la madre también dejó la casa, y una vez que se fue, la rata royó las cuerdas que estaban atando las cosas del juego de pelota en el techo. Los chicos cogieron las cosas cuando cayeron, y luego fueron a esconderlas en el camino cerca del campo de juego. Llevando sus cerbatanas, fueron al río, donde encontraron a las mujeres luchando con la jarra perforada.

—¿Por qué han tardado tanto?—preguntaron los gemelos—. Nos impacientamos con la espera.

—La jarra tiene un agujero—dijo la abuela—. Hemos intentado arreglarla para poder llevar el agua.

Hunahpú e Ixbalanqué arreglaron el agujero de la jarra. Y así, los gemelos y su madre y abuela volvieron a la casa juntos.

Juegos de pelota en Xibalbá

Ahora que Hunahpú e Ixbalanqué tenían el equipo de juego de sus padres, fueron a la cancha a jugar. Primero, tenían que despejar el campo, ya que estaba cubierto de maleza desde que Un Hunahpú y Siete Hunahpú fueron a Xibalbá. Cuando el campo estuvo despejado, se pusieron sus almohadillas y cascos. Tomaron la pelota y comenzaron a jugar. Corrieron felices, golpeando la pelota de un lado a otro y gritándose el uno al otro.

El sonido de su juego resonó abajo en los pasillos de Xibalbá. Los señores de la Muerte dijeron—: ¿Quién hace tanto ruido? ¿No hemos matado ya a Un Hunahpú y a Siete Hunahpú? ¿Quién podría ser, golpeando y saltando?

Los señores de la Muerte llamaron a los mensajeros búhos—. Vayan a donde esa gente ruidosa de ahí arriba. Díganles que si quieren jugar el juego, deben venir y hacerlo aquí abajo. Deben venir aquí, con su equipo de juego, dentro de siete días, y jugar el juego con nosotros. Los señores de Xibalbá lo ordenan.

Los mensajeros búhos volaron a la casa de Xmucané. Los búhos le dijeron que en siete días, Hunahpú e Ixbalanqué debían ir a Xibalbá con sus equipos de juego para jugar contra los señores de la Muerte.

—Les daré este mensaje—dijo Xmucané.

Cuando los búhos se fueron, Xmucané comenzó a llorar. Recordó que sus hijos habían sido convocados de la misma manera, y que nunca habían regresado. No quería perder a sus nietos también. Mientras lloraba, un piojo cayó sobre su cabeza. Lo arañó y luego lo recogió.

—Pequeño piojo—dijo Xmucané—. Tengo un mensaje que llevar a mis nietos, que están jugando en la cancha. ¿Lo llevarás por mí?

El piojo aceptó, y se escabulló para hacer su recado. En el camino hacia el campo de juego, había un sapo. El sapo vio al piojo escabullirse y dijo—: ¿Adónde vas?

—Voy al campo de juego—dijo el piojo—. Tengo un mensaje para los gemelos.

—Hm—dijo el sapo—. No te mueves muy rápido. Tal vez sería mejor que te trague. Puedo saltar más rápido que tú. Te ayudaré a llevar el mensaje.

El piojo estuvo de acuerdo con esto. El sapo sacó su larga y pegajosa lengua. Se tragó al piojo, y luego se fue saltando por el camino. En ese momento el sapo saltó al lado de una serpiente.

—¿A dónde vas?—dijo la serpiente.

—Llevo un mensaje a los chicos que están jugando a la pelota en el campo de juego.

—Hm—dijo la serpiente—. No saltas muy rápido. Tal vez sería mejor que te trague. Puedo deslizarme más rápido de lo que tú puedes saltar. Te ayudaré a llevar el mensaje.

El sapo estuvo de acuerdo con esto, y en ese momento la serpiente se deslizó por el camino, con el sapo en su vientre. La serpiente se encontró con un halcón, que se tragó a la serpiente. Entonces el halcón voló rápidamente hacia el campo de juego y se posó en la pared. Hunahpú e Ixbalanqué estaban jugando a la pelota, pero se detuvieron cuando escucharon el grito del halcón.

—¡Mira! ¡Hay un halcón allí!—dijeron—. Vamos a buscar nuestras cerbatanas.

Los gemelos fueron a buscar sus cerbatanas. Dispararon al halcón, dándole en el ojo. El halcón cayó de la pared, y los gemelos lo recogieron.

—¿Qué hacías allí en la pared?—preguntaron los gemelos.

—He venido con un mensaje para ustedes, pero no lo diré hasta que me curen el ojo—dijo el halcón.

Los chicos estuvieron de acuerdo con esto. Tomaron un pequeño trozo de su pelota de goma y la pusieron en la cuenca del ojo del halcón. Entonces el halcón se curó.

—¡Dinos el mensaje!—dijeron los gemelos al halcón, así que el halcón vomitó la serpiente.

—¡Dinos el mensaje!—dijeron los gemelos a la serpiente, así que la serpiente vomitó el sapo.

—¡Dinos el mensaje!—le dijeron los gemelos al sapo, pero por más que lo intentara, el sapo no pudo vomitar al piojo.

—Creemos que eres un mentiroso—dijeron Hunahpú e Ixbalanqué. Intentaron forzar al sapo a vomitar, pero aún así no pudo vomitar el piojo.

Entonces los chicos abrieron la boca del sapo y encontraron el piojo. El piojo no había sido tragado por el sapo. Estaba ahí dentro de la boca del sapo.

—¡Dinos el mensaje!—le dijeron los gemelos al piojo.

El piojo dijo—: Los señores de la Muerte les ordenan ir a Xibalbá a jugar el juego de pelota en siete días. Deben llevar su propio equipo de juego. Su abuela me pidió que les trajera este mensaje, y por eso llora mucho.

Hunahpú e Ixbalanqué dejaron que el piojo siguiera su camino y regresaron a casa. Allí encontraron a Xmucané y a su madre, llorando.

—No temas, abuela. No temas, madre. Sabemos lo que debemos hacer—dijeron los gemelos.

Hunahpú e Ixbalanqué plantaron cada uno una mazorca de maíz en el centro de la casa. Le dijeron a Xmucané y a Dama Sangre que si las mazorcas se marchitaban, significaba que habían muerto. Pero si las mazorcas florecían, eso significaba que estaban vivos.

Entonces los gemelos tomaron sus cosas de juego. Tomaron sus cerbatanas. Juntos tomaron el camino que lleva a Xibalbá. Cruzaron todos los ríos malignos, pero no sufrieron ningún daño. Cuando llegaron al cruce, Hunahpú tomó un pelo de su pierna y lo convirtió en un mosquito.

—Ve a los señores de Xibalbá—le dijeron los gemelos al mosquito—. Muérdelos, y escucha lo que tienen que decir. Luego ven y cuéntanos lo que has oído.

El mosquito zumbaba hacia la cámara donde estaban sentados los señores de Xibalbá. Allí encontró las dos figuras de madera.

Intentó morder a cada una de ellas, pero solo eran de madera. Luego entró en la cámara, donde mordió a Una Muerte.

—¡Ay!—dijo Una Muerte.

—¿Qué pasa, Una Muerte?—dijeron los otros.

—¡Algo me ha mordido!—dijo Un Muerte.

Entonces el mosquito fue a la Siete Muerte, y lo mordió también.

—¡Ay!—dijo Siete Muerte.

—¿Qué pasa, Siete Muerte?—dijeron los otros.

—¡Algo me ha picado a mí también!—dijo Siete Muerte.

Y así, el mosquito picó a todos los señores de la Muerte, y así aprendió todos sus nombres. Pero este no era un mosquito ordinario, ya que estaba hecho de un pelo de la pierna de Hunahpú, y así los gemelos escucharon todo lo que el mosquito había oído. Ahora los gemelos sabían los nombres de todos los señores de Xibalbá.

Hunahpú e Ixbalanqué fueron por el camino negro. Llegaron a la puerta donde estaban las efigies.

—Saluda a estos señores correctamente—dijo una voz.

Pero Hunahpú e Ixbalanqué solo se rieron—. Estos no son señores. Solo son figuras de madera—dijeron.

Luego los gemelos entraron en la cámara donde estaban sentados los señores de Xibalbá. Hunahpú e Ixbalanqué saludaron a cada uno de ellos por su nombre.

Los señores de Xibalbá dijeron—: Siéntense en ese banco.

Pero Hunahpú e Ixbalanqué no se sentaron. Vieron que la piedra del banco se calentaba.

—Entren en esa casa—dijeron los señores de Xibalbá—. Pasen la noche allí, y por la mañana, jugaremos el juego de pelota.

Los mensajeros guiaron a Hunahpú e Ixbalanqué a la casa, que era la Casa de la Oscuridad. El mensajero de Una Muerte les dio a cada uno una antorcha sin encender y un cigarro encendido.

—Lleven estas cosas a la casa con ustedes—dijo el mensajero—. Enciendan las antorchas para que puedan ver, pero deben asegurarse de devolver todo por la mañana, exactamente como está ahora.

Hunahpú e Ixbalanqué no encendieron las antorchas. En su lugar, pusieron algunas plumas rojas brillantes en los extremos, para que parecieran llamas. Luego apagaron los cigarros, pero no antes de convocar algunas luciérnagas. Pusieron las luciérnagas en las puntas de los cigarros. Y así fue como los Xibalbáns pensaron que los gemelos habían encendido las antorchas y estaban fumando los cigarros. Los Xibalbáns los observaron toda la noche, y se regocijaron porque estaban seguros de que los gemelos habían sido derrotados.

Por la mañana, Hunahpú e Ixbalanqué devolvieron las antorchas a los señores, sin quemar, y los cigarros, sin fumar. Los Xibalbáns estaban asombrados—. ¿Quiénes son? ¿Quiénes son sus padres? ¿De dónde vienen? Parece improbable que termine bien para nosotros—dijeron.

Entonces los chicos fueron convocados ante los señores de Xibalbá—. ¿Quiénes son y de dónde vienen?—preguntaron Una Muerte y Siete Muerte.

—Oh, no tenemos ni idea de dónde venimos—dijeron los gemelos.

Entonces los Xibalbáns dijeron—: Vamos a la cancha de juego y juguemos a la pelota. Usaremos nuestra pelota para el juego.

—No—dijeron Hunahpú e Ixbalanqué—. Usaremos nuestra pelota.

—Nuestra pelota es mejor—dijeron los Xibalbáns—. Usaremos esta.

—Esa no es una pelota—dijeron los gemelos—. Es un cráneo.

—No, no lo es—dijeron los Xibalbáns—. Solo se ve de esa manera. Es una pelota con un cráneo dibujado en ella.

—Está bien, usaremos tu pelota—dijeron los gemelos.

Y así comenzó el juego de pelota. Pero cuando la pelota hizo su primer rebote, una daga salió de ella. La pelota rebotó en la cancha, tratando de cortar a los gemelos con la daga.

—¿Es esa la forma de tratar a sus invitados?—dijeron los gemelos—. Nos invitaron aquí para jugar el juego de pelota, pero ahora están tratando de matarnos. Muy bien, nos iremos a casa ahora. No jugaremos.

—No, por favor no se vayan—dijeron los Xibalbáns—. Quédense y jueguen. Usaremos su pelota.

Hunahpú e Ixbalanqué acordaron quedarse—. ¿Qué apostamos?—preguntaron.

—Si ganamos, deben traernos cuatro cuencos de flores—dijeron los señores de la Muerte—, algunos con flores enteras y otros solo con los pétalos.

—Es una apuesta justa—dijeron los gemelos—. Juguemos.

Y así, el juego comenzó. Arriba y abajo de la cancha los jugadores corrían. Fue un juego muy reñido, y los gemelos jugaron bien, pero al final los Xibalbáns ganaron.

—Nos traerán la apuesta por la mañana—dijeron los señores de la Muerte—. Y entonces jugaremos a la pelota otra vez.

Los mensajeros llevaron a Hunahpú e Ixbalanqué a la Casa de los Cuchillos, donde pasarían la noche. Los gemelos podían oír las hojas de los cuchillos chocando entre sí. Cuando entraron en la casa, los gemelos dijeron—: No nos corten. Es mejor que corten la carne de los animales.

Cuando dijeron eso, los cuchillos dejaron de chocar. Los cuchillos no cortaron a Hunahpú e Ixbalanqué. Entonces los gemelos llamaron a las hormigas—. ¡Hormigas! ¡Cortadoras de hojas! ¡Vengan en nuestra ayuda! ¡Vengan a ayudarnos! Recojan pétalos y flores, cuatro cuencos llenos.

Las hormigas aceptaron ayudar a los gemelos. Entraron en el jardín y comenzaron a recolectar pétalos de flores.

Ahora, los señores de Xibalbá habían puesto algunos pájaros para que actuaran como vigilantes. Les dijeron a los pájaros—: ¡No dejen entrar a nadie al jardín! ¡Nadie en absoluto!

Los pájaros aceptaron vigilar el jardín, pero no vieron las hormigas. Solo revoloteaban por los árboles y arbustos, cantando sus canciones nocturnas. Las hormigas subieron a las plantas y cortaron los pétalos de las flores. Cortaron las flores. Incluso se subieron a los pájaros y les cortaron algunas de sus plumas, pero los pájaros no se dieron cuenta. Las hormigas trabajaron toda la noche, recolectando pétalos de flores y flores enteras, y pronto llenaron cuatro cuencos.

Por la mañana, un mensajero fue enviado a la Casa de los Cuchillos para llevar a Hunahpú e Ixbalanqué ante los señores de Xibalbá. Los gemelos entraron en la cámara donde estaban sentados los señores, llevando los cuatro cuencos de pétalos de flores y flores enteras. Los señores de Xibalbá vieron los cuencos llenos de pétalos de flores y flores enteras, y supieron que habían sido derrotados. Llamaron a los pájaros guardias y les dijeron—: ¡Explíquense! Les dijimos que protegieran nuestras flores, pero aquí tenemos cuatro cuencos llenos de pétalos de flores y flores enteras.

—No sabemos qué pasó—dijeron los pájaros—, pero incluso nosotros fuimos atacados. ¡Miren nuestras colas!—y mostraron sus colas a los señores, sus colas con las plumas que las hormigas habían arrancado.

Los señores de Xibalbá estaban muy enojados con los pájaros guardianes, y como castigo, les abrieron la boca totalmente.

Entonces los señores fueron a jugar a la pelota otra vez con los gemelos, pero nadie ganó ese partido.

—Volveremos a jugar por la mañana—dijeron los señores.

—Sí—dijeron los gemelos—, con gusto volveremos a jugar mañana.

Esa noche los Xibalbáns pusieron a Hunahpú e Ixbalanqué en la Casa de Hielo. Hacía un frío increíble dentro de la casa. El aliento de los gemelos se nebulizaba espesamente ante sus caras. Llovía granizo sobre ellos. El granizo cubrió el suelo de la casa, y las paredes y las vigas estaban llenas de hielo. Hunahpú e Ixbalanqué trabajaron rápidamente. Construyeron un fuego de buenos troncos y estuvieron de pie ante él toda la noche.

Cuando los Xibalbáns fueron a buscar a los gemelos por la mañana se dijeron—: ¡Ja! ¡No hay forma de que pudieran haber sobrevivido a la Casa de Hielo! ¡Cuando abramos la puerta, veremos sus cadáveres, y tendremos la victoria!

Pero cuando abrieron la puerta, no vieron los cadáveres de los gemelos. En cambio, vieron a Hunahpú e Ixbalanqué parados allí, perfectamente bien y vivos—. Buenos días—dijeron los gemelos—. ¿Vamos al campo de juego y jugamos?

Al final de ese día, los Xibalbáns pusieron a los gemelos en la Casa de los Jaguares—. Seguramente nunca sobrevivirán esta noche—se dijeron los Xibalbáns.

La Casa de los Jaguares estaba llena de jaguares hambrientos. Los felinos feroces rodearon a los gemelos, gruñendo y merodeando. Hunahpú e Ixbalanqué dijeron—: ¡No nos muerdan, oh Jaguares! ¡Aquí hay huesos para que los devoren!

Y así, los gemelos arrojaron huesos a los jaguares, y los felinos los royeron en su lugar.

Fuera de la casa, los Xibalbáns escucharon el ruido de huesos crujiendo—. ¡Ja!—se dijeron a sí mismos—. Seguro que los jaguares se están comiendo a esos dos. No encontraremos nada de ellos cuando abramos la puerta por la mañana.

Una vez más, los Xibalbáns se decepcionaron, ya que cuando abrieron la puerta de la Casa de los Jaguares, encontraron a Hunahpú e Ixbalanqué perfectamente bien y vivos.

La noche siguiente, los señores de Xibalbá pusieron a los gemelos en la Casa de Fuego, pero no se quemaron en absoluto. Por la mañana, Hunahpú e Ixbalanqué salieron de la casa perfectamente bien y vivos.

La noche siguiente, los gemelos fueron puestos en la Casa de los Murciélagos. Pero estos no eran murciélagos ordinarios: eran grandes Murciélagos de la Muerte, y cualquiera que se acercara a ellos era asesinado instantáneamente. Hunahpú e Ixbalanqué se arrastraron dentro de sus cerbatanas para escapar de los Murciélagos de la Muerte, y allí estaban a salvo.

Durante toda la noche, los gemelos escucharon los gritos de los murciélagos y el batir de sus grandes alas. Los murciélagos hicieron un gran estruendo, durante toda la noche. Pero después de un tiempo, el ruido disminuyó.

—¿Ya es de día?—preguntó Ixbalanqué—. ¿Están los murciélagos dormidos?

—No lo sé—dijo Hunahpú—. Iré a ver.

Hunahpú se arrastró hasta el final de su cerbatana. Sacó la cabeza por el extremo para ver si era de mañana. De repente, un gran Murciélago de la Muerte se abalanzó y le cortó la cabeza a Hunahpú.

Ixbalanqué esperó dentro de su cerbatana, pero cuando no supo nada después de un tiempo, preguntó—: ¿Hunahpú? ¿Ya es de día?

Pero no hubo respuesta.

Ixbalanqué volvió a preguntar—: ¿Ya es de día? ¿Qué ves?

Pero no hubo respuesta, salvo un ligero aleteo de las alas de los murciélagos. Y fue entonces cuando Ixbalanqué supo que habían sido derrotados, y que su hermano estaba muerto.

Los Xibalbáns celebraron la muerte de Hunahpú. Una Muerte y Siete Muerte dijeron—: ¡Que su cabeza sea puesta en la cancha!— y así se hizo.

Mientras tanto, desde el interior de su cerbatana, Ixbalanqué llamó a los animales—. ¡Animales! ¡Oh, animales grandes y pequeños! Vengan a mí; vengan por comida.

Y así, los animales llegaron a donde estaba Ixbalanqué, buscando su comida. Finalmente llegó una tortuga. Vino despacio y con calma, como es el andar de las tortugas. La tortuga se acercó al cuerpo de Hunahpú. Se pegó al cuello de Hunahpú, y así se empezó a formar una nueva cabeza. Corazón del Cielo bajó a la Casa de los Murciélagos para ayudar a hacer una nueva cabeza para Hunahpú.

Toda la noche trabajaron para hacer una nueva cabeza, pero pronto amaneció, y lo único que se había terminado era el exterior. Ixbalanqué llamó al buitre—. ¡Viejo!—gritó Ixbalanqué—. Haz que oscurezca de nuevo.

—Lo haré—dijo el buitre, e inmediatamente se hizo de noche.

Y así, la oscuridad duró hasta que la nueva cabeza de Hunahpú estaba completamente terminada, y entonces el amanecer se rompió en el cielo oriental. Entonces Hunahpú e Ixbalanqué consultaron entre sí. Planearon lo que iban a hacer—. Los señores querrán volver a jugar a la pelota—dijo Ixbalanqué—. Tú quédate atrás; déjame jugar a mí. —Entonces Ixbalanqué llamó a un conejo—. Oh, conejo—dijo—, ve y escóndete allí cerca del campo de juego. Cuando golpee la pelota hacia ti, salta a través del campo de juego.

El conejo fue al lugar donde debía esconderse. Ixbalanqué y Hunahpú fueron al campo de juego. Cuando los Xibalbáns vieron a Hunahpú, dijeron—: ¡Ja! Ya los hemos derrotado. No sabemos por qué se han molestado en venir aquí. ¡Quizás deberíamos golpearte la cabeza con la pelota!

Esto enojó mucho a Hunahpú, pero no les dio ninguna respuesta. Y así, comenzaron su juego de pelota. Jugaron arriba y abajo de la cancha, pero Hunahpú se quedó atrás e hizo muy poco. Ixbalanqué jugó por ambos en su lugar. Después de un tiempo, los Xibalbáns golpearon la pelota hacia el aro. Ixbalanqué bloqueó el tiro, y envió la pelota rebotando hacia el lugar donde se escondía el conejo. Cuando la pelota llegó allí, el conejo cruzó el campo de juego como Ixbalanqué le había pedido. El conejo saltó y rebotó como la pelota, y así los Xibalbáns fueron corriendo detrás del conejo.

Mientras los Xibalbáns perseguían al conejo, los gemelos corrieron al lugar donde estaba la verdadera cabeza de Hunahpú. Tomaron esa cabeza y la reemplazaron con la cabeza que había sido hecha de la tortuga. Volvieron a poner la verdadera cabeza de Hunahpú en su cuerpo, y lo dejaron entero. Riendo de alegría, los gemelos fueron al lugar donde estaba la verdadera pelota. La trajeron de vuelta al campo de juego. Llamaron a los señores de Xibalbá diciendo—: ¡Miren! Tenemos la pelota aquí. Terminemos nuestro juego.

Los señores regresaron, y jugaron a la pelota con los gemelos. Ahora que Hunahpú tenía su propia cabeza de vuelta, podía volver a jugar correctamente. De un lado a otro y de arriba a abajo de la cancha, los gemelos jugaban duro contra los Xibalbáns. No importaba cuánto lo intentaran los Xibalbáns, no podían derrotar a los gemelos. El juego terminó en un empate. Al final, Ixbalanqué lanzó el balón a la cabeza falsa de Hunahpú, donde estaba en la cancha. La cabeza cayó de la pared, y se separó cuando golpeó el suelo.

—¿Qué es eso?—preguntaron los señores de Xibalbá—. ¿Quién puso eso ahí?

Y así fue como Hunahpú e Ixbalanqué derrotaron a los señores de Xibalbá. Los señores sometieron a los gemelos a muchas pruebas, pero cada vez Hunahpú e Ixbalanqué los derrotaron y no murieron.

Las muertes y resurrecciones de Hunahpú e Ixbalanqué

Aunque Hunahpú e Ixbalanqué habían pasado por muchas pruebas, sabían que no había manera de que los Xibalbáns los dejaran salir con vida. Así que los gemelos llamaron a dos sabios adivinos para que les dieran instrucciones sobre qué hacer con sus cuerpos.

Los gemelos dijeron—: Los Xibalbáns seguramente nos matarán; no saldremos de aquí con vida. Creemos que nos quemarán. Esto es lo que deben decir cuando les pregunten qué hacer con nuestros huesos. Díganles que no tiren los huesos al cañón; volveremos a la vida si lo hacen. Díganles que no cuelguen nuestros huesos en los árboles; eso solo les recordará todas las veces que los derrotamos. Díganles que esparzan nuestros huesos en el río, pero que primero deben moler los huesos en polvo. Deben moler bien nuestros huesos, como la mejor harina de maíz, y luego verterla en el río.

—Haremos lo que dicen—dijeron los adivinos.

Mientras los gemelos hablaban con los adivinos, los señores de Xibalbá hacían una gran hoguera. La hacían para matar a Hunahpú e Ixbalanqué. Cuando el fuego estaba hecho y muy caliente, los Xibalbáns fueron a buscar a los gemelos—. ¡Juguemos un juego con el fuego!—dijo Una Muerte y Siete Muerte—. ¡Volemos a través de él, y veamos quién sale vivo!

Pero los gemelos no se dejaron engañar por esto—. Sabemos que quieren matarnos—dijeron—, así que terminemos esa tarea ahora mismo.

Y así, los gemelos se abrazaron, y luego saltaron a la hoguera, donde murieron. Los Xibalbáns celebraron las muertes de Hunahpú e Ixbalanqué. Cantaron y bailaron. Saltaron y gritaron. Y cuando su celebración terminó, llamaron a los adivinos.

—¿Qué haremos con sus huesos?—preguntaron los Xibalbáns.

—Molerlos en polvo, molerlos como la más fina harina de maíz, y luego verterla en el río—dijeron los adivinos.

Los Xibalbáns molieron los huesos en polvo. Vertieron el polvo en el río. El polvo se alejó flotando por el río, pero pronto comenzó a hundirse en el fondo. Allí, en el fondo del río, el polvo se acumuló. Se juntó por sí mismo, y se convirtió en dos chicos. Se convirtió en dos hermosos niños, y Hunahpú e Ixbalanqué volvieron a estar vivos.

Después de cinco días, salieron del río y comenzaron a mostrarse a la gente, pero para la gente no parecían chicos guapos: parecían gente pez. Cuando los Xibalbáns se enteraron de que los gemelos estaban vivos de nuevo, comenzaron a buscarlos en todos los ríos, pero no los encontraron.

Luego los gemelos se vistieron con trapos. Se hicieron pasar por huérfanos. Dondequiera que iban, realizaban bailes y hacían milagros. Quemaban casas y luego las arreglaban, como si nada hubiera pasado. Uno de ellos mataba al otro y luego lo devolvía a la vida. Los Xibalbáns observaron todo esto, maravillados por las acciones de estos extraños huérfanos. Los Xibalbáns observaron, sin saber que de esta manera los gemelos estaban plantando las semillas de su victoria sobre los señores de la Muerte.

Muy pronto, la noticia de su hábil baile llegó a oídos de Una Muerte y Siete Muerte. Llamaron a sus mensajeros—. Vayan a buscar a estos huérfanos—dijeron Una Muerte y Siete Muerte—. Díganles que les ordenamos que se presenten ante nosotros y realicen sus danzas y sus milagros. Hemos oído hablar de su habilidad y deseamos verla por nosotros mismos.

Los mensajeros fueron a Hunahpú e Ixbalanqué. Entregaron el mensaje de Una Muerte y Siete Muerte. Pero los gemelos se negaron a ir—. No queremos bailar ante los señores de la Muerte—dijeron—. No somos más que pobres huérfanos. No pertenecemos a una casa señorial como la suya. Es mejor que no vayamos.

Los mensajeros insistieron en que los gemelos debían ir. Los mensajeros los intimidaron y los amenazaron. Finalmente, los gemelos aceptaron ir, pero fueron muy, muy despacio, con una gran muestra de reticencia.

Finalmente, Hunahpú e Ixbalanqué llegaron a la cámara de Una Muerte y Siete Muerte, donde estaban sentados con los otros señores de Xibalbá. Los gemelos se postraron ante los señores. Se inclinaron, se comportaron de la manera más humilde.

—¿Quién es su pueblo?— preguntaron los señores—. ¿De dónde vienen?

—Solo somos pobres huérfanos—respondieron los gemelos—. Nunca hemos conocido a nuestros padres. No sabemos de dónde venimos.

—No importa, entonces—dijeron los señores—. Realicen sus danzas y milagros ahora. Les pagaremos cuando hayan terminado.

—Oh, no requerimos ningún pago, señores—dijeron los gemelos—. Este lugar es muy aterrador. Estamos realmente asustados.

—No teman—dijeron Una Muerte y Siete Muerte—. Ejecuten sus danzas y milagros. Hagan los bailes. Hagan el milagro de hacer un sacrificio y luego tráiganlo de vuelta a la vida. Quemen nuestra casa y luego restáurenla. Demuéstrennos todas las maravillas que pueden hacer, y serán generosamente recompensados.

Y así, los gemelos comenzaron a bailar. Hicieron la danza del armadillo. Hicieron la Danza de la comadreja. Hicieron la danza del búho, y muchos otros bailes. Los Xibalbáns los observaron con gran asombro y deleite, pues Hunahpú e Ixbalanqué eran bailarines muy hábiles.

—Ahora hagan el truco del sacrificio—dijo Una Muerte—. Corta a mi perro y tráelo de vuelta a la vida.

Los gemelos sacrificaron al perro. Cortaron al perro en pedazos, y luego lo trajeron de vuelta a la vida. Cuando el perro volvió a la vida, estaba muy feliz y movía la cola.

—Ahora quemen mi casa—dijo Una Muerte—. Quemen mi casa y restáurenla de nuevo.

Hunahpú e Ixbalanqué quemaron la casa. La quemaron con todos los señores dentro, pero nadie resultó herido. Quemaron la casa y luego la restauraron, como si nada hubiera pasado. Los Xibalbáns se maravillaron de esto. Estaban encantados con el milagro de la casa en llamas que fue restaurada.

Luego los señores exigieron que los gemelos sacrificaran a una persona y la revivieran. Los gemelos tomaron una persona y le cortaron el corazón. Tomaron el corazón y se lo mostraron a los señores. Luego trajeron a la persona de nuevo a la vida, y él estaba muy feliz de que le devolvieran la vida.

—¡Eso es maravilloso!—gritaron los señores—. Ahora sacrifíquense el uno al otro. Hagan ese, donde se sacrifican el uno al otro y vuelven a la vida de nuevo.

—Muy bien—dijeron los gemelos, y así Ixbalanqué sacrificó a Hunahpú. Ixbalanqué cortó el cuerpo de su hermano en pedazos. Los señores de Xibalbá vieron esto con gran deleite. Luego Ixbalanqué devolvió la vida a Hunahpú, y los señores estaban aún más felices y asombrados.

—¡Oh!—dijo Una Muerte y Siete Muerte—. ¡Eso es una maravilla! ¡Ahora hagan eso con nosotros! ¡Sacrifíquennos y devuélvannos a la vida!

—Muy bien—dijeron los gemelos. Y así, sacrificaron Una Muerte y Siete Muerte. Los gemelos arrancaron los corazones de los señores de la Muerte, pero no los devolvieron a la vida. Los gemelos los dejaron morir, como castigo por sus fechorías.

Un tercer Señor se acobardó ante Hunahpú e Ixbalanqué–. ¡No me maten!–gritó–. ¡Tengan piedad!

Pero cuando los otros Xibalbáns vieron lo que había pasado con Una Muerte y Siete Muerte, huyeron, porque temían que Hunahpú e Ixbalanqué los sacrificaran después. Corrieron y corrieron. Corrieron al borde de un cañón y se lanzaron al borde, pensando que podían esconderse allí. Pero eran tantos, que pronto el cañón se llenó completamente con los cuerpos de los Xibalbáns.

Pronto las hormigas descubrieron el cañón lleno de cuerpos. Las hormigas corrieron hacia el cañón. Escalaron por todos los Xibalbáns. Esto hizo que los Xibalbáns salieran del cañón. Se presentaron ante los gemelos y les rogaron piedad.

Fue entonces cuando Hunahpú e Ixbalanqué revelaron quiénes eran realmente. Dijeron sus nombres ante los Xibalbáns reunidos–. Somos Hunahpú e Ixbalanqué–dijeron–, y somos los hijos de Un Hunahpú y Siete Hunahpú, que vinieron a su reino y fueron asesinados por ustedes. Vinimos aquí para vengar sus muertes. Vinimos aquí, y nos hicieron pasar por muchas pruebas dolorosas. Por esas fechorías, los mataremos a todos.

Cuando los Xibalbáns oyeron esto, todos cayeron de rodillas ante los gemelos–. ¡No, no!–gritaron–. ¡No nos maten! ¡Tengan piedad! Nuestros actos contra sus padres seguramente estaban mal; lo confesamos. Confesamos que nuestras acciones contra ellos fueron malas y que los matamos y los enterramos cerca del campo de juego. Lo sentimos mucho. ¡Tengan piedad!

Hunahpú e Ixbalanqué escucharon las súplicas de los Xibalbáns. Escucharon sus gritos de misericordia y dijeron–: Muy bien. No les mataremos. Pero aun así deben ser castigados. Nunca más recibirán buenas ofrendas. Las suyas serán savia de crotón, no sangre fresca. Nunca tendrán ofrendas de bienes sanos, sino solo las que estén rotas y desgastadas. Nunca más serán capaces de aceptar a la gente buena. Solo aquellos que realmente han hecho el mal serán para ustedes.

Y así fue como los señores de Xibalbá perdieron su estatus. Se rebajaron en su rango. Nunca habían sido dioses, pero aún así la gente los honraba. Pero después de la llegada de Hunahpú e Ixbalanqué a Xibalbá, fueron hechos indignos de honor o adoración. Eran indignos porque eran falsos e infieles, porque tenían malos corazones. Hunahpú e Ixbalanqué humillaron a los señores de Xibalbá. Les quitaron su rango y estatus.

Ahora, mientras Hunahpú e Ixbalanqué estaban en Xibalbá, su abuela Xmucané había visto las espigas de maíz que los gemelos habían plantado dentro de la casa. Durante muchos días, el maíz estaba verde y creciendo, pero cuando Hunahpú e Ixbalanqué saltaron a la hoguera, el maíz se marchitó y murió. Xmucané vio que los gemelos habían muerto, y se puso a llorar mucho. Derramó muchas lágrimas amargas y quemó incienso ante el maíz, en memoria de sus nietos. Pero entonces los niños volvieron a la vida, y también el maíz. Xmucané vio esto y se regocijó. Celebró cuando el maíz volvió a la vida.

Xmucané adoraba las plantas de maíz renacidas. Les dio un nuevo nombre. Las llamó "Centro de la Casa" y "Cañas Verdes". Así Xmucané honró a sus nietos. Así honró su memoria.

Después de que Hunahpú e Ixbalanqué derrotaron a los señores de Xibalbá, buscaron el lugar donde habían sido enterrados Un Hunahpú y Siete Hunahpú. Fueron a buscar los pedazos del cuerpo de Un Hunahpú. Encontraron muchos de los pedazos, pero no pudieron encontrar todo. Encontraron la cabeza de Un Hunahpú, pero cuando se le pidió que dijera su nombre, no pudo.

Cuando los gemelos se dieron cuenta de que no podían devolverle la vida a su padre, dijeron—: Consuélate, padre. Consuélate, tío. Sus nombres no serán olvidados. El nombre de Hunahpú siempre pertenecerá a este lugar.

—Hemos vengado sus muertes. Hemos vengado todas las fechorías cometidas contra ustedes por los señores de Xibalbá. Que sus corazones estén en paz.

Entonces Hunahpú e Ixbalanqué se elevaron a los cielos. Se elevaron, se elevaron, en lo alto del cielo. Uno se convirtió en el sol y el otro en la luna. Vivieron juntos en el cielo para siempre.

Con ellos se levantaron los cuatrocientos muchachos que habían sido asesinados por Zipacná. Los cuatrocientos chicos se elevaron al cielo con Hunahpú e Ixbalanqué, y allí se convirtieron en una constelación.

Y este es el final de la historia de Hunahpú e Ixbalanqué, y de todas sus acciones, y de su transformación cuando sus hazañas fueron realizadas.

PARTE III: TRES CUENTOS POPULARES MAYAS

El hombre que se convirtió en un buitre

Esta historia de un hombre perezoso que se convierte en un buitre existe en múltiples variantes en toda América Central. En algunas historias, el hombre es transformado permanentemente, mientras que en otras se le permite retomar su forma humana. Cualquiera que sea su final, cada una de estas historias es un cuento con moraleja sobre el valor del trabajo duro y de aceptar el lugar que uno ocupa en el mundo. En este recuento, sigo el final relatado por Martha Schmitt en su colección de leyendas centroamericanas.

Había una vez un granjero que vivía con su esposa, y eran muy pobres. La razón por la que eran tan pobres era que el marido era extremadamente perezoso. Todos los días salía a sus campos, pero en lugar de trabajar duro cuidando sus cultivos y limpiando la tierra, hacía solo un pequeño trabajo por la mañana y luego durante el resto del día se sentaba bajo un árbol sombreado y tomaba una siesta, o iba al río y remaba en el agua, o se tumbaba de espaldas y miraba las nubes flotando en el cielo. Y así, sus cosechas nunca crecieron bien, y nunca tuvo espacio para plantar más, porque no hizo su trabajo.

Un día, mientras el hombre estaba tumbado de espaldas mirando al cielo, vio un buitre que volaba en círculos lentos en el aire sobre él—. ¡Qué vida!—se dijo el hombre a sí mismo—. Qué vida debe ser, volar así por el aire y no tener que trabajar nunca. Ojalá pudiera ser como ese buitre. Entonces estaría contento de verdad.

Entonces el hombre tuvo una idea.

—¡Eh!—le gritó al buitre—. ¡Eh! ¡Baja aquí y habla conmigo!

El buitre voló en círculos lentos sobre el hombre. Voló, dando vueltas y vueltas, y el hombre comenzó a pensar que tal vez el buitre no lo había oído. Pero entonces el buitre comenzó a descender, siempre dando vueltas, hasta que finalmente aterrizó en el campo junto al hombre.

—¿Qué quieres?—dijo el buitre.

—Tengo una idea para ti—dijo el hombre—. Te he visto dando vueltas en el cielo, sin ninguna preocupación, mientras que yo tengo que trabajar muy duro aquí abajo en la tierra. Y por eso, tengo una idea que ofrecerte. ¿Qué tal si cambiamos de lugar? Podría ponerme tus plumas y volar, y tú podrías ponerte mi ropa y trabajar en mi granja.

—Bueno—dijo el pájaro—, ser un buitre podría no ser tan bueno como crees que es. Sí, volamos por ahí, pero eso es porque buscamos comida. Comemos animales muertos, ya sabes. Los que están muertos y pudriéndose. Cuanto más podridos mejor. Eso es lo que tendrías que comer.

—Sí, lo sé—dijo el hombre—. Sé que los buitres comen carne podrida. Creo que podría hacerlo, si eso significara que no tuviera que trabajar más. Si te cambiaras de lugar conmigo, podrías comer la buena comida que cocina mi esposa. Nuestra comida es muy simple, y no tenemos mucho, pero ella la cocina bien.

El buitre pensó por un momento, y luego dijo—: Está bien. Me cambiaré de lugar contigo. Dame tu ropa y tu piel y te daré mis plumas.

El hombre se quitó la ropa y la piel y se las dio al buitre. El buitre se quitó las plumas y se las dio al hombre. Y pronto en el campo había un buitre y un hombre, pero habían cambiado de lugar. El hombre con las plumas de buitre se alejó hacia el cielo y voló en dos círculos sobre el campo, luego regresó al suelo.

—¡Bien!—dijo el hombre, que se había convertido en buitre—. Ahora soy un buitre. Me gustan mis alas. ¡Gracias por cambiar conmigo! Ahora, déjame mostrarte dónde está mi casa, para que conozcas a mi esposa. Me bajaré en el tejado, y sabrás que esa es mi casa.

El hombre agitó sus nuevas alas y se fue volando al cielo. El buitre movió sus nuevas piernas y caminó. Juntos fueron a la casa del hombre, donde el hombre que se había convertido en un buitre se posó en el techo. Una vez que el buitre que se había convertido en hombre supo qué casa era, el hombre se fue volando. El buitre en la piel del hombre entró en la casa del hombre. Fue a saludar a la esposa del hombre, pero ella lo alejó—. ¡Oh!—gritó ella—. ¡Oh, hueles tan, tan mal! ¿Qué has estado haciendo, que hueles de esa manera?

—He estado trabajando en el campo—dijo el buitre—. Es un trabajo muy duro, y estoy sudando mucho. Por eso huelo mal.

—Espera aquí—dijo la esposa—. Iré a prepararte un baño.

La esposa preparó una cabaña de sudar para el buitre. El buitre se quitó la ropa del hombre y se metió en la cabaña de sudar, pero no le gustó mucho. Hacía mucho calor y estaba muy húmedo. Se puso muy incómodo, así que dejó la bañera y volvió a la casa, a pesar de que todavía olía mal y no estaba nada limpio.

Mientras tanto, el hombre de las plumas de buitre decidió disfrutar de sus nuevas alas. Subió, subió, subió al cielo y comenzó a volar en círculos. Estaba muy contento de ser un buitre—. ¡Esto es vida!—dijo—. ¡Esta es la forma de ser, volando en círculos, aquí arriba en el cielo!

Después de un tiempo, empezó a tener hambre. Pensó en lo que tendría que comer como buitre, y eso le hizo mal al estómago. Incluso ser capaz de volar por el cielo no era suficiente para que quisiera seguir siendo un buitre si tenía que comer animales muertos y podridos. Decidió volver a casa. Voló sobre su casa y dio unas cuantas vueltas por encima del tejado antes de aterrizar en el suelo fuera de la puerta. Luego entró en la casa. Saltó, saltó, saltó, como hacen los buitres, porque todavía llevaba las plumas de buitres.

Vio al buitre que llevaba su piel dentro de la casa discutiendo con su esposa.

—¡Todavía hueles muy mal! ¿No has terminado tu baño?—dijo la esposa.

—No, no lo hice. No me gusta nada ese baño—dijo el buitre—. Está demasiado caliente y demasiado húmedo. De todos modos, no puedo evitar mi olor, ¿verdad? Siempre he olido así.

Entonces la esposa vio al hombre que se había convertido en buitre. Ella gritó cuando vio el pájaro grande y feo que estaba allí en la casa.

—¡Rawk, rawk!—graznó el pájaro. Era el hombre, tratando de decirle a su esposa que era su marido, pero ella no lo entendió. En su lugar, ella agarró una escoba y comenzó a tratar de golpear al enorme pájaro.

—¡Rawk!—graznó el pájaro, mientras trataba de saltar fuera del camino de la escoba.

—¡Espera!—dijo el buitre que se había convertido en hombre—. ¡Espera! ¡No le hagas daño a ese pájaro! Es tu marido. Él y yo cambiamos de lugar. Él quería intentar ser un buitre, y yo quería intentar ser un hombre. Por eso huelo tan mal.

—¡Bueno, vuelve a cambiar!—dijo la mujer—. Devuélvele su piel y su ropa, y él te devolverá tus plumas.

—No podemos volver a cambiarnos—dijo el buitre—. Tenemos que seguir siendo como somos.

La mujer empezó a llorar, porque aunque su marido era muy perezoso, todavía lo amaba. El hombre que se había convertido en buitre también estaba muy triste, porque amaba a su esposa, y aunque todavía podía volar por el cielo, ahora solo podía comer carne podrida en lugar de la buena cocina de su esposa. Y aunque el buitre que se había convertido en hombre podía comer la buena cocina, ahora tenía que trabajar muy, muy duro, y tomar baños cuando su esposa se lo pedía.

Cómo el Sol y la Luna se convirtieron en marido y mujer

Los tropos del anciano que no desea que su hija se case y de la joven pareja que debe pasar por una dura prueba antes de poder casarse son comunes a muchas culturas. En este cuento de Guatemala, estos tropos se entrelazan en una historia que explica la creación de la luna, las serpientes y muchos tipos de insectos.

Hace mucho, mucho tiempo, cuando el mundo era nuevo, había un anciano que vivía solo con su única hija. La hija era muy hermosa, y era muy hábil y trabajadora. Sabía cómo hilar y tejer, sabía coser, sabía cómo mantener un buen jardín, y cómo cocinar deliciosos alimentos. Cuidaba muy bien de su padre, y él la cuidaba, y juntos eran muy felices.

Un día, el Sol vio por casualidad a la hija del anciano, que estaba sentada fuera hilando un hilo nuevo. El Sol la miró y se enamoró. ¡Era tan hermosa! Su largo pelo negro brillaba a la luz, sus ojos oscuros brillaban con alegría, y sus fuertes dedos trabajaban rápida y bien con su huso e hilo. En ese mismo momento, el Sol decidió que debía tener a la joven como su esposa.

El Sol decidió que se convertiría en cazador e impresionaría a la joven con su fuerza y destreza en la caza. Seguramente así ganaría su corazón, y podrían casarse y vivir juntos con gran felicidad. Pero no había mucha caza en la parte del bosque donde el viejo vivía con su hija, así que el Sol pensó en una forma de engañar a la joven para que pensara que era un buen cazador. Encontró la piel de un ciervo, la llenó de cenizas y hierba seca y la cosió para que pareciera que había capturado un animal fino y gordo que alimentaría bien a la familia. Luego puso el falso ciervo sobre sus hombros, y pasó por la casa del viejo donde la hija estaba sentada trabajando en su huso.

Y así, durante muchos días, el Sol tomó la forma de un joven guapo y fuerte. Por las mañanas pasaba por delante de la casa del viejo con su arco y flechas, y por las tardes volvía con el gordo y falso ciervo sobre sus hombros, como si acabara de matarlo e iba a casa a cocinarlo y comerlo. La joven se dio cuenta de que el joven andaba caminando a zancadas, aunque no le dio ninguna pista de que lo estaba buscando, porque estaba bien para verlo, con su pelo negro y grueso y sus cálidos ojos marrones, sus anchos hombros y sus finas y fuertes piernas. Seguramente sería un buen marido para una mujer afortunada, tan guapa como él, y tan hábil en la caza, ya que nunca dejaba de volver a casa con un ciervo gordo

Una mañana, después de que el joven pasara por la casa del viejo, la hija fue a su padre y le dijo—: Padre, creo que ese joven cazador sería un buen marido para mí. Es muy guapo y siempre vuelve a casa con un ciervo gordo.

—Hm—dijo el viejo—. No estoy seguro de eso. No hay mucha caza en esta parte del bosque. Podría estar engañándote. Los jóvenes hacen ese tipo de cosas, a veces. La próxima vez que pase, tira un poco de agua al suelo delante de él. Eso podría decirte algo sobre él.

Esa tarde, la joven se sentó frente a la casa de su padre lavando maíz en un tazón lleno de agua. Muy pronto, el joven cazador apareció a la vista, con el ciervo en sus hombros. Recordando lo que su padre había dicho, la joven puso el maíz en otro cuenco y luego tiró el agua al suelo en el camino del cazador. Cuando su pie tocó la tierra húmeda, el cazador resbaló y cayó. Aterrizó justo encima del falso ciervo, rompiendo las costuras y enviando una gran nube de ceniza al aire. La mujer vio esto y jadeó. El Sol se sintió muy avergonzado, porque ahora su truco quedó expuesto ante ella, así que se transformó en un colibrí y se fue volando.

Pero a pesar de que su truco con la piel de venado había salido mal, el Sol seguía enamorado de la hermosa joven, y no podía alejarse de ella. En forma de colibrí, iba al jardín del viejo y revoloteaba entre las flores, y de esa manera, observaba a la joven en su trabajo. Un día, la joven notó el colibrí volando en el jardín y sorbiendo néctar. El pájaro era tan bonito, con plumas brillantes y relucientes, que ella quería tenerlo para sí misma, y no sabía que este pequeño pájaro era el Sol disfrazado.

La joven fue a su padre y le dijo—: Padre, ¿quieres coger tu cerbatana y atrapar ese colibrí para mí?

—Por supuesto, querida—dijo el viejo, y salió al jardín y ¡PHUT! disparó al colibrí y lo tiró al suelo, aturdido. La joven corrió a recoger la bola de plumas pequeñas. Lo acunó cuidadosamente en sus manos, y luego lo llevó a la casa, donde lo puso en su habitación.

Esa noche, mientras la joven dormía, el Sol volvió a tomar la forma de un joven. La joven se despertó y lo encontró allí en su habitación.

—¿Qué estás haciendo aquí?—dijo ella—. ¿Quién eres? Si mi padre te encuentra aquí, ¡nos matará a los dos!

—No tengas miedo—dijo el hombre—. Soy el joven cazador que trató de engañarte con el ciervo, pero fuiste demasiado lista para mí. Y yo soy el colibrí que bebió néctar de las flores de tu jardín, pero tu padre me capturó con su cerbatana. Te vi sentada en el jardín de tu padre hace muchos, muchos días, y me enamoré de ti.

¡Ven conmigo y sé mi esposa! Viviremos juntos muy felizmente, eso te lo prometo.

—¡Oh!—dijo la joven—. Me gustaría mucho ir contigo, pero no es seguro. Mi padre tiene una piedra mágica, en la que puede ver todo lo que quiera, tanto de cerca como de lejos. Y tiene una cerbatana mágica que podría usar para matarnos. Nunca seríamos capaces de alejarnos de él.

—No importa eso—dijo el Sol—. Lo haré seguro para nosotros; ya lo verás.

Arrastrándose por la casa tan silenciosamente como dos ratones, ambos jóvenes fueron al lugar donde el viejo guardaba su piedra mágica y su cerbatana mágica. El Sol tomó un poco de ceniza y la vertió sobre la piedra, para que el viejo no pudiera ver nada en ella. Luego tomó un poco de polvo de chile molido y lo puso dentro de la cerbatana. Una vez hecho esto, la pareja se escabulló por la puerta y se adentró en el bosque.

Por la mañana, el viejo se despertó y llamó a su hija, pero ella no respondió. Recorrió la casa y el jardín buscándola, pero no la encontró. Enfadado por la huida de su hija, el viejo fue al lugar donde guardaba su piedra mágica. La recogió e intentó ver adónde había ido la joven, pero no pudo ver a través de la ceniza que el sol había vertido sobre ella. De repente, vio que había un lugar donde no había ceniza, porque el Sol no había tenido el suficiente cuidado en cubrir toda la piedra. En ese pequeño punto de la piedra, el viejo vio a su hija con un joven en el río en una canoa.

El viejo tembló de rabia. ¡Cómo se atrevía su hija a irse con un joven sin su permiso! Tomó su cerbatana y salió a buscar a la joven pareja. Se llevó la cerbatana a los labios y respiró para poder disparar, pero en lugar de aire, respiró el polvo de chile molido. ¡El viejo tosía y tosía y le lagrimeaban los ojos! ¡Cómo le ardía la garganta y la boca! El viejo estaba furioso. Llamó al relámpago para que fuera a derribar al joven y a su hija.

El Sol y la joven estaban en la canoa, remando tan rápido como podían para alejarse del viejo. El Sol se dio cuenta de que un rayo se acercaba—. ¡Salta al agua!—dijo, y luego se lanzó al río, donde se convirtió en una tortuga y nadó tan rápido como pudo hacia el fondo del río. La joven también saltó al agua, donde se convirtió en un cangrejo. Pero no podía nadar tan rápido como la tortuga, así que cuando el rayo golpeó el agua, la golpeó.

La sangre de la joven se extendió lentamente por la superficie del agua. El Sol nadó desde las profundidades del río, hasta donde vio la sangre de su amada flotando en la superficie. El Sol lloró de pena. Llamó a las libélulas para que le ayudaran, pidiéndoles que recogieran la sangre para él. Las libélulas hicieron lo que el Sol les pidió. Recogieron toda la sangre, poniéndola en pequeñas botellas. Cuando terminaron, le dieron las botellas al Sol, quien las escondió en un lugar seguro.

Después de cierto tiempo, el Sol volvió al lugar donde había escondido las botellas. Abrió la primera, y una gran cantidad de serpientes salieron disparadas. Abrió la segunda, y una nube de avispas zumbaba de ella hacia el cielo. El Sol abrió botella tras botella, y de cada una salió un tipo diferente de pequeña criatura, que luego voló o se arrastró. Y así es como las serpientes y muchos tipos de insectos llegaron a estar en el mundo.

Finalmente, el Sol abrió la última botella. En esa botella estaba la joven mujer, tan bella como siempre, con su largo y brillante pelo oscuro, y sus alegres ojos y hábiles dedos. El Sol la tomó de la mano y la llevó al cielo con él, donde pudo contemplar su belleza y donde ella pudo deleitarse con su fuerza, ya que cuando subió con él, se transformó en la Luna. Y allí en los cielos el Sol y la Luna han vivido felices como marido y mujer desde entonces.

Conejo recibe su bebida

El conejo es un embaucador en la cultura Maya, como lo es en muchas otras. En esta historia de Nicaragua, el conejo necesita encontrar una manera de llegar al pozo de agua de forma segura, lo cual, por supuesto, hace por medio de un truco.

Como todo el mundo sabe, Conejo es un animal inteligente. Vive de su ingenio, siempre metiéndose en problemas y luego saliendo de ellos de nuevo. Un pueblo tuvo problemas constantes con Conejo. Siempre estaba metiéndose en sus jardines y robando sus verduras, y haciendo otras cosas traviesas. Los aldeanos fueron a ver al rey y le dijeron—: No podemos soportar más las travesuras de Conejo. Debes librarnos de él.

El rey era un hombre sabio, y sabía lo inteligente que era Conejo. También tenía muchas otras cosas importantes que hacer además de tratar con los conejos traviesos. Le dijo a los aldeanos—: Muy bien. Si lo atrapan y me lo traen aquí, yo me encargaré de él.

Los aldeanos pensaron que era un trato justo, así que fueron a casa y convocaron una reunión para decidir cómo atrapar a Conejo. Pensaron en trampas que podrían poner, pero luego recordaron que todas las trampas que habían intentado en el pasado habían fallado. Entonces alguien dijo—: ¿Por qué no lo esperamos en el pozo de agua? Todos los animales van allí a beber. Eventualmente, Conejo tendrá sed, y también irá al abrevadero. Entonces podemos agarrarlo mientras bebe y llevárselo al rey.

Los otros pensaron que este era un plan espléndido. Fueron al abrevadero y se escondieron entre los árboles y arbustos, esperando que Conejo viniera a buscar su bebida. Esperaron y esperaron, sin saber que cuando se reunieron, Conejo se había escondido cerca. Conejo escuchó todo lo que los aldeanos decían. Sabía que el abrevadero ya no era un lugar seguro para él, pero también sabía que pronto tendría sed. Conejo se puso a pensar, y pronto tuvo un plan. Engañaría a los aldeanos. Entonces sería capaz de beber toda el agua que quisiera. Y los aldeanos no podrían hacer nada al respecto.

Primero Conejo fue a otro pueblo, uno donde la gente no lo conocía. Siguió por la calle hasta que llegó a una zapatería. El zapatero estaba sentado fuera de su tienda, trabajando en un bonito par de zapatos nuevos.

—¡Buenos días!—le dijo Conejo al zapatero—. Un buen y caluroso día, ¿no es así?

—¡Buenos días!—dijo el zapatero—. Sí, hace mucho calor y está muy bien.

—Tal vez deberías entrar—dijo Conejo—. Veo que eres muy trabajador. Ya has hecho muchos zapatos bonitos hoy. ¿Por qué no entras y te tomas una buena bebida fresca? Te lo mereces.

—Creo que tengo sed—dijo el zapatero—. Haré lo que me sugieres.

Tan pronto como el zapatero entró, Conejo eligió un bonito par de zapatos rojos y se fue con ellos. Conejo se fue por el camino durante algún tiempo. Entonces vio a un hombre que se acercaba a él. El hombre llevaba una pesada calabaza a la espalda, el tipo de calabaza que la gente suele llenar con miel dorada y dulce.

—¡Oh!—se dijo Conejo a sí mismo—. Esa calabaza probablemente esté llena de miel. La miel dulce sería una delicia en este momento, ¡y es justo lo que necesito para mi truco!

A Conejo se le cayó uno de los zapatos en medio de la carretera, y luego saltó a un lado y se escondió en unos arbustos. Muy pronto, el hombre llegó y encontró el zapato.

—¿Qué es esto?—dijo el hombre, agachándose para recoger el zapato—. Este es un zapato muy bonito, y del tamaño justo para mi hija. Por desgracia, es un solo zapato, así que no nos sirve de nada.

El hombre dejó caer el zapato en el camino donde lo había encontrado, y continuó su viaje.

Conejo estaba encantado. Eso era exactamente lo que quería que hiciera el hombre. Conejo cogió el zapato que quedaba y corrió con él por la carretera, delante del hombre. Conejo puso el otro zapato en el camino donde el hombre lo encontraría, y luego se escondió en los arbustos de nuevo. Cuando el hombre encontró el zapato, lo cogió y dijo—: ¡Oh! Este coincide con el que vi allí atrás. Ahora tendré un buen par de zapatos para darle a mi hija. Pero primero dejaré mi calabaza; es pesada, y no hay razón para llevarla de un lado a otro.

—y así, el hombre dejó su calabaza en el camino, y fue a buscar el primer zapato.

Tan pronto como el hombre dio la vuelta, Conejo salió al camino. Cogió la calabaza y se apresuró a volver al bosque. Conejo corrió, llevando la calabaza, hasta que llegó a un claro. El suelo del claro estaba cubierto de hojas caídas.

—¡Oh!—dijo Conejo—. Este es un buen lugar para sentarse y comer mi miel.

El conejo abrió la calabaza y comenzó a comer la miel. Era dorada, y dulce, y muy buena. Conejo comió y comió y comió hasta que pensó que estallaría. Aun así, todavía quedaba bastante miel, ya que era una calabaza muy grande. Conejo tomó la miel restante y la derramó por todo su cuerpo. La vertió en su pelaje, en sus patas y en sus orejas, e incluso se aseguró de que hubiera un poco en su blanca y esponjosa cola. El conejo pronto se cubrió por todas partes con miel dorada y pegajosa.

Entonces Conejo saltó al medio del claro. Cayó sobre las hojas caídas y empezó a rodar, de un lado a otro, de un lado a otro, hasta que se cubrió de hojas caídas. Cuando las hojas tocaron la miel, allí se pegaron, y no se cayeron. Pronto el conejo no se parecía en nada a un conejo. No se veía ni un poco de su pelo, ni siquiera su blanca y esponjosa cola. Parecía una extraña criatura de hojas que salía de un oscuro rincón del bosque.

Cubierto con su disfraz de hojas, Conejo regresó a su pueblo natal. Saltó justo en medio de la calle principal, pero nadie lo reconoció. De hecho, la gente estaba un poco asustada, porque nunca antes habían visto una criatura así. ¡Se suponía que las pilas de hojas y ramitas no debían tener patas! ¡Se suponía que los montones de hojas y ramitas no debían saltar por el medio de la calle! La gente estaba tan asustada que no se acercaron a Conejo en absoluto.

Conejo saltó por el medio de la calle principal, hasta el pozo de agua. Los aldeanos que estaban al acecho de Conejo lo vieron venir hacia ellos, pero tampoco lo reconocieron. Todo lo que vieron fue una extraña criatura de hojas, saltando, saltando, saltando hacia el agua, así que se quedaron en sus escondites.

Conejo se rió para sí mismo mientras saltaba hacia la orilla del agua. Sabía que los aldeanos lo estaban observando, ¡pero no lo reconocieron! Era un buen truco que había hecho, seguro.

Conejo estaba sediento después de jugar trucos y comer tanta miel. Tomó un largo, largo trago de agua, tanto como le gustaba. Luego se alejó saltando.

Los aldeanos nunca atraparon a Conejo, y nunca lo llevaron ante el rey.

Segunda Parte: Mitología azteca

Mitos fascinantes aztecas de los dioses, diosas y criaturas legendarias

Introducción

Entre los siglos IX y finales del XI, comenzó una gran migración en la que las tribus, incluyendo una que se llamaba a sí misma "mexica", se trasladaron de lugares "lejanos al norte" a lo que hoy es México Central. Los mitos que describen esta migración llaman al lugar de origen "Aztlán", que a veces se traduce como "lugar de la garza blanca", y es de este nombre que obtenemos la palabra "aztecas" o "gente de Aztlán".

La civilización azteca de México central no era una única cultura unitaria, sino que estaba formada por diferentes pueblos que hablaban el idioma náhuatl y que remontaban sus orígenes a ese lejano hogar del norte. A lo largo de los siglos que siguieron al comienzo de la migración desde Aztlán, los pueblos aztecas establecieron ciudades-estado e imperios en el México central, el mayor de los cuales se centró en la gran ciudad de Tenochtitlán, la capital de la cultura y el poder político mexica, que se había construido sobre las aguas del lago de Texcoco. Hoy en día, esa antigua capital ha sido sobre construida por la Ciudad de México, el lecho del lago hace mucho tiempo que ha sido drenado de agua.

Cuando los españoles llegaron en 1519, el Imperio azteca estaba bien establecido y se había consolidado bajo el paraguas de la Triple Alianza desde 1428. Esta alianza de ciudades-estado incluía a México-Tenochtitlán, centrada en la ciudad de

Tenochtitlán; la ciudad-estado de Texcoco, basada en la orilla oriental del lago; y Tlacopan, una ciudad-estado en la orilla occidental. El imperio era ordenado y próspero; de hecho, los testigos españoles de la época de la conquista describen ciudades y mercados que eran más grandes, mejor construidos y mejor organizados que cualquier cosa que hubieran visto antes. Pero solo dos años más tarde, a través de una combinación de guerra, conquista y enfermedad, el Imperio azteca ya no existía, y la cultura y la religión mesoamericanas habían sido irrevocablemente dañadas por la imposición del dominio español y la introducción forzada del cristianismo.

Una de las principales dificultades para reconstruir las tradiciones mitológicas originales de los aztecas es la escasez de fuentes. En un acto de iconoclasia nacido de los esfuerzos de la cristianización, los misioneros españoles y los funcionarios del gobierno rastrearon y quemaron los libros y registros gubernamentales aztecas. De los muchos miles de libros y documentos que debían haber existido alguna vez, solo quedan doce hoy en día. Además, mucho más de lo que sabemos del mito y la cultura azteca viene a través del filtro de los primeros testigos españoles modernos, cuyos prejuicios culturales y religiosos sin duda distorsionan mucho de lo que informaron.

Sin embargo, los invasores del otro lado del mar no fueron los únicos iconoclastas: el emperador mexica Itzcóatl (1427 o 1428 a 1440 d. C.) consolidó su propio poder, en parte revisando la historia y el mito para reforzar las afirmaciones de ascendencia mexica en la región. Itzcóatl ordenó la destrucción de los códices anteriores y la creación de nuevos códices que enfatizaban la legitimidad del poder de los mexicas y la supremacía del dios de la guerra Huitzilopochtli.

Como resultado de estos casos de destrucción, por lo tanto, solo tenemos una visión parcial de lo que debía haber sido el mito azteca original. Sin embargo, lo que existe muestra una rica y compleja tradición de mitos de origen, cuentos fantásticos y pseudo-historias mitológicas que nos da un vistazo a la cosmología, la religión y la visión del mundo de esta una vez vibrante cultura mesoamericana.

El presente libro está dividido en dos secciones. La primera contiene los mitos de los dioses y diosas, incluyendo la "Leyenda de los Soles", que es un complejo de mitos de origen que describe la creación del mundo, seguido por un relato que explica los orígenes de las prácticas aztecas, de las ofrendas de sangre y la guerra ritual. Otros tres mitos en esta sección relatan el advenimiento de otras cosas importantes para la vida y la cultura azteca: el maíz, el pulque (una bebida alcohólica hecha de la savia del cactus maguey) y la música. Una última historia describe el concepto azteca de la vida después de la muerte.

La segunda sección del libro contiene los mitos políticos aztecas, todos los cuales tenían la intención de pintar a los aztecas como un pueblo heroico favorecido por los dioses y digno de conquistar las civilizaciones que encontraban. El primero de estos relatos es el mito que describe el viaje de los mexicas desde Aztlán hasta México Central y la fundación de la ciudad de Tenochtitlán, todo bajo la égida del dios Huitzilopochtli. El segundo involucra una mítica misión en Aztlán comandada por el emperador Moctezuma I, quien desea reconectarse con el pueblo ancestral de allí y con la madre de Huitzilopochtli, para hacerles saber cuán grande se había vuelto el Imperio azteca.

El resto de las historias políticas de esta sección son un complejo que crea una pseudo-historia mítica de la caída de los toltecas. La civilización tolteca floreció en el centro de México entre principios del siglo X y finales del siglo XII y fue una de las culturas que fue desplazada por la llegada de los mexicas y la imposición del dominio azteca en esa región. En el tercer y cuarto relato de esta sección, Huemac, el legendario último rey de los toltecas, es sometido a varias desventuras y humillaciones a manos de Tezcatlipoca, el dios azteca de la noche, la enemistad y la discordia, que se presenta con varios disfraces para engañar al rey y destruir al pueblo tolteca, mientras que la propia insolencia de Huemac hacia los sirvientes de Tlaloc, el dios de la lluvia, trae la sequía, la hambruna y una profecía final del fin de la cultura tolteca.

Una práctica de los reyes toltecas, que también funcionaban como sacerdotes en la religión tolteca, era reclamar el título de "Quetzalcóatl". En la última leyenda que se presenta aquí, el sacerdote-rey es el propio dios. Una vez más, Tezcatlipoca trabaja su astucia contra el gobernante tolteca, esta vez expulsándolo de la ciudad de una vez por todas. El mito de cómo Quetzalcóatl se exilió avergonzado de la capital tolteca, Tula, y luego se transformó en la Estrella de la Mañana es un cuento episódico en la línea del viaje del héroe clásico.

En muchos de estos mitos, vemos repetidamente la creencia azteca de que las ofrendas de sangre y vidas humanas eran necesarias para el continuo funcionamiento del universo. De hecho, en estos mitos los propios dioses hacen sacrificios de su propia sangre e incluso de sus cuerpos enteros para crear un universo en el que los humanos puedan vivir y, en una historia, para crear a los propios humanos; los humanos, por lo tanto, deben hacer sacrificios de sangre a su vez para alimentar a los dioses y mantener el universo en existencia. Para los antiguos aztecas, estas prácticas parecían adecuadas, necesarias y honorables, ayudando a conectar el mundo de los humanos con el mundo divino de los dioses, un universo que en el mito azteca tomó forma en ciclos de creación, destrucción y renacimiento.

Nota sobre el calendario azteca

Una característica destacada de muchas antiguas civilizaciones mesoamericanas es el uso de calendarios y sistemas de seguimiento del tiempo bien construidos. Los aztecas usaban dos calendarios anuales separados pero entrelazados: uno era un calendario anual solar de 360 días, el otro un calendario ritual de 260 días. Además, los aztecas llevaban un cuidadoso seguimiento de períodos de tiempo mucho más largos, en particular el ciclo de 52 años del *xiuhmolpilli* (conjunto de años).

El año solar se llamaba "xihuitl" en náhuatl, mientras que el calendario de ese año se conocía como *xiuhpohualli* (recuento de años). Este calendario estaba compuesto de dieciocho meses con veinte días cada uno, para un total de 360 días. Cada mes tenía el nombre de una fiesta religiosa específica, y los días de este calendario se designaban de manera muy similar a la del calendario occidental moderno. Así, por ejemplo, los días del mes llamado "Teotleco" (retorno de los dioses) se designarían 1 Teotleco, 2 Teotleco, 3 Teotleco, y así sucesivamente hasta llegar a 20 Teotleco, momento en el que comenzaría el nuevo mes.

Debido a que este calendario de 18 meses no coincidía completamente con el año solar real, se añadieron cinco días intercalados al final del decimoctavo mes para mantener el calendario alineado con las estaciones. Estos cinco días fueron llamados "nemontemi" (sin nombre) y fueron considerados de muy mala suerte. Los aztecas eran conscientes de que el año solar es en realidad 365,25 días, pero no sabemos cómo podrían haber ajustado sus calendarios para tener en cuenta los días parciales extra.

El calendario ritual se llamaba *tonalpohualli*, que significa "cuenta de los signos de los días". El tonalpohualli se usaba para determinar cuándo debían realizarse rituales específicos, así como para la astrología y la toma de auspicios, y estaba además conectado con el mundo de lo divino al tener varios dioses que presidían ciertas unidades de tiempo así como días específicos.

El calendario sagrado azteca se componía de un conjunto de 20 "signos de día", como "caimán", "muerte" o "cuchillo de pedernal", que se producían y repetían en un orden fijo. Junto a estos signos había una cuenta de 13 días que se conoce en español como *trecena* (la palabra original en náhuatl es desconocida), de tal manera que un día en particular podría ser llamado "3 Mono" u "11 Caña", por ejemplo. El conteo de números se reiniciaba cuando se llegaba al día trece y continuaba numéricamente cuando se acababa el conteo de 20 días. Así, el signo del día "Calli" (Casa) podría ser "1 Calli" en un ciclo, pero "8 Calli" en otro. En el cuadro que figura a continuación se muestran todos los signos diurnos y la forma en que interactúan con la cuenta de los 13 días:

Nombre del día	Traducción	Cuenta de días		
Cipactli	Caimán	1	8	2
Ehécatl	Viento	2	9	3
Calli	Casa	3	10	4
Cuetzpallin	Lagarto	4	11	5
Coatl	Serpiente	5	12	6
Miquiztli	Muerte	6	13	7
Mazatl	Venado	7	1	8
Tochtli	Conejo	8	2	9
Atl	Agua	9	3	10
Itzcuintli	Perro	10	4	11
Ozomatli	Mono	11	5	12
Malinalli	Césped	12	6	13
Acatl	Caña	13	7	1
Ocelotl	Jaguar	1	8	2
Cuauhtli	Águila	2	9	3
Cozcacuauhtli	Buitre	3	10	4
Ollin	Movimiento	4	11	5
Tecpatl	Cuchillo pedernal	5	12	6
Quiahuitl	Lluvia	6	13	7
Xochitl	Flor	7	1	8 etc.

Después de Michael E. Smith, Los aztecas, *3ª ed. (Chicester: Wiley-Blackwell, 2011), 252.*

Como vemos en la tabla, cuando una trecena se acaba, una nueva comienza de nuevo con el signo del día siguiente. Así, una trecena que comienza en 1 Cipactli termina en 13 Acatl, y la nueva trecena comienza en 1 Ocelotl y continúa hasta el final de la lista de signos del día en 7 Xochitl. La lista de signos diurnos se reinicia en medio de la trecena, en el 8 Calli, y esta segunda trecena termina en el 13 Miquiztli. La siguiente trecena comienza en 1 Mazatl, y así sucesivamente. Esta combinación entrelazada de signos de 20 días y 13 números significa que se necesitan 260 días para recorrer un ciclo completo, que contiene 260 combinaciones únicas de signos de días y números. Además, cada trecena del ciclo estaba asociada a una deidad particular.

Cuando se combinan el calendario solar y el calendario ritual forman un ciclo que comienza y termina en un espacio de 52 años. Este ciclo se conoce como *xiuhmolpilli* (conjunto de años) en náhuatl, aunque los estudiosos de habla inglesa a veces se refieren a él como "ronda del calendario". Al igual que el calendario ritual, el conteo de la ronda del calendario se basaba en el número 13, trabajando dentro de un ciclo de 13 años, excepto que con solo cuatro años en lugar de 20 días. Estos cuatro años se llamaban, en orden, Tochtli, Acatl, Tecpatl y Calli. Por lo tanto, el ciclo de un año iba 1 Tochtli, 2 Acatl, 3 Tecpatl, 4 Calli, 5 Tochtli, 6 Acatl, y así sucesivamente hasta que hubieran pasado 13 años y el siguiente ciclo comenzara en 1 Acatl. Después de 52 años, el ciclo volvería a su lugar de inicio en 1 Tochtli.

Dentro de este ciclo, los días se describen por su posición en el calendario solar, el calendario ritual, y el ciclo de cuatro nombres de 13 años de conteos dentro de la ronda del calendario. Debido a que la designación de cada día se repite cada 52 años, los estudiosos occidentales deben hacer algunos cálculos y eventos de investigación para alinear el calendario azteca con el occidental. Si tomamos como ejemplo la fecha de la llegada de los españoles a Tenochtitlan, el 8 de noviembre de 1519, veríamos que la designación de ese día en el calendario ritual sería 8 Ehécatl; en el calendario solar era 9 Quecholli; y el año era 1 Acatl. (Nota: algunas alineaciones de los calendarios occidental y azteca lo colocan como 7 Cipactli, 8 Quecholli, 1 Acatl.)

Por lo tanto, vemos que el número 52 y sus factores 4, 13 y 26 eran centrales para el concepto azteca del tiempo y la práctica de la cronología, y que el ciclo xiuhmolpilli de 52 años era central para la cosmología azteca, ya que el 52 era un número asociado con la finalización y la plenitud del tiempo. Cada 52 años, los aztecas celebraban la Ceremonia del Fuego Nuevo, cuya realización exitosa creían necesaria para la continuación del universo. La ceremonia consistía en la extinción de todos los fuegos en la ciudad, después de lo cual un hombre sería sacrificado arrancándole el corazón; en su cavidad torácica se encendería el nuevo fuego. A partir de esta nueva llama, los fuegos se encenderían primero en los templos, luego en otros espacios importantes, y luego se distribuirían a las casas privadas. Si la ceremonia no se llevaba a cabo correctamente, o si el fuego no se encendía, entonces los "tzitzimime", los espíritus de las estrellas, venían a la tierra y devoraban a la gente. Para los aztecas, por lo tanto, el cronometraje adecuado y el uso apropiado del calendario eran más que una forma de llevar la cuenta de los días y los años; era un medio para cronometrar los ciclos del propio universo, que los seres humanos eran responsables de mantener en movimiento a través de sacrificios de sangre.

PARTE I: DIOSES, DIOSAS Y COSMOLOGÍA AZTECA

La Leyenda de los Soles

No hay un mito único de la creación azteca, sino más bien varias variantes de cómo el mundo llegó a ser. Uno de los mitos primarios es la "Leyenda de los Soles", que explica la repetida creación, destrucción y recreación del mundo hasta que finalmente asume la forma que conocemos hoy en día. Estos mitos también explican por qué el sacrificio de sangre era una parte tan integral de la práctica religiosa azteca; fue esta sangre la que mantuvo a la tierra y al sol en existencia porque los dioses que eran la tierra y el sol demandaban el sustento en esa forma.

Vemos aquí importantes conexiones entre el concepto azteca del tiempo tal y como fue establecido en su sistema calendárico y su comprensión de las fases de la creación. Dentro de la cultura azteca y las prácticas de seguimiento del tiempo, el número 13 era sagrado y se tomaba para representar una forma de totalidad, al igual que el número 52. Por lo tanto, los dos primeros "soles" representan un espacio de tiempo completo, ya que su extensión de 676 años es igual a 13 veces 52. Los dos segundos "soles", sin embargo, no son completos en sí mismos, ya que representan 7 veces 52 y 6 veces 52, respectivamente.

El número 4 también tiene asociaciones con la totalidad a través de su función dentro del conteo de años aztecas y en su referencia a los cuatro puntos cardinales. Vemos estas conexiones en el mito de la creación que se relata a continuación con respecto al número de los primeros dioses principales creados por la unión de Tonacatecuhtli y Tonacacihuatl, los aspectos masculinos y femeninos del dios creador Ometeotl.

Hace mucho, mucho tiempo, incluso antes de que llegara el tiempo, estaba Ometeotl, el Dios Dual. Ometeotl fue creado por la unión del dios Tonacatecuhtli y la diosa Tonacacihuatl, el Señor y la Señora de nuestro sustento. Y así Ometeotl fue uno y dos al mismo tiempo. Llegaron a ser de la nada, y durante un tiempo fueron todo lo que había en todo el universo, ya que nada más se había hecho todavía.

Tonacatecuhtli y Tonacacihuatl tuvieron cuatro hijos. Había un Xipe Totec rojo (el dios desollado), dios de las estaciones y de las cosas que crecen en la tierra; un Tezcatlipoca negro (Espejo Humeante), dios de la tierra; un Quetzalcóatl blanco (Serpiente Emplumada), dios del aire; y un Huitzilopochtli azul (colibrí del sur), dios de la guerra. Los dioses-niños vivían en el decimotercer cielo con sus padres. De estos niños, Tezcatlipoca era el más poderoso. Juntos, los cuatro hijos del dios dual decidieron que les gustaría crear un mundo y que algunas personas vivieran en él. Les llevó varios intentos antes de que el mundo se convirtiera en lo que conocemos hoy en día, porque los dioses lucharon por quién debía ser el sol y gobernar la tierra.

El primer intento de creación fue hecho por Quetzalcóatl y Huitzilopochtli. Primero, hicieron un fuego, que era el sol. Pero no era lo suficientemente grande o fuerte como para dar mucha luz o calor, ya que era solo la mitad de un sol.

Después de hacer el sol, Quetzalcóatl y Huitzilopochtli hicieron un hombre y una mujer. Llamaron a la mujer Oxomoco, y al hombre Cipactonal. Los dioses les dijeron al hombre y a la mujer qué trabajos debían realizar. El hombre debía ser un agricultor, mientras que el deber de la mujer era hilar y tejer telas. Los dioses le dieron a la mujer el regalo del maíz. Algunos de los granos eran mágicos y podían curar enfermedades o ayudar a predecir el futuro. Juntos Oxomoco y Cipactonal tuvieron muchos hijos, que se convirtieron en los macehuales, los campesinos que trabajaban la tierra.

Aunque ya había medio sol, y aunque ya había un hombre y una mujer, los dioses aún no habían creado el tiempo. Esto lo hicieron haciendo días y meses. Cada mes tenía veintiún días. Y cuando habían pasado dieciocho meses, esto hacía trescientos sesenta días, y ese lapso los dioses lo llamaban un año.

Después de que hubiera un sol, un hombre y una mujer, y tiempo, los dioses crearon el inframundo, que se llamó Mictlán. Luego Quetzalcóatl y Huitzilopochtli hicieron otros dos dioses para gobernar este lugar. Se llamaron Mictlántecuhtli y Mictecacíhuatl, el Señor y la Señora de Mictlán.

Cuando todo esto se hizo, Quetzalcóatl y Huitzilopochtli crearon un poco de agua, y en ella colocaron un pez gigante. El pez se llamaba Cipactli, y la tierra estaba hecha del cuerpo del pez.

Oxomoco y Cipactonal tuvieron un hijo llamado Piltzintecuhtli. Los dioses lo miraron y vieron que no tenía esposa. En ese momento, había una diosa de la belleza y de las jóvenes mujeres llamada Xochiquétzal (pluma de flor de quetzal). Los dioses tomaron un poco de pelo de Xochiquétzal y de él hicieron una mujer para que fuera la esposa de Piltzintecuhtli.

Los dioses miraban todas las cosas que habían creado y no estaban satisfechos con ellas, especialmente con el sol, que era demasiado débil para dar mucha luz. Tezcatlipoca pensó en cómo hacer más brillante el viejo sol, pero luego pensó en una idea mejor: se convirtió a sí mismo en el sol. Este nuevo sol era mucho mejor que el antiguo. Era un sol completo, y daba suficiente luz al mundo que los dioses habían creado. Este fue el comienzo de la primera edad del mundo, la edad del Primer Sol.

Los dioses también querían más seres en su nuevo mundo. Crearon una raza de gigantes que solo comían piñones. Los gigantes eran muy grandes y muy fuertes. Tan fuertes eran estos gigantes que podían arrancar árboles con sus propias manos.

Así que, durante un tiempo, Tezcatlipoca brilló sobre el mundo que los dioses habían creado. Pero después de que este mundo existiera durante 13 veces 52 años, o 676 años, Quetzalcóatl pensó que su hermano había reinado como el sol durante suficiente tiempo. Tomó su garrote y golpeó a Tezcatlipoca con él, enviándolo en picada hacia abajo, hacia las aguas que rodeaban el mundo. Tezcatlipoca estaba muy enojado porque Quetzalcóatl había hecho esto. Se levantó del agua en forma de un jaguar gigante, y con esta forma, vagó por toda la tierra. El jaguar cazó a todos los gigantes y devoró a cada uno de ellos. Una vez que todos los gigantes fueron devorados, Tezcatlipoca volvió a subir a los cielos, donde se convirtió en la constelación del Jaguar (Osa Mayor).

La segunda edad del mundo fue la edad del Segundo Sol. Esta fue la edad del viento. Quetzalcóatl hizo este mundo, y Quetzalcóatl fue el sol durante esta edad. Los macehuales vivían en esta era comiendo nada más que piñones. La segunda edad también duró 676 años, hasta que Tezcatlipoca se vengó de su hermano. Tezcatlipoca vino al mundo en una ráfaga de viento tan grande que Quetzalcóatl y los macehuales fueron arrasados, aunque algunos de los macehuales escaparon de la explosión. Estos se convirtieron en monos, y huyeron a las selvas para vivir.

Después de que la época del Segundo Sol se completó, el dios de la lluvia cuyo nombre era Tlaloc (el que hace brotar las cosas) se convirtió en el sol y gobernante de la creación, y su edad es la edad del Tercer Sol. Esta edad duró siete veces 52 años, o 364 años. Durante esta edad, la gente comía las semillas de una planta que crecía en el agua. Pero de nuevo, Quetzalcóatl destruyó este mundo. Hizo caer una lluvia de fuego, y toda la gente se convirtió en pájaros.

Después de que Quetzalcóatl terminó el reinado de Tláloc, le dio el mundo a la esposa de Tláloc, Chalchiuhtlicue (mujer de la falda de jade) para que lo gobernara. Chalchiuhtlicue era la diosa de los ríos, arroyos y todo tipo de aguas. Fue el sol durante seis veces 52 años, o 312 años. Esta cuarta edad solar fue una época de grandes lluvias. Llovió tanto tiempo y tan fuerte que hubo una gran inundación que cubrió la tierra. El diluvio arrastró a los macehuales, convirtiéndolos en peces. Después de que la inundación terminó, el cielo se cayó y cubrió la tierra para que nada pudiera vivir en ella.

Los dioses miraron el mundo que habían creado y vieron cómo había sido destruido por sus disputas. Quetzalcóatl y Tezcatlipoca hicieron las paces y bajaron a reconstruir el mundo. Cada uno de los dioses fue a un extremo del mundo, donde se transformaron en grandes árboles. Con sus poderosas ramas de árbol, empujaron el cielo a su lugar, y lo mantuvieron allí quieto.

El dios Tonacatecuhtli, padre de Quetzalcóatl y Tezcatlipoca, miró hacia abajo y vio que los hermanos habían dejado de luchar y habían trabajado juntos para reparar lo que su ira había roto. Tonacatecuhtli, por lo tanto, les dio a los hermanos los cielos estrellados para que los gobernaran, e hizo una carretera de estrellas para que la usaran mientras viajaban; esta carretera es la Vía Láctea.

Entonces los dioses crearon nuevas personas para que caminen sobre la tierra. Una vez que el cielo se puso de nuevo en su lugar, Tezcatlipoca tomó un pedernal y lo usó para hacer fuego. Estos fuegos iluminaron el mundo, ya que el viejo sol había sido destruido en la inundación y aún no se había hecho uno nuevo. Además, no había gente, ya que los gigantes habían sido devorados, y la gente se había convertido en monos, pájaros y peces. Así que Tezcatlipoca se reunió con sus hermanos para asesorarse sobre qué hacer. Juntos decidieron que había que crear un nuevo sol, pero este sería un nuevo tipo de sol, uno que comiera corazones humanos y bebiera sangre humana. Sin sacrificios para alimentarlo, este sol dejaría de brillar, y el mundo volvería a la oscuridad una vez más. Así que los dioses crearon cuatrocientos hombres y cinco mujeres, y estos serían el alimento del nuevo sol.

Algunos dicen que Quetzalcóatl y Tláloc querían que sus hijos se convirtieran en el Quinto Sol, y que estos dioses llevaron a sus hijos a uno de los grandes fuegos que se habían encendido. El hijo de Quetzalcóatl había nacido sin madre. El dios arrojó a su hijo al fuego primero, y se convirtió en el nuevo sol. Su hijo se levantó del fuego y se fue al cielo, donde todavía permanece hoy en día. Tláloc esperó hasta que el fuego casi se extinguió. Tomó a su hijo, cuya madre era Chalchiuhtlicue, y lo arrojó a las brasas brillantes y a las cenizas. El hijo de Tláloc se levantó del fuego y fue al cielo como la luna. Debido a que el hijo de Quetzalcóatl fue al fuego ardiente, se convirtió en una criatura de fuego y brilla con una luz demasiado brillante para mirar. Pero debido a que el hijo de Tláloc fue a las brasas y las cenizas, su luz es más tenue y su rostro está salpicado de cenizas. Y así es como la noche se dividió del día, y por qué la luna y el sol cruzan el cielo de diferentes maneras y por diferentes caminos.

Pero otro cuento relata cómo el enfermizo dios Nanahuatzin se sacrificó voluntariamente para convertirse en el Quinto Sol. Los dioses se habían reunido en la gran ciudad de Teotihuacan para discutir cómo podrían hacer un nuevo sol para reemplazar al viejo que había sido destruido en la inundación. Uno de ellos tenía que saltar a una hoguera brillante y luego elevarse al cielo. Nanahuatzin, dios de la enfermedad, cuyo nombre significa "Lleno de llagas", se presentó—. Haré esto—dijo—aunque mi cuerpo esté enfermo y doblado, y aunque mi piel esté cubierta de lepra.

Los otros dioses se rieron de Nanahuatzin. Dijeron—: Tonto. Eres enfermizo y débil. No tendrás el coraje de saltar al fuego. Deja que otro se convierta en el sol.

Entonces Tecuciztecatl (el del lugar de la concha), se presentó. Era un dios muy rico, bien hecho en cuerpo y bien vestido con todo tipo de adornos de oro y plumas—. Haré esto—dijo—porque sería mejor que un dios saludable hiciera este sacrificio en vez de uno enfermizo.

Los otros dioses estuvieron de acuerdo en que así fuera y provocaron un gran fuego. Mientras esto se hacía, Tecuciztecatl y Nanahuatzin se retiraron a lugares donde podrían ayunar y preparar ofrendas para purificarse para que fueran dignos de convertirse en el nuevo sol. Tecuciztecatl preparó ofrendas hechas de las cosas más finas, de plumas de jade y quetzal, y bolas de oro. Las ofrendas de Nanahuatzin eran humildes cañas y las espinas del cactus maguey.

En el momento indicado, Tecuciztecatl y los otros dioses se reunieron alrededor del fuego. El dios rico, vestido con sus mejores galas, se acercó a la gran hoguera con su calor abrasador. Hizo como si se arrojara, pero en el último minuto se frenó y se alejó. Una vez más, lo intentó, pero no pudo saltar a las llamas. Lo intentó una y otra vez, pero cada vez le faltó valor. Después de la cuarta vez, se alejó de la hoguera y de los otros dioses, avergonzado de no haber podido convertirse en el sol como se había jactado de que lo haría.

Los otros dioses se preguntaban cómo harían un nuevo sol, ya que Tecuciztecatl no había logrado saltar al fuego. Pero no todo estaba perdido; Nanahuatzin no había olvidado su oferta de convertirse en el nuevo sol, y también había ayunado y se había purificado para que fuera un sacrificio adecuado. El enfermizo dios se adelantó, vestido con ropas de papel, y caminó directamente hacia el furioso fuego. Miró fijamente al corazón de la llama por un momento, y luego se lanzó al corazón mismo de las llamas.

El cabello de Nanahuatzin estaba en llamas. Su ropa estaba ardiendo. Su piel crepitaba con el calor de las llamas que lamían todo su cuerpo. Tecuciztecatl vio el coraje del enfermizo Nanahuatzin y se avergonzó profundamente. Así que también dio un paso adelante y saltó a las llamas con Nanahuatzin. Un águila y un jaguar también habían estado observando el sacrificio. Vieron el coraje de Nanahuatzin y de Tecuciztecatl, y así se unieron a los dioses, lanzándose entre las llamas. Por eso las plumas del águila tienen la punta negra y el jaguar está cubierto de manchas negras. También es por eso que los aztecas crearon las órdenes del águila y el jaguar para honrar a sus guerreros más valientes.

Después de que el águila y el jaguar se arrojaran al fuego, los otros dioses esperaron a ver qué sería de Nanahuatzin y Tecuciztecatl. Muy lentamente la luz comenzó a bordear el mundo. Los dioses miraron a su alrededor, preguntándose dónde estaba la fuente de la luz. Entonces, de repente, Nanahuatzin irrumpió en el horizonte oriental, cubriendo el mundo con la luz más brillante. Su sacrificio lo transformó del humilde y enfermizo dios leproso en un nuevo dios-sol: Ollin Tonatiuh, cuyo nombre significa "movimiento del sol".

Pero Tecuciztecatl también se había transformado por su sacrificio, y poco después de que Nanahuatzin se elevara al cielo, también lo hizo Tecuciztecatl. Y ahora los dioses tenían un nuevo problema, ya que no había uno sino dos soles en el cielo, y la luz que hacían juntos era demasiado brillante para que alguien pudiera ver algo. Uno de los dioses agarró un conejo que estaba cerca y lo arrojó a la cara de Tecuciztecatl. El conejo golpeó a Tecuciztecatl tan fuerte que su luz se oscureció. Así fue como se creó la Luna, y la forma de un conejo quedó marcada permanentemente en su cara.

Entonces los dioses se regocijaron porque ahora tenían tanto un sol como una luna. Pero su alegría duró poco porque Tonatiuh se negó a moverse de su lugar en el cielo hasta que todos los dioses se sacrificaron por él. Los otros dioses se enfadaron y se negaron a hacer esto, pero Tonatiuh se mantuvo firme. No se movería hasta que hubiera bebido la sangre de los otros dioses.

Tlahuizcalpantecuhtli (señor del amanecer), que es la Estrella de la Mañana, dijo—Detendré a Tonatiuh. Te salvaré de tener que ser sacrificado. —Tlahuizcalpantecuhtli lanzó un dardo a Tonatiuh con todas sus fuerzas, pero falló. Tonatiuh lanzó su propio dardo a la Estrella de la Mañana, golpeándolo en la cabeza. Esto cambió a Tlahuizcalpantecuhtli en Itztlacoliuhqui (obsidiana torcida), el dios del frío, la escarcha y la obsidiana, y por eso siempre hace frío justo antes de que salga el sol.

Los otros dioses se dieron cuenta de que no podían seguir rechazando lo que Tonatiuh exigía. Se presentaron ante él con los pechos desnudos, y Quetzalcóatl les cortó el corazón con un cuchillo de sacrificio. Una vez que los dioses fueron sacrificados, Quetzalcóatl tomó sus ropas y ornamentos y los envolvió en paquetes de sacrificio. Estos paquetes sagrados eran entonces adorados por el pueblo.

Saciado con la sangre de los dioses, Tonatiuh comenzó a moverse por el cielo, y lo ha hecho desde entonces. Y este fue el nacimiento del Quinto Sol, el Sol bajo el cual toda la vida vive hasta el día de hoy. Pero aun así la gente ofreció sangre y corazones al sol, para asegurarse de que esté satisfecho y mantenerlo en su camino sagrado a través del cielo.

Ahora, otra leyenda dice que la reconstrucción de la tierra después del gran diluvio ocurrió de una manera diferente. Este cuento dice que Quetzalcóatl y Tezcatlipoca miraron hacia abajo y vieron que no había nada más que agua, pero en esta agua nadaba un gran monstruo. El nombre del monstruo era Tlaltecuhtli, que significa "Señor de la Tierra", aunque la propia criatura era hembra. Era una cosa gigante, con bocas en todo el cuerpo y un deseo voraz de comer carne. Los dioses pensaron que era probable que el monstruo devoraría cualquier cosa que lograran crear, así que idearon un plan para deshacerse de Tlaltecuhtli y hacer una nueva tierra al mismo tiempo. Quetzalcóatl y Tezcatlipoca se transformaron en monstruosas serpientes. En estas formas, se sumergieron en el agua y atacaron a Tlaltecuhtli. Los dioses se envolvieron alrededor del cuerpo del monstruo y comenzaron a tirar. No importaba cuán fuerte golpeara Tlaltecuhtli, no podía escapar de las garras de los dioses. Lentamente, el cuerpo del monstruo comenzó a desgarrarse, hasta que finalmente se partió en dos. La mitad superior de Tlaltecuhtli se convirtió en la nueva tierra, y la mitad inferior fue lanzada al cielo para convertirse en los cielos.

Tlaltecuhtli gritó de dolor al ser despedazada. Los otros dioses la escucharon en su agonía y estaban enojados por lo que Quetzalcóatl y Tezcatlipoca le habían hecho, pero no pudieron curar sus heridas. En cambio transformaron su cuerpo. Su cabello se convirtió en flores, arbustos y árboles, y de su piel crecieron los pastos. Agua fresca brotó de sus ojos en forma de ríos, pozos y arroyos, y sus bocas se convirtieron en las cuevas del mundo. Las montañas y los valles se hicieron de su nariz. Pero aunque ya no era un monstruo, Tlaltecuhtli todavía tenía necesidad de sangre y carne fresca, y así una vez que la gente fue creada, hicieron sacrificios para alimentarla. De esta manera, la tierra continúa proveyendo todas las cosas que la gente y los animales necesitan para vivir.

Pero los dioses primero necesitaban crear a la nueva gente ya que toda la gente que había vivido bajo los cuatro soles anteriores se había convertido en monos, pájaros y peces, y que los huesos de los que habían muerto se guardaban en Mictlán. Así que los dioses enviaron a Quetzalcóatl a Mictlán para ver si podía traer los huesos de los que habían sido convertidos en peces.

—Oh Mictlántecuhtli—dijo Quetzalcóatl—. He venido a buscar los huesos de los que se convirtieron en peces.

—¿Por qué los quieres?—preguntó el Señor de Mictlán.

—La tierra fue destruida en el gran diluvio—dijo Quetzalcóatl, la Serpiente Emplumada—y la hemos reconstruido e hicimos un nuevo sol, una nueva luna y un nuevo cielo, pero no hay gente. Deseamos usar los huesos para hacer nuevos pueblos, porque es bueno que la tierra esté habitada.

Pero Mictlántecuhtli estaba celoso de todas las cosas que guardaba dentro de su reino. No le importaba si la tierra tenía gente o no, y no quería que Quetzalcóatl tuviera los huesos. Así que le hizo una prueba a Quetzalcóatl.

Mictlántecuhtli le dio una concha a Quetzalcóatl y le dijo— Puedes tener los huesos si caminas cuatro veces alrededor de todo Mictlán mientras soplas ráfagas en esta concha.

Quetzalcóatl pensó que era un desafío fácil de superar, hasta que miró de cerca la concha. Aún no se había convertido en una trompeta, y no había manera de que él hiciera ningún sonido en ella. Pero Quetzalcóatl era amigo de los gusanos. Llamó a los gusanos para que vinieran a hacer agujeros en la concha. Quetzalcóatl también era amigo de las abejas. Llamó a las abejas para que vinieran y zumbaran dentro de la concha para hacer un gran ruido. Y así, Quetzalcóatl fue capaz de pasar la prueba que el Señor de Mictlán le había preparado.

Mictlántecuhtli le dio los huesos a Quetzalcóatl, como había prometido, pero no tenía intención de permitir que salieran de Mictlán. Mictlántecuhtli ordenó a sus sirvientes que cavaran una fosa profunda a lo largo del camino que Quetzalcóatl estaba tomando. Quetzalcóatl sabía que Mictlántecuhtli no era digno de confianza, así que se apresuró a dejar Mictlán antes de que le quitaran los huesos. Mientras Quetzalcóatl corría por el camino, Mictlántecuhtli envió un pájaro para volar en la cara de la Serpiente Emplumada y asustarlo justo cuando se acercaba al pozo. Cuando el pájaro voló hacia Quetzalcóatl, perdió el equilibrio y cayó en el pozo. Su caída rompió los huesos de pescado en muchos pedazos, y es por eso que la gente es de todos los tamaños.

Después de un tiempo, Quetzalcóatl se recuperó de su caída. Recogió todos los pedazos de los huesos y salió de la fosa. Pudo dejar Mictlán a salvo, y poco a poco llegó a un lugar llamado Tamoanchan, tierra del cielo nublado, un lugar sagrado y bendito. Quetzalcóatl le dio los huesos a la diosa Cihuacoatl, la mujer serpiente. Cihuacoatl puso los huesos en su cuerna y los molió hasta convertirlos en una fina harina. Puso la harina de huesos en un frasco especial, y todos los dioses se reunieron a su alrededor. Uno por uno, los dioses perforaron su carne y dejaron caer gotas de su sangre sobre los huesos. Cuando los huesos y la sangre se mezclaron en una masa, los dioses le dieron forma de personas. Los dioses dieron vida a las formas de la masa y las pusieron sobre la tierra para que vivieran.

Y estos son los cuentos de cómo llegó la creación, y por qué vivimos bajo el Quinto Sol, y por qué la tierra y el sol exigen sacrificios a la gente que vive en la tierra bajo la luz del sol.

Las acciones de Mixcóatl

Una obra original sobreviviente del fraile español del siglo XVI Andrés de Olmos es la Historia de los Mexicanos por sus pinturas. *En esta obra, también conocida como el* Códice Ramírez, *de Olmos da cuenta de los mitos aztecas. Una sección del códice está dedicada al dios Camaxtli, que también era conocido como Mixcóatl (serpiente nube). De Olmos entendía a Mixcóatl como un aspecto de Tezcatlipoca más que como una figura separada. En este breve relato, se dice que Mixcóatl, dios de la caza y de la Vía Láctea, originó tanto la guerra ritual como la práctica azteca de perforar la lengua y las orejas para hacer una ofrenda de sangre.*

La guerra ritual era un aspecto importante de la vida azteca. Los sacrificios para los dioses tenían que ser adquiridos de alguna manera y en alguna cantidad, por lo que las ciudades-estado aztecas se desafiaban a las batallas de forma regular. El propósito de esta guerra no era la conquista, y tampoco era el punto de matar a tantos enemigos como fuera posible. Más bien, se esperaba que los guerreros capturaran tantos enemigos como pudieran. Estos cautivos eran llevados de vuelta a la ciudad natal de los vencedores, donde se convertían en víctimas de sacrificio. Los aztecas creían que las muertes más nobles que un hombre podía esperar eran o bien perecer en la batalla o ser ofrecido en sacrificio a los dioses, después de lo cual el alma se transformaría en un colibrí.

El nombre "Chichimecas" se refería a los diversos pueblos que vivían fuera del valle de México y a veces tenía connotaciones similares a la de nuestra palabra inglesa "bárbaro". Aquí vemos que Mixcóatl crea a estas personas precisamente para que puedan ser masacradas, y también las convierte en borrachos, un estado que era anatema para los aztecas y que podía ser castigado con la muerte.

Y así, sucedió que un año después de que el nuevo sol había sido creado y alimentado por la sangre de los dioses, Mixcóatl pensó para sí mismo que sería bueno asegurarse de que al sol nunca le faltara sangre o corazones. Por lo tanto, subió al octavo cielo y allí hizo cuatro hombres y una mujer.

—Bajen a la tierra—dijo Mixcóatl a las nuevas personas—. Vayan allí y aprendan el arte de la guerra, porque el sol necesita sangre para beber y corazones para comer.

Mixcóatl luego arrojó a la nueva gente a la tierra, donde aterrizaron en el agua. Pero inmediatamente regresaron a los cielos, y así el deseo de Mixcóatl de que hicieran la guerra no se cumplió. Así que al año siguiente Mixcóatl pensó de nuevo en cómo crear nuevos pueblos para que hubiera guerra y sacrificios, y esta vez fue a la tierra y encontró una gran piedra, que golpeó fuertemente con su garrote. La piedra se abrió, y de ella salieron 400 chichimecas, que fueron los primeros en vivir en México antes de que llegaran los aztecas.

Mixcóatl vio que sus esfuerzos habían sido en vano porque los chichimecas no conocían aún el arte de la guerra, ya que no tenían enemigos, y no hacían la guerra entre ellos ya que eran parientes entre sí, y los cinco pueblos originales que había creado para hacer la guerra, para proporcionar sangre y corazones al sol, habían regresado a los cielos. Así que, durante once años Mixcóatl hizo penitencia. Tomó las afiladas espinas del cactus maguey, y con ellas, se perforó la lengua y las orejas. Las perforó para que la sangre goteara como ofrenda y penitencia, para que los cuatro hombres y una mujer que había creado volvieran a la tierra y les hicieran la guerra a los chichimecas. Y de esta manera Mixcóatl comenzó la práctica de estas pequeñas ofrendas de sangre usando las espinas del maguey en la lengua y las orejas, lo que el pueblo entonces también hacía en reverencia y súplica a los dioses.

Cuando la penitencia de Mixcóatl fue hecha, los cuatro hijos y una hija que creó bajaron de los cielos. Fueron a la tierra, donde hicieron casas en los árboles, y en los árboles alimentaron a las águilas, que también hicieron sus nidos allí.

Mientras los cinco primeros hijos de Mixcóatl hacían sus nuevas casas en los árboles, Mixcóatl se imaginó cómo hacer que los chichimecas y sus cinco hijos se hicieran la guerra entre ellos para proporcionar sangre y corazones al sol. Por lo tanto, Mixcóatl tomó la savia del maguey y mostró a los chichimecas cómo hacer pulque y otros vinos con ella. Una vez que los chichimecas aprendieron lo bueno que era este vino, pasaron todo el tiempo haciéndolo y bebiéndolo, y así pasaron sus días en la embriaguez. Y así, sucedió que un día los chichimecas vieron a los cinco hijos de Mixcóatl sentados en sus árboles, y los niños vieron que los chichimecas estaban borrachos y no valían nada. Por lo tanto, los niños bajaron de los árboles y mataron a todos los chichimecas excepto a tres que escaparon, uno de ellos era Mixcóatl, que se había convertido en un chichimeca.

Y así fue como Mixcóatl enseñó a la gente el arte de la guerra y la manera apropiada de hacer penitencia, para que siempre hubiera sangre y corazones con los que alimentar al sol.

El origen del maíz y la creación del pulque

Dos de los alimentos básicos más importantes en la agricultura azteca eran el maíz y el maguey, que es un tipo de cactus de agave. El maíz era, y sigue siendo, un alimento básico para muchas culturas tradicionales centroamericanas y ocupaba un lugar importante en su mitología y en sus conceptos de sí mismos como pueblos. El pulque era una bebida embriagadora utilizada principalmente con fines rituales, pero la planta de maguey tenía usos más allá de proporcionar la savia con la que se fermentaba el pulque. Las hojas eran comestibles y se usaban para hacer papel; las espinas se usaban como objetos rituales y como agujas; y con sus fibras se podían hacer cuerdas y telas. En las historias sobre el maíz y el pulque, como en el cuento anterior de la creación de nuevas personas a partir los huesos de pescado y la sangre de los dioses, vemos la función vital de Quetzalcóatl como un embaucador que utiliza sus habilidades de cambio de forma para encontrar cosas que beneficien a los seres humanos.

Oxomoco y Cipactonal, el primer hombre y primera mujer que se creó, juegan un papel importante en la entrega del maíz a la gente. Aquí vemos que el mito azteca está dividido en cuanto a cuál de estos personajes míticos es masculino y cuál femenino. En la "Leyenda de los Soles", contada anteriormente, Oxomoco es femenino y Cipactonal masculino, pero en la historia del origen del maíz, estos géneros se invierten.

Una vez que los dioses habían recreado a la gente con su propia sangre los huesos de los peces que Quetzalcóatl sacó del Mictlán, vieron que estos nuevos seres no tenían comida, así que fueron a buscar una fuente de alimento para la gente. Quetzalcóatl buscó y buscó, y finalmente vio una pequeña hormiga que llevaba un grano de maíz en sus mandíbulas.

—¿De dónde sacaste eso?—le preguntó Quetzalcóatl a la hormiga.

—No voy a decírtelo—dijo la hormiga, y continuó su marcha de regreso a su hormiguero.

Quetzalcóatl siguió a la hormiga—. Eso parece una buena comida—dijo el dios—. ¿De dónde lo has sacado?

Pero la hormiga no respondió. Siguió caminando con el maíz en sus mandíbulas. Quetzalcóatl no se rendía—. ¿De dónde sacaste eso?—le preguntó a la hormiga.

La hormiga vio que el dios no la dejaría en paz hasta que contestara su pregunta, así que la hormiga llevó a Quetzalcóatl a una gran montaña llamada Tonacatepetl, la montaña de la comida. Quetzalcóatl vio largas filas de hormigas entrando y saliendo de la montaña. Se transformó en una hormiga y siguió a su guía a la montaña. Dentro de la montaña había enormes montones de maíz y otras cosas buenas para comer. Aún en forma de hormiga, Quetzalcóatl tomó un grano de maíz en sus mandíbulas y lo llevó fuera de la montaña. Cuando hubo recogido suficiente maíz, lo llevó de vuelta a Tamoanchan, el lugar bendecido, donde los dioses estaban esperando con su gente recién creada. Quetzalcóatl entregó los granos de maíz a los dioses. Probaron el maíz y se dieron cuenta de que sería el mejor alimento de todos para la nueva gente. Pero no sabían cómo sacarlo de la montaña y llevarlo a su nuevo pueblo, ya que convertirse en hormigas para extraerlo grano por grano les llevaría demasiado tiempo y trabajo.

—¡Ya sé!—dijo Quetzalcóatl a los otros dioses—. Iré a buscar la montaña y la traeré aquí, si me ayudan.

Así que los dioses fueron juntos a la montaña Tonacatepetl. Ataron muchas cuerdas fuertes alrededor de la montaña. Tiraron y tiraron y tiraron, pero la montaña no se movió. Quetzalcóatl y los otros dioses volvieron a Tamoanchan sintiéndose muy desanimados.

Entonces Oxomoco tomó algunos de los granos de maíz que Quetzalcóatl había traído con él. Con la ayuda de su esposa, Cipactonal, Oxomoco realizó una adivinación con el maíz.

—¿Qué te dicen los granos de maíz?—preguntó Quetzalcóatl.

Oxomoco dijo—: Hay que abrir la montaña, pero el único que puede hacerlo es Nanahuatzin.

Nanahuatzin, el dios enfermizo, accedió a abrir la montaña de los alimentos. Le preguntó a Tlaloc, el dios de la lluvia, si podía tener la ayuda de los tlaloque, los sirvientes de Tlaloc que son los señores de la lluvia y el rayo. Tláloc dijo—Con gusto los dejaré ir con ustedes.

Tláloc convocó a sus cuatro sirvientes, y estos eran el tlaloque azul, el tlaloque blanco, el tlaloque amarillo y el tlaloque rojo—. Irán con Nanahuatzin y le ayudarán a abrir la montaña de comida—dijo Tlaloc a sus sirvientes.

Y así, Nanahuatzin y los tlaloque fueron a la montaña Tonacatepetl. Nanahuatzin y el tlaloque usaron sus poderes para abrir la montaña. De la montaña vertieron todo lo bueno: maíz, frijoles, amaranto y muchas otras semillas que la gente podía plantar y comer como alimento. Pero los dioses estaban celosos de esta recompensa, así que el tlaloque se lo llevó todo. Así, Tláloc y sus sirvientes reparten lluvia y comida a la gente en la estación.

Quetzalcóatl y los otros dioses miraron a la gente que habían creado. La gente tenía comida para comer y semillas para plantar, y la tierra en la que vivían era buena, pero la gente no estaba contenta. Así que Quetzalcóatl se propuso encontrar algo que ayudara a la nueva gente a ser feliz y a tener buena comida. El dios subió a los cielos, donde encontró a Mayahuel, la diosa del cactus de maguey. Mayahuel era la nieta de una tzitzimitl, que es una deidad de una estrella que brilla en el cielo nocturno. Quetzalcóatl fue a Mayahuel y le dijo—Ven conmigo a la tierra. Necesito tu ayuda para hacer algo por la gente para que puedan ser felices.

Mayahuel se fue en secreto con Quetzalcóatl, porque temía la ira de su abuela y las otras tzitzimime, que luchaban todas las noches para seguir brillando en el cielo negro, pero eran empujados por el sol. Juntos, Mayahuel y Quetzalcóatl entrelazaron sus cuerpos, convirtiéndose en un árbol alto. Mayahuel era una rama del árbol, y Quetzalcóatl era la otra. Cuando la abuela de Mayahuel despertó de su sueño, vio que su nieta había desaparecido. Llamó a las tzitzimime y les ordenó que encontraran y mataran a Mayahuel.

Las tzitzimime bajaron a la Tierra. Buscaron a Mayahuel por todas partes, hasta que finalmente encontraron el árbol en el que ella y Quetzalcóatl se habían convertido. Las tzitzimime atacaron el árbol. Lo derribaron y rompieron las ramas. La abuela de Mayahuel reconoció la rama que era Mayahuel. La rompió en muchos pedazos pequeños y se los dio a las otras tzitzimime para que los comieran.

La rama de Quetzalcóatl no fue tocada por las tzitzimime, y cuando estas diosas-estrella regresaron a los cielos, Quetzalcóatl retomó su propia forma. Miró a su alrededor y vio los huesos de Mayahuel esparcidos en pedazos por todas partes. Afligido, Quetzalcóatl recogió los huesos. Los plantó cuidadosamente en la tierra, y después de un tiempo, las plantas de maguey brotaron de ellos. Quetzalcóatl entonces tomó la savia de las plantas y la fermentó en pulque. Llevó el pulque a la gente y se lo dio a beber.

Descubrieron que cuando lo bebían, sus corazones eran más ligeros, y eso les daba ganas de cantar y bailar.

Y así, fue que los dioses le dieron al pueblo maíz para que fuera su comida y el pulque para que fuera su vino.

Cómo Quetzalcóatl trajo la música a la gente

Esta historia sobrevive en tres fuentes modernas tempranas, todas ellas escritas originalmente en español, y muestra a Quetzalcóatl operando en su personaje secundario como Ehécatl, el dios del viento. Los nombres de los sirvientes de Tezcatlipoca se dan aquí solo en inglés porque hay cierta confusión sobre los nombres náhuatl que se dan en las fuentes y qué tipos de criaturas se indican.

Los misioneros españoles Juan de Torquemada, escribiendo a principios del siglo XVII, y Gerónimo de Mendieta, escribiendo a finales del XVI, enumeran a estos sirvientes como "ballena, sirena y tortuga". Los nombres náhuatl se conservan en la versión francesa de un tratado perdido del siglo XVI del misionero español Andrés de Olmos. Sin embargo, en su edición moderna de la traducción francesa del tratado de Olmos, Édouard de Jonghe sugiere que los nombres náhuatl parecerían enumerar una sirena (Aciuatl, literalmente, "mujer pez"), un cocodrilo (Acipactli) y otra criatura cuya naturaleza es incierta. De Jonghe postula que el nombre de la tercera criatura podría haberse compuesto originalmente de las palabras náhuatl para "caña" y "concha", pero sugiere que la transmisión de este nombre parece haber sido alterada. Debido a las dificultades con el náhuatl original, estoy dando nombres en inglés solo a estos sirvientes, mientras trato de averiguar lo más cerca posible de lo que se conoce de los originales náhuatl basado en las notas de de Jonghe en su edición del texto de Olmos.

Las versiones de este mito en las fuentes españolas son bastante lacónicas. Por lo tanto, me he tomado la libertad de desarrollar el mito de alguna manera para hacerlo una mejor historia.

Hubo un tiempo en que Quetzalcóatl se cansó de ser la Serpiente Emplumada. Se cambió a sí mismo a Ehécatl, que significa "Viento". Ehécatl voló arriba y abajo de la tierra, soplando las nubes alrededor. Hizo que las copas de los árboles bailaran con la fuerza de su aliento. Salió al mar e hizo una gran tormenta que giró y sopló y agitó olas tan grandes como casas. Quetzalcóatl se divirtió mucho siendo viento.

Mientras lo hacía, pasó por delante de su hermano, Tezcatlipoca, el Espejo Humeante—. Deja de soplar por un minuto—dijo Tezcatlipoca—. Tengo algo que preguntarte.

Ehécatl se quedó quieto y dijo—: Pregunta, hermano.

—¿Has visto a estas nuevas personas que hemos creado? Creo que les puede faltar algo—dijo Tezcatlipoca.

—No, no los he visto mucho últimamente—dijo Ehécatl—porque he sido viento y no me he quedado quieto por mucho tiempo. ¿Pero no tienen buena comida y agua fresca para beber? ¿No tienen plumas brillantes y buenas telas para adornarse? ¿No tienen herramientas y habilidades para hacer su trabajo? ¿No adoran a los dioses como deben hacerlo? ¿Qué podría faltarles?

Tezcatlipoca pensó por un minuto. Su hermano había enumerado muchas cosas buenas que el pueblo tenía. Pero aun así parecía que faltaba algo.

—¡Ya sé!—dijo el Espejo Humeante—. Sé lo que falta. El pueblo no tiene música. Debemos encontrar la manera de darles música para que canten y bailen, porque son cosas alegres que no tienen. Y con canciones y bailes pueden hacer que su adoración a los dioses sea aún mejor y más hermosa.

—Es una buena idea—dijo Ehécatl—. Vamos a darle música a la gente.

—Sí—dijo Tezcatlipoca—pero hay un problema. La música pertenece a Tonatiuh, al dios del Sol. ¿Puedes subir a los cielos y quitársela?

—Creo que puedo—dijo Ehécatl—pero necesitaré tu ayuda.

Tezcatlipoca aceptó ayudar a Ehécatl. Primero los dos dioses fueron juntos a la orilla del mar. Allí Tezcatlipoca llamó a sus sirvientes, Mujer Cocodrilo, Mujer Pez y Mujer Caña y Caracol y les dijo que le dieran a Ehécatl cualquier ayuda que pudiera necesitar.

La primera cosa que Ehécatl necesitaba hacer era subir a los cielos donde el Sol vivía y mantenía a sus músicos. Era demasiado alto para que Ehécatl volara por sí mismo. Necesitaba un gran puente para llegar allí. Ehécatl fue a las sirvientas de Tezcatlipoca y les dijo—Constrúyanme un puente hacia la casa del Sol.

La Mujer Cocodrilo, la Mujer Pez y la Mujer Caña y Caracol trabajaron juntas. Pronto habían hecho un fino puente que llegaba hasta la casa del Sol. Ehécatl caminó a lo largo del puente. A medida que se acercaba a la casa del Sol, empezó a oír el sonido de las flautas, los tambores y los cantos, pero aún no podía ver quién hacía esos sonidos. Se acercó cada vez más y pronto pudo ver a los músicos. Algunos de ellos llevaban ropa amarilla. Otros vestían de blanco. Y el resto estaban vestidos de azul o rojo.

Pero antes de que Ehécatl pudiera acercarse lo suficiente para hablar con los músicos, Tonatiuh lo vio acercarse—. ¿Por qué vienes a mi casa, oh Viento?—preguntó el dios-sol.

—Vengo a buscar música y a llevarla a la gente—dijo Ehécatl.

Tonatiuh no quería que Ehécatl se llevara a sus músicos. El Sol le dijo a los músicos que se escondieran y que guardaran silencio, para que Ehécatl no pudiera encontrarlos, pero era demasiado tarde. Ehécatl ya los había oído tocar y cantar. Había visto sus brillantes ropas. Ehécatl sabía que los músicos estaban allí. También sabía que ningún músico podía permanecer en silencio por mucho tiempo. Así que Ehécatl comenzó a cantar—. Vengan conmigo a la tierra; toquen y canten para la gente de allí—cantó Ehécatl.

Los músicos permanecieron en silencio porque temían la ira del Sol. Tonatiuh estaba satisfecho. Pensó que Ehécatl nunca encontraría a sus sirvientes y que la música le pertenecería solo a él, para siempre. Ehécatl no se desanimó. Llegó al final del puente y entró en la casa del Sol. Ehécatl lo intentó de nuevo, haciendo su canción aún más hermosa que antes—. Vengan conmigo a la tierra; toquen y canten para la gente de allí—cantó el Viento.

Pero aun así los músicos se quedaron en silencio. Tonatiuh vio que Ehécatl había entrado en su casa y buscaba a los músicos. El Sol trató de interponerse en el camino del Viento, pero el Viento era demasiado rápido para él. Ehécatl voló alrededor de Tonatiuh. Voló por todas las cámaras de la casa del Sol, cantando— Vengan conmigo a la tierra; toquen y canten para la gente de allí—y esta vez los músicos le respondieron. Tocaron ritmos en sus tambores y melodías en sus flautas, y cantaron—: Llévanos a la tierra para tocar y cantar.

Aun así Tonatiuh trató de atrapar a Ehécatl, pero cada vez Ehécatl volaba ágilmente fuera de su alcance. Siguiendo el sonido de los tambores y las flautas, Ehécatl fue a la cámara donde se escondían los músicos—. Vengan conmigo—cantaba Ehécatl.

—Llévanos a la tierra—cantaron los músicos.

Y así, Ehécatl envolvió a los músicos en su capa de plumas. Atravesó a toda velocidad las cámaras y salas de la casa del Sol, llevando a los músicos con él. Tonatiuh persiguió a Ehécatl con toda la rapidez que tenía, pero no fue suficiente para atrapar al Viento. Ehécatl llevó a los músicos por el puente que los sirvientes de Tezcatlipoca habían construido. Cuando se acercó al fondo, gritó—: ¡Mujer Cocodrilo, Mujer Pez y Mujer Caña y Caracol! ¡Derriba el puente para que el Sol no pueda seguirlas!

Las sirvientas de Tezcatlipoca hicieron lo que Ehécatl les ordenó. Derribaron el puente, dejando a Tonatiuh varado en los cielos. Ehécatl se convirtió en una suave brisa y flotó hasta la tierra con los músicos. Cuando llegaron al suelo, Ehécatl desenrolló su capa y puso a los músicos en el suelo—. Esto es la tierra—dijo Ehécatl—. Vayan a la gente y enséñales su música.

Los músicos fueron directamente al pueblo más cercano. Le mostraron a la gente cómo hacer flautas y tambores y cómo hacer cuernos con conchas de caracol. Enseñaron a la gente a tocar esos instrumentos y a cantar y hacer nuevas canciones. Fueron de pueblo en pueblo, enseñando todo lo que sabían. Y luego la gente enseñó a sus hijos, y a los hijos de sus hijos, y pronto todos los pueblos del mundo estaban llenos de sonidos de flautas, tambores y cantos.

Y así es como la Serpiente Emplumada llevó la música a la gente.

La caída de Xochiquétzal

Xochiquétzal era una diosa de los artesanos, especialmente de los tejedores y trabajadores de los metales preciosos. También era una diosa de la fertilidad, el parto y el poder sexual femenino, y como tal estaba particularmente asociada con la belleza femenina y con las flores. Esta historia de su exilio del paraíso de Tamoanchan tiene paralelos con la historia del Génesis de Adán y Eva.

Como en la historia bíblica de Eva y la manzana, el pecado de Xochiquétzal implica la violación de una regla dada por una suprema deidad, en este caso, el dios creador Ometeotl, sobre un árbol sagrado. Aunque los códices aztecas también contienen representaciones de árboles sagrados, el concepto de un Gran Árbol o Árbol del Mundo puede haber sido originalmente tomado de los mayas, como lo fue el nombre azteca para el paraíso de los dioses; "Tamoanchan" es una palabra maya, no azteca.

Hace mucho, mucho tiempo, había un lugar llamado Tamoanchan. Era un lugar de abundancia, donde siempre era un dulce verano, y los pájaros cantaban en las ramas de los árboles. Fue en Tamoanchan donde los dioses y diosas hicieron su hogar.

En el centro de Tamoanchan había un gran árbol. Tenía un grueso tronco cubierto de corteza lisa. Tenía ramas que llegaban hasta el cielo, cubiertas de hojas verdes y hermosas flores y frutas brillantes. El árbol había sido plantado allí por los mismos Ometeotl, y les dijeron a los otros dioses y diosas que nadie debía tocar el árbol o recoger sus flores o frutos. Y durante mucho tiempo, los dioses y diosas obedecieron lo que Ometeotl les ordenó.

Entre los dioses y diosas que vivían en Tamoanchan estaba Xochiquétzal (pluma de flor de quetzal). Ella era la más bella de todas las diosas y era asistida en todo momento por artistas que bailaban y cantaban para ella. Xochiquétzal amaba las cosas bellas y podía hacerlas con sus propias manos. Le gustaba especialmente tejer, porque en un trozo de tela podía tejer todos los colores del mundo.

Xochiquétzal también amaba el Gran Árbol de Ometeotl. Amaba el verde de sus hojas, los colores de sus flores, y el aroma de sus brillantes frutos. Pero, sobre todo, le gustaba sentarse a la sombra del árbol mientras hacía su trabajo, y mientras sus animadores bailaban y cantaban para ella. Día tras día, miraba los colores y olía los olores del Gran Árbol, y día tras día se sentía más y más tentada a escoger algunos de estos para ella.

Finalmente, Xochiquétzal no pudo soportar más la tentación—. El árbol tiene muchas flores—se dijo a sí misma—y da muchos frutos. Seguramente si recojo solo una o dos no hará ningún daño.

Y así, recogió dos flores para poner en su pelo y un trozo de fruta para comer. Tan pronto como Xochiquétzal las arrancó, el árbol comenzó a balancearse como si fuera un viento fuerte. Sus ramas crujieron y gimieron. Las hojas cayeron en cascada como si fuera otoño. Y luego, con una gran crujido, el árbol se abrió. Los pedazos cayeron al suelo, y cuando golpeó la tierra, las ramas se hicieron añicos y se esparcieron como si fueran fósforos, mientras hacían un gran ruido como un trueno al estallar en pedazos. Entonces, cuando el silencio volvió a Tamoanchan, los pedazos del Gran Árbol comenzaron a derramar sangre.

Ometeotl vio las ruinas del Gran Árbol, y se entristeció mucho. Vio que era Xochiquétzal quien había causado la muerte del Árbol, así que envió a Xochiquétzal fuera de Tamoanchan, para no volver nunca más. Xochiquétzal dejó el hogar de los dioses y se fue a vivir a la tierra. Pero ya no era una diosa de la alegría y los colores brillantes. En lugar de eso, se puso a llorar y a lamentar, y su nombre fue cambiado a Ixnextli, que significa "Ojos de Ceniza", ya que lloró tanto y tan fuerte que se cegó con sus lágrimas.

El destino de las almas

El Códice Florentino *es un importante registro moderno temprano de la historia, religión y cultura azteca. Es una etnografía de doce volúmenes escrita en náhuatl por Fray Bernardino de Sahagún, un misionero franciscano en México, el códice fue creado entre 1545 y la muerte de Sahagún en 1590 y originalmente se titulaba* Historia general de las cosas de Nueva España. *En el tercer volumen de esta etnografía, de Sahagún describe las costumbres funerarias aztecas y las creencias sobre la vida después de la muerte. La información que presenta en su etnografía como reportaje y descripciones ha sido reelaborada y presentada aquí en forma de cuento, adoptando la idea de un anciano dirigiéndose a un niño.*

Y así, mi niño, ¿quieres saber qué nos pasa cuando morimos? Escucha bien, y te lo diré, porque el destino de nuestros cuerpos y nuestras almas es variado y está al cuidado de los propios dioses.

Primero, hablaremos de los que mueren de enfermedad, porque este es un destino que nos lleva a muchos de nosotros de esta tierra. Las almas de estas personas van primero a Mictlán, a la Tierra de los Muertos, donde son saludadas por el Señor y la Señora de Mictlán, Mictlántecuhtli y su consorte Mictecacíhuatl. A estos muertos el Señor de Mictlán les dirá—Ven a tu nueva morada, porque aquí te he preparado un lugar.

Pero no creas que es fácil cruzar de la tierra de los vivos a Mictlán y llegar ante Mictlántecuhtli y su esposa. Oh, no. No es nada fácil. Muchos peligros y dolores debe soportar el alma antes de ser bienvenida a su hogar final.

Cuando el alma abandona su cuerpo, primero llega a un paso entre dos montañas. Allí hay un camino que el alma debe seguir, y el camino está vigilado por una gran serpiente. Y cuando haya recorrido el camino, el alma llegará a un lugar vigilado por un gran lagarto. Si el alma pasa la serpiente y el lagarto a salvo, entonces debe caminar a través de ocho desiertos, y es una caminata larga y solitaria. Después de que el alma atraviese los desiertos, debe subir a ocho grandes colinas, y este es un paseo de mucho desgaste y esfuerzo. Por último, y lo más difícil de todo, es un lugar donde los vientos están hechos de hojas de obsidiana y piedras, y el alma es cortada y golpeada por estas. Pero si todo se lleva bien, entonces el alma viene a Mictlán y es saludada por Mictlántecuhtli.

Y es para ayudar a las almas de nuestros muertos a pasar a través de todas estas dificultades con seguridad que las vestimos con ropas especiales de papel y quemamos con ellas las cosas que usaron en vida, porque estas serán la armadura para ellos contra la serpiente, el lagarto, y el viento de obsidiana. Ponemos en sus bocas un trozo de obsidiana para que se convierta en un nuevo corazón para ellos en la tierra de los muertos, y a nuestros muy grandes les damos un trozo de jade. A nuestros valientes guerreros los quemamos con sus espadas y mantos y el botín que han tomado de nuestros enemigos. A nuestras mujeres las quemamos con sus cestos y herramientas de tejer, con sus hilos y sus peines. Los que mueren con muchos bienes están bien protegidos, pero ¡ay de los que mueren en la pobreza! Porque no tendrán lo necesario para defenderse de los peligros del camino a Mictlán, y sufrirán mucho por el viento de obsidiana. Pero con todo, enviamos un pequeño perro para que les sirva de guía. Sacrificamos el perro a los dioses y lo quemamos en la pira con nuestros seres queridos. Así, cuando el alma llegue a los nueve ríos de Mictlán, el perro podrá guiarla a través de ellos con seguridad.

Una vez que el alma pasa por todos los peligros y cruza los nueve ríos, entonces llega a la presencia del gran Mictlántecuhtli. Y oh, hijo mío, ¡qué cosa es presentarse ante ese dios, con su cuerpo de esqueleto salpicado de sangre y su collar hecho de ojos! A él los muertos le ofrecen sus ropas de papel, el incienso y otras ofrendas que fueron quemadas en sus piras. A él los hombres le dan sus taparrabos y las mujeres sus vestidos. Y así, el alma del muerto entra en Mictlán.

¡Pero no pienses que el viaje del alma termina allí! Porque no es así. Otro gran río que hay que cruzar, y los vivos en la tierra deben enviar más regalos al Señor de Mictlán antes de que sus seres queridos puedan seguir adelante. Después de ochenta días, quemamos más ropa, y otra vez después de dos años, de tres, y de cuatro. Y cuando los muertos han estado esperando cuatro años y cuando Mictlántecuhtli ha recibido los regalos de los cuatro años, solo entonces permite al alma ir a los nueve reinos de los muertos.

El alma va a la orilla del último gran río y allí espera un guía. En la orilla opuesta hay muchos perros, blancos, negros y amarillos, y solo un perro puede llevar el alma al otro lado. Pero los perros blancos no llevan almas, porque dicen que acaban de bañarse y no quieren ensuciar sus pelajes. Los perros negros no llevarán almas, porque se han ensuciado y deben bañarse primero. Los perros amarillos saltarán al agua y llevarán las almas al otro lado. Y una vez que el alma ha sido llevada al otro lado del río, es destruido.

Tanto para las almas que mueren de enfermedad.

¿Qué es eso, hijo mío? Sí, hay otras muertes que no son por enfermedad, y con el tiempo te diré lo que les pasa a esas almas.

Algunas personas mueren cuando son golpeadas por rayos. Otros se ahogan en el agua. Otros mueren de lepra o de tumores o de hidropesía, mientras que otros mueren de enfermedades que contraen cuando los hombres se acuestan con las mujeres. Los que mueren por cualquiera de esas causas van a un lugar llamado Tlalocan. Oh, hijo mío, Tlalocan es un lugar muy agradable. El maíz y la calabaza crecen en abundancia, y allí se puede comer hasta hartarse de tomates, chiles y amaranto, porque allí siempre es primavera, y el tlaloque, los señores del trueno y la lluvia, están allí para recibir a las almas que vienen a Tlalocan.

Los cuerpos de estos muertos no los quemamos, sino que los enterramos. Pero primero los adornamos adecuadamente para su viaje. Pintamos sus caras con goma líquida y pasta de amaranto. Ponemos papel azul en sus frentes. Hacemos un mechón de pelo de papel, y lo pegamos en la parte posterior de sus cabezas. Y así, adornados, entran en Tlalocan. También ponemos en sus tumbas imágenes de montañas, como las de Tlalocan, y las vestimos con capas y les damos palos para ayudarlas en su viaje hacia allí.

Pero el mejor hogar para el alma está reservado a nuestros guerreros más valientes que han muerto en batalla y a los que se ofrecen en sacrificio a los dioses. Porque estos han muerto la más noble de todas las muertes y son recompensados con un lugar en la casa del sol.

Y la casa del sol no es una casa como la nuestra, sino que es una amplia llanura donde hay muchos cactus de maguey y muchos mezquites, y las almas que habitan allí miran el sol cuando sale cada día. Aquellos que murieron con muchos agujeros en sus escudos tienen el honor de poder mirar al sol a la cara, ya que murieron con gran valentía. Aquellos cuyos escudos no fueron perforados no tienen este honor. Otro honor es otorgado a aquellos que murieron en batalla o en sacrificio: cuando los vivos les hacen ofrendas, las ofrendas son transmitidas a las almas para su uso y disfrute.

Pero incluso estas almas no permanecen mucho tiempo en la casa del sol. Porque después de cuatro años, se transforman en todo tipo de aves brillantes. Se convierten en colibríes, con su plumaje de esmeralda y rubí. Se convierten en el pájaro coztotol, con su cabeza, pecho y estómago amarillos. Se convierten en mariposas de todos los patrones y matices, y vuelven a la tierra para beber del dulce néctar de las flores.

Y ahora, hijo mío, ya conoces el destino de los que mueren en esta tierra, y cómo nosotros, los que quedamos atrás, debemos honrarlos a ellos y a los dioses.

PARTE II: MITOS POLÍTICOS AZTECAS

Huitzilopochtli y la fundación de Tenochtitlan

Esta es la historia del origen del pueblo azteca que cuenta cómo emigraron de un lugar muy al norte bajo la guía del dios de la guerra, Huitzilopochtli. Como muchos mitos, este probablemente contiene una pizca de verdad histórica. Los lingüistas argumentan que el náhuatl, la lengua hablada por los aztecas, probablemente se originó en el suroeste de los Estados Unidos, ya que como parte de la familia de lenguas uto-aztecas, está relacionado con las lenguas nativas americanas como el hopi, el shoshoni y el paiute.

Algunos estudiosos postulan que la figura de Huitzilopochtli puede haber sido originalmente un líder humano mortal que luego llegó a ser deificado, y ciertamente la historia del origen de Huitzilopochtli que se cuenta aquí es diferente a la que se encuentra en la "Leyenda de los Soles". Pero independientemente de cómo este dios fue insertado en el panteón azteca, parecería que fue durante el reinado de Itzcóatl (1427 ó 1428 a 1440 d. C.) que su culto pasó a primer plano en la religión azteca, junto con la idea de que el sacrificio de sangre era supremamente necesario para honrar adecuadamente a los dioses. Esto pudo haber sido a instigación del general de Itzcóatl, un brillante militar llamado Tlacaélel. Timothy Roberts, en su libro sobre los mitos mayas, incas y aztecas, afirma que el mito de la migración azteca, que se basa en gran medida en el poder de Huitzilopochtli, fue la creación del régimen de Itzcóatl, como parte del programa del emperador de reescribir la historia para favorecer el poder y la ascendencia azteca.

Hace mucho, mucho tiempo, muy al norte, había un lugar llamado Aztlán, que significa "Lugar de la Garza Blanca". En Aztlán había siete tribus, y todas ellas vivían juntas en paz. Aztlán era una tierra de abundancia. La tierra cultivaba excelentes cosechas de maíz, y las aguas estaban repletas de peces y aves acuáticas. Pero lo mejor de todo era la gran montaña en el centro de Aztlán. Esta montaña tenía el poder de devolver a la gente su juventud perdida. En la base de la montaña estaba la vejez, mientras que la infancia estaba en la misma cima. Cuando la gente sentía que se estaba volviendo demasiado vieja, subían a la montaña hasta la edad que querían alcanzar y esperaban allí hasta que sus cuerpos volvieran a ser jóvenes. Cuando tenían la juventud que deseaban, bajaban de la montaña y se reunían con la gente.

Durante muchos años, las siete tribus vivieron juntas en Aztlán, disfrutando de los frutos de la tierra y de las largas vidas que daba la montaña sagrada. Pero llegó a oídos de la gente de Aztlán la noticia de que al sur había un nuevo lugar, uno que tenía un gran lago entre las montañas, un lugar con un rico suelo para la agricultura y abundante obsidiana para las herramientas. Una por una, las tribus dejaron Aztlán en busca de este nuevo lugar, hasta que finalmente solo quedó una tribu, la Mexica, que más tarde tomaría el nombre de "aztecas", que significa "gente de Aztlán". Los mexicas se entristecieron por haberse quedado solos en Aztlán. Querían unirse a las otras tribus en el lago del sur para encontrar una buena y nueva vida allí, pero no había nadie entre ellos que pudiera guiarlos. Y así, permanecieron en Aztlán, viviendo como siempre lo habían hecho, pero siempre anhelando hacer el viaje hacia el sur.

Mientras seis de las tribus de Aztlán se dirigían a su nuevo hogar en el sur y mientras los mexicas languidecían en Aztlán esperando un líder, la diosa Coatlicue (Falda de Serpiente), estaba ocupada con su hogar en Coatepec, la sagrada montaña de la serpiente. Vestida con la Falda de Serpientes vivas que le daban su nombre y un collar hecho de corazones humanos, cabezas y manos cortadas, la diosa se dedicó a su trabajo. Tomó su escoba en sus manos con garras y salió a barrer su patio. Mientras barría, una hermosa bola de plumas bajó flotando por el aire hacia ella. Las plumas brillaban y resplandecían en verdes, rojos y amarillos brillantes. Coatlicue nunca había visto algo tan colorido, y deseaba conservarlo. La diosa extendió su mano para atrapar la cosa bonita, y cuando la había atrapado, la metió dentro de su ropa.

Finalmente, Coatlicue terminó todo su trabajo. Guardó sus herramientas de limpieza y fue a sacar la bola de plumas para poder mirarla más de cerca. Pero no importaba cómo buscara, no podía encontrarla; la bola había desaparecido. Poco después, Coatlicue descubrió que estaba embarazada. Esto era desconcertante; no había estado con un hombre en mucho tiempo, ciertamente no lo suficientemente reciente como para encontrarse en este estado. Pensó en cómo podría haber ocurrido y se dio cuenta de que de alguna manera la bola de plumas había entrado en ella, haciendo que un nuevo niño creciera en su vientre.

A medida que pasaban los meses, el vientre de Coatlicue se hinchaba. Pronto todos pudieron ver que estaba embarazada. Esto enfureció enormemente a sus cuatrocientos hijos, los Centzon Huitznáhua (cuatrocientos sureños), y a sus hijas Coyolxauhqui (campanas preciosas) y Malinalxóchitl (flor de hierba salvaje). Sabían que su padre, el dios cazador Mixcóatl (Serpiente de Nube), había estado fuera durante mucho tiempo, y por eso pensaron que su madre le había sido infiel. Se reunieron fuera de la casa de Coatlicue, amenazando con matarla si no les decía con quién se había acostado. Pero Coatlicue no sabía quién era el padre de su bebé, solo que había sacado al niño del ovillo de plumas, y por eso no les respondió a sus hijos.

—¿Qué debo hacer?—dijo Coatlicue—. No soy una guerrera. Mis hijos son muchos, y estoy sola.

Coatlicue comenzó a llorar. Entonces desde su vientre escuchó la voz de su hijo no nacido—. No temas, madre—dijo—. Soy yo, tu hijo, el dios Huitzilopochtli, el Colibrí del Sur, y te protegeré de todos los peligros.

En esto, Coatlicue se sintió muy reconfortada. Mientras tanto, los Centzon Huitznáhua y sus hermanas salieron de la casa de su madre, gritando que seguramente la matarían por deshonrar a su familia. Pero antes de que pudieran entrar en la casa, el bebé saltó del vientre de Coatlicue. Huitzilopochtli salió completamente crecido y armado como un guerrero. Descendió sobre sus hermanos y hermanas, acuchillándolos con su arma. El joven dios mató a muchos de sus hermanos. Huitzilopochtli también mató a su hermana, Coyolxauhqui, cortándole la cabeza y cortando su cuerpo en pedazos para luego arrojarlos alrededor de la base de la sagrada montaña de la Serpiente. Solo unos pocos de sus hermanos y su hermana, Malinalxóchitl, escaparon, huyendo hacia el sur.

Coatlicue estaba agradecida de que Huitzilopochtli la hubiera salvado de la ira de sus hijos, pero estaba afligida por la muerte de su hija. Huitzilopochtli se dirigió a su madre y le dijo—: No te lamentes, madre. ¿Ves? Lo haré para que puedas ver la cara de tu hija todas las noches. —luego tomó la cabeza de su hermana Coyolxauhqui y la arrojó con todas sus fuerzas a los cielos, y así fue como se hizo la luna.

La noticia de las grandes hazañas de Huitzilopochtli llegó a oídos de los mexicas en Aztlán. Se reunieron entre ellos y decidieron que pedirían al dios que fuera su líder y los llevara al lago del sur donde las otras tribus de Aztlán ya se habían ido. Huitzilopochtli aceptó de inmediato hacer esto, y cuando los preparativos se completaron, los mexicas dejaron su hogar en Aztlán y comenzaron el largo viaje hacia el buen lugar del lago.

Después de un tiempo, los mexicas llegaron a un lugar llamado Pátzcuaro. Era un lugar muy agradable en la tierra de Michoacán. Tenía muchos lagos y mucha buena tierra, así que los mexicas se detuvieron allí para descansar un rato. Algunos de los habitantes, tanto hombres como mujeres, bajaron a la orilla de uno de los lagos. En la orilla del lago, se desnudaron, y luego fueron a bañarse en el agua fresca, ya que el día era caluroso y su viaje había sido largo—. Sin duda, este es un muy buen lugar—se dijeron—y deberíamos hacer de este nuestro hogar.

Pero esta no era el hogar al que Huitzilopochtli dirigía a los mexicas, aunque estuvo de acuerdo en que era un buen lugar y digno de asentamiento. Y así, les dijo a los otros que se habían quedado fuera del agua que fueran y robaran la ropa de los que se estaban bañando, para que no pudieran seguir cuando Huitzilopochtli liderara al resto en la siguiente parte del viaje.

En adelante, los mexicas viajaron con Huitzilopochtli, buscando su nuevo hogar en el buen lugar del lago. Entre la gente que viajaba hacia el sur estaba Malinalxóchitl, la hermana de Huitzilopochtli, que había sobrevivido al día de su ira contra sus medio hermanos. Malinalxóchitl era una hermosa hechicera que tenía el poder de ordenar todo tipo de criaturas venenosas como serpientes, escorpiones y arañas. Estaba celosa del honor que su hermano recibía del pueblo y pensó que ella también debía tener la reverencia debida a un ser divino. Usó sus poderes para amenazar al pueblo y atormentarlo. Pronto el pueblo suplicó a Huitzilopochtli que los librara de ella, porque estaban asustados y cansados de sus trucos y abusos. Huitzilopochtli le dijo a la gente que acamparían y luego, en medio de la noche, se irían mientras Malinalxóchitl dormía, para que ella no supiera adónde habían ido. La gente estuvo de acuerdo en que era un buen plan, así que hicieron lo que Huitzilopochtli dijo.

Malinalxóchitl durmió profundamente toda la noche, sin darse cuenta de que todos los demás se habían ido. Por la mañana, se despertó y se encontró completamente sola. Se enfureció por la traición de su hermano y juró vengarse de él. Pero en lugar de tratar de encontrar el lugar donde él y los mexicas se habían ido, decidió quedarse en ese lugar y encontró su propia ciudad, a la que llamó Malinalco.

Los mexicas continuaron caminando hacia el sur, hasta que llegaron a la montaña sagrada de la serpiente, Coatepec, donde nació Huitzilopochtli. Un río fluía por el lugar, y así Huitzilopochtli instruyó a los mexicas que construyeran una presa para que se formara un lago en las partes bajas del lugar. Los mexicas hicieron lo que el dios les ordenó, y pronto el lugar tuvo un buen lago, lleno de peces y aves silvestres, con juncos creciendo a su alrededor. Así, el lugar fue llamado Tula, que significa "Lugar de los juncos".

Ahora bien, Huitzilopochtli nunca tuvo la intención de que los mexicas se quedaran allí para siempre, ya que el buen lugar junto al lago estaba todavía muy lejos. El dios les había dicho que construyeran la presa y que hicieran el lago para que pudieran ver lo que les esperaba cuando terminaran su viaje y para que tuvieran un buen lugar para descansar, ya que habían recorrido un largo camino y aún les faltaba mucho por recorrer. Pero la gente vio lo encantadora que era Tula, lo abundante que era la caza y lo hermoso que eran los árboles, y pronto algunos de ellos comenzaron a decir que preferían quedarse allí que continuar su viaje, y trataron de convencer a los demás de que debían establecerse ahí y hacer de ese su hogar para siempre. Esto enfureció a Huitzilopochtli, ya que no era el lugar al que los estaba llevando, y no era el lugar que era su destino.

Esa noche, el descanso de la gente se vio perturbado por el sonido de angustiosos gritos. Por la mañana, fueron a investigar, y en el lugar de donde habían salido los gritos, encontraron los cuerpos de aquellos que habían estado instando a la gente a quedarse en Tula. Cada uno de los cuerpos había sido desgarrado y sus corazones arrancados por Huitzilopochtli.

El dios llamó entonces a la gente y les ordenó que derribaran la presa que habían construido. Las aguas acumuladas se precipitaron al principio, pero pronto el río volvió a su cauce. Tula ya no era un lugar de sombra y abundancia. Los juncos y las cañas se secaron. Los peces murieron flotando y jadeando en la arena del desierto. Las aves acuáticas se fueron volando. Y así, los mexicas tuvieron que irse y continuar su viaje al buen lugar junto al lago que Huitzilopochtli les había prometido.

Largo fue el viaje de los mexicas. Hubo matrimonios entre ellos y nacieron bebés. Y los bebés se habían convertido en niños; y los niños en hombres y mujeres que se casaron y tuvieron sus propios hijos. Y así, llegó un momento en el que había muy pocos que recordaran su antiguo hogar en Aztlán y aquellos eran los más ancianos, y aun así los mexicas no habían llegado al final de su viaje al buen lugar del lago.

Eventualmente llegaron a un lugar llamado Chapultepec, que significa "Colina de las Langostas". Chapultepec estaba a orillas del lago de Texcoco. Los mexicas acamparon allí, pero temían que la gente de esa región fuera hostil y poco acogedora. El pueblo de Chapultepec estaba dirigido por Copil, el hijo de Malinalxóchitl, que se había criado en la historia de la traición de Huitzilopochtli y el abandono de su madre, y que por lo tanto tenía un odio hacia los mexicas y su dios. Pero Huitzilopochtli le dijo a su pueblo que fuera de corazón duro, ya que no quería que se quedaran allí mucho tiempo. El dios también les dijo que si querían ser el pueblo verdaderamente grande que él quería que fueran, tendrían que enfrentarse a los enemigos y derrotarlos, ya que de esta manera mostrarían su propia fuerza y valor no solo a los demás sino a sí mismos.

Copil, mientras tanto, fue a todos los pueblos de las tierras cercanas. Les dijo que los mexicas no eran honorables, que no eran dignos de confianza, que sus costumbres eran repugnantes y censurables, que eran belicosos y estaban dispuestos a atacar en cualquier momento. Pronto provocó que toda la gente del distrito odiara a los mexicas. La gente de Chapultepec y sus aliados levantaron un ejército. Atacaron a los mexicas y se produjo una feroz batalla. El ejército de Copil salió victorioso, pero el mismo Copil fue capturado. Huitzilopochtli le abrió el pecho a Copil y le arrancó el corazón que latía, y luego lo tiró al lago, donde terminó descansando en una pequeña isla.

Aunque el ejército de Copil dejó a los mexicas solos después de la muerte de su líder, los mexicas vieron que no podían quedarse en Chapultepec. Huitzilopochtli los condujo a un lugar más al sur, al otro lado del lago. Este lugar se llamaba Culhuacán, una próspera ciudad gobernada por un poderoso rey. Cuando los mexicas llegaron, le preguntaron a Huitzilopochtli qué debían hacer, ya que no habían olvidado la batalla de Chapultepec y no querían hacer enemigos en este nuevo lugar. Huitzilopochtli les respondió diciendo—: Establezcan una misión para el rey de este lugar. Pídanle alguna tierra donde nuestro pueblo pueda establecerse y prosperar. Lo que les dé, tómenlo, ya sea bueno o malo.

Por lo tanto, los mexicas eligieron una misión entre sus ancianos y valientes hombres y los enviaron a reunirse con el rey de Culhuacán. El rey en persona los recibió amablemente y escuchó su petición de tierras para establecerse. Pero sus consejeros no miraron con buenos ojos a los mexicas, y le dijeron al rey que los despidiera. Cuando el rey se negó a hacer esta cosa inhóspita, sus consejeros le dijeron que le diera a los mexicas tierras en un lugar llamado Tizapán. El rey accedió a esto y le dijo a la misión mexica dónde estaba el lugar y cómo podrían llegar allí. Los embajadores le agradecieron su amabilidad y volvieron a su propio pueblo, donde le contaron a Huitzilopochtli lo que había pasado entre ellos y el rey de Culhuacán. Huitzilopochtli entonces le dijo al pueblo que recogiera sus pertenencias y se preparara para ir a Tizapán.

Cuando los mexicas llegaron allí, estaban muy tristes porque la tierra que el rey les dio era pobre. Además, estaba al borde de un pantano y estaba infestada de grandes enjambres de insectos y una multitud de serpientes venenosas. Pero Huitzilopochtli le dijo a su pueblo que tuviera mucho coraje, ya que les mostraría la manera de hacer de Tizapán un buen lugar para vivir. Primero, les mostró cómo capturar los insectos y cocinarlos para comer, y pronto había tan pocos insectos que los mexicas apenas se preocupaban por ellos. Luego el dios mostró a la gente cómo hacer lo mismo con las serpientes, y en poco tiempo también las comieron a todas ellas. Una vez que habían consumido todas las alimañas, los mexicas se pusieron a construir un asentamiento, con granjas, casas y un templo.

Después de un tiempo, llegó a oídos del rey que los mexicas habían hecho un asentamiento en Tizapán y parecían estar prosperando. El rey no daría crédito a estas historias porque sabía que Tizapán era un lugar muy inhóspito. Pero quería ver si las historias eran verdaderas, así que envió mensajeros a Tizapán para saludar a los mexicas y preguntarles cómo estaban. Los mensajeros volvieron con el rey diciendo que habían visto campos fértiles y una ciudad bien ordenada, y que los mexicas agradecieron al rey su generosidad al darles las tierras para su asentamiento. También preguntaron si se les permitiría entrar en Culhuacan para comerciar con la gente de allí y hacer matrimonios con los habitantes.

El rey escuchó bien todo lo que los mensajeros que le dijeron. Pensó cuidadosamente en las peticiones que los mexicas habían hecho. Entonces aceptó permitirles comerciar y casarse, ya que vio que eran un pueblo resistente y consideró muy poco prudente enemistarse con ellos. De hecho, el rey llegó a pedir la ayuda de los mexicas en su lucha contra un pueblo cercano llamado Xochimilco. Los mexicas enviaron sus guerreros voluntariamente, y así ayudaron al rey de Culhuacan a la victoria. Y así fue como los mexicas y el pueblo de Culhuacán vivieron juntos pacíficamente durante un tiempo.

Huitzilopochtli vio que los mexicas habían hecho un buen hogar para ellos en Tizapán. Vio que habían empezado a pensar en su asentamiento como un hogar permanente. Pero Tizapán no era el buen lugar junto al lago que les había prometido. Y los mexicas necesitaban enfrentar aún más dificultades antes de convertirse en los gobernantes de la tierra como Huitzilopochtli pretendía. Necesitaban encontrar alguna razón para luchar con la gente de Culhuacán, para que los expulsaran de esa tierra, antes de que realmente pensaran en ella como su hogar y no pudieran ser persuadidos de irse. Así que el dios llamó a sus sacerdotes y les dijo que debían ir al rey de Culhuacán y pedirle una de sus hijas, para que se casara con ella. Los sacerdotes hicieron lo que Huitzilopochtli les pidió, y cuando el rey se enteró de que su hija iba a ser la novia de un dios, aceptó de inmediato y envió a su hija a Tizapán.

Cuando la joven llegó, Huitzilopochtli dijo a sus sacerdotes que la llevaran al templo y la hicieran un sacrificio. Luego debían desollar a la niña y colocar su piel en uno de los sacerdotes, que debía fingir ser la joven como si aún estuviera viva. Después de todo lo que se había hecho, Huitzilopochtli envió mensajeros a Culhuacan para invitar al rey y a su corte a asistir a la ceremonia de boda entre él y la hija del rey. El rey se alegró de esta invitación. Recogió muchos regalos finos para dar al dios y a su esposa. Pero cuando llegó a Culhuacán, se horrorizó al ver a uno de los sacerdotes de Huitzilopochtli haciendo danzas rituales vestido con la piel de su hija.

El rey de Culhuacán y sus nobles corrieron de vuelta a su ciudad, donde el rey convocó a todo su ejército. Luego los condujo a un ataque contra los mexicas. Los mexicas lucharon tan bien y con tanta valentía que el rey y su ejército se vieron obligados a retirarse. Pero los mexicas sabían que ya no podían quedarse en Tizapán, así que se fueron más lejos a lo largo de la orilla del lago hasta un lugar llamado Ixtapalapan, donde acamparon. A pesar de que habían salido victoriosos de Culhuacán, los mexicas estaban en una gran angustia, pues una vez más habían sido expulsados de un lugar en el que se habían asentado y que habían empezado a considerar como su hogar.

Huitzilopochtli vio la angustia de su pueblo, así que les dijo—: Tengan buen ánimo. Su largo viaje está casi finalizado. Sabrán dónde está su último hogar cuando vean este signo: En una isla del lago, en la que arrojé el corazón de su enemigo, Copil, verán un cactus de nopal. Sobre el cactus habrá una gran águila, con una serpiente blanca en sus garras. Esa isla será su hogar. En esa isla, construirán una gran ciudad, y la llamarán Tenochtitlan, el lugar del nopal.

Entonces Huitzilopochtli le dijo a los mexicas que descansaran y que por la mañana irían en busca de la isla con su cactus. Cuando salió el sol, la gente comió una comida rápida y luego comenzó a buscar a lo largo de la orilla del lago la isla de la que el dios les había hablado. Después de muchas horas, uno de los sacerdotes gritó y señaló hacia el centro del lago. Allí, en una isla no muy lejos de la orilla, había un cactus nopal, y encima del cactus había una gran águila, sosteniendo una serpiente blanca en sus garras, tal como Huitzilopochtli había dicho. La gente se regocijó mucho y cayó en homenaje ante el gran pájaro. El águila vio a la gente haciéndole honor, y se inclinó ante ellos a su vez. Esto aumentó la alegría de los mexicas, ya que les dijo que finalmente habían llegado al final de su viaje y que su futuro sería seguramente próspero y bendecido.

Y esta es la historia de cómo el dios Huitzilopochtli nació y cómo llevó a los mexicas a su nuevo hogar en Tenochtitlan, que se convirtió en el centro del poderoso Imperio azteca.

Moctezuma I y la búsqueda de Chicomostoc

Un lugar donde la historia y el mito chocan es en este cuento de la búsqueda de Chicomostoc, que significa "Lugar de las Siete Cuevas". Chicomostoc es uno de los lugares míticos de origen del pueblo azteca, y de acuerdo con esta leyenda la búsqueda se llevó a cabo por orden de Moctezuma I (r. 1440-1469 d. C.), el sucesor de Itzcóatl. Esta búsqueda puede no haber ocurrido nunca, y aunque así fuera, es cierto que los emisarios de Moctezuma no encontraron la mística montaña de la juventud o a la diosa Coatlicue, madre de Huitzilopochtli. Parece probable que este mito, al igual que el de la migración azteca y los de la caída de los toltecas, se fabricó como parte del esfuerzo por elevar la cultura azteca y legitimar el dominio azteca en los años posteriores a la creación de la Triple Alianza bajo Itzcóatl.

En esta historia, también vemos el lugar central de los granos de cacao (náhuatl cacahuatl, pero la palabra originalmente era maya) y el chocolate (náhuatl chocolatl) como un artículo de lujo en la cultura azteca. Las habas de cacao eran tan valiosas que incluso se usaban como moneda y se exigían como tributo. Aunque hoy en día tendemos a comer o beber chocolate como un alimento endulzado, las primeras culturas mesoamericanas, incluyendo a los aztecas y los mayas, solían beber chocolate amargo, a menudo con sabor a chile, vainilla o especias, y a veces espesado con maíz.

Un día, el emperador Moctezuma (El que se muestra enojado) se creyó de los antepasados de los aztecas y del gran relato de su viaje desde Aztlán hasta el lago Texcoco y de todas las hazañas que habían hecho. Se creyó también en el gran dios Huitzilopochtli que, como los aztecas, había dejado atrás su propio hogar y su propia madre para guiar a los aztecas y ayudarles a alcanzar la grandeza en su nuevo hogar de Tenochtitlan. Moctezuma recordó que Huitzilopochtli había prometido a su madre, la diosa Coatlicue, que regresaría, pero no lo había hecho; más bien, se había quedado en Tenochtitlan para cuidar de los aztecas y recibir el culto que le correspondía como poderoso dios y protector de su pueblo. Moctezuma se preguntaba si Coatlicue seguía vivo y si había recibido alguna noticia de su hijo.

Por lo tanto, el emperador buscó el consejo de su general en jefe, un hombre llamado Tlacaélel, quien además de ser el guerrero más valiente y el mejor estratega que los aztecas habían conocido, era también un hombre piadoso y culto en la historia de su pueblo. Moctezuma llamó a Tlacaélel ante él y dijo—: Tengo en mente una gran obra que será realizada por nuestros hombres más valientes. Quiero que vayan en busca de Chicomostoc, el Lugar de las Siete Cuevas, donde nuestro pueblo vivió por primera vez hace muchos años. Quiero enviar muchos guerreros, bien equipados, para encontrar Aztlán y su montaña sagrada y ver si Coatlicue, la Falda de Serpiente sigue viva y traer sus noticias de nuestro pueblo y de su poderoso hijo, Huitzilopochtli. Deseo que estos hombres lleven con ellos muchos buenos regalos para ser entregados a Coatlicue, para mostrarle nuestra gratitud y la fuerza y prosperidad del pueblo azteca y que ella pueda conocer el verdadero poder y valor de su hijo.

—Oh, Poderoso—dijo Tlacaélel—seguramente este es un gran y bendito acto que propones y que traerá mucho honor a ti, a nuestro pueblo y al dios Huitzilopochtli. Pero si me pides consejo sobre cómo se puede lograr, te digo esto: no envíes guerreros, porque no podrán encontrar a Aztlán, ni a Coatlicue la Falda de Serpiente. Nuestros guerreros son dignos y valientes, pero todas sus habilidades no les servirán en este emprendimiento. No, si siguieras mi consejo, te diría que enviaras hechiceros y sabios, porque solo ellos conocen el camino para encontrar un lugar como Aztlán.

—Porque como nos dicen nuestros eruditos, este lugar era encantador y una tierra de abundancia cuando nuestra gente vivía allí, aunque estaba en una tierra pantanosa; pero luego se volvió salvaje y cubierto de cañas, zarzas y árboles con largas espinas, y el suelo era pedregoso e infértil cuando nuestra gente lo abandonó para buscar un nuevo hogar en otro lugar. Aztlán no será fácil de encontrar, ni siquiera por nuestros hombres más duros, e incluso si lo encuentran, los árboles se volverán contra ellos y los mantendrán alejados.

—Además, enviando soldados armados para la batalla podemos asustar a la gente de Aztlán, lo cual no es deseable. Tampoco queremos que Coatlicue tema a sus emisarios. Más bien deberíamos enviar hombres sabios y entendidos, que sepan hablar al pueblo de Aztlán y a Coatlicue de una manera adecuada a una misión de una gran nación a otra. Estos también deberían ser hechiceros con mucho conocimiento de cómo un lugar como Aztlán podría ser alcanzado por magia.

Moctezuma escuchó atentamente todo lo que dijo Tlacaélel, y estuvo de acuerdo en que era un sabio consejo. Por lo tanto, el emperador le llamó Cuauhcóatl (Serpiente de Águila), que era el historiador real y un hombre muy anciano y culto. Moctezuma le pidió a Cuauhcóatl que le contara la historia de Chicomostoc y todo lo que sabía sobre Aztlán y el lugar donde habitaba Huitzilopochtli antes de que condujera a los aztecas en su gran viaje.

—Oh, Poderoso—dijo Cuauhcóatl—. Haré todo lo posible por contarte todo lo que sé, para que tu propósito real se cumpla con gran éxito. El lugar donde vivieron nuestros antepasados se llamaba "Aztlán", que significa "Lugar de la Garza Blanca". Como nos dicen nuestros estudiosos, en Aztlán hay un gran lago, y en medio de este lago hay una gran colina llamada Colhuacán, que significa "Colina Torcida", porque su cima está torcida en todo su alrededor. Esta colina es donde se encuentran las Siete Cuevas, y fue de estas cuevas que nuestros antepasados emergieron al mundo por primera vez, y fue en estas cuevas donde vivieron por primera vez. Nuestros antepasados se llamaban a sí mismos "mexica" y "aztecas", que son nombres que aún hoy usamos con orgullo.

—Sabemos que Aztlán era un lugar de abundancia y tranquilidad. La gente comía libremente de los muchos tipos de aves acuáticas que habitaban allí junto con una gran multitud de peces. Hermosos árboles crecían por todo el lugar, dando sombra a todos los que la buscaban. Los jardines de nuestros antepasados eran fértiles y fácilmente trabajados, produciendo maíz, amaranto, tomates, frijoles y toda clase de chiles; los conocemos aún hoy en día, ya que aquellos que partieron de Aztlán en el gran viaje trajeron semillas con ellos, y nosotros, sus descendientes, aún cultivamos esas buenas plantas en nuestros propios jardines.

—Como lo hacemos hoy en día, nuestros antepasados iban en canoas sobre el agua. Se deleitaban con los cantos y las plumas de colores de muchos pájaros. Sacaban agua fresca y refrescante de muchos manantiales. Su vida en Aztlán fue completamente encantadora.

—Pero una vez que nuestros ancestros dejaron Aztlán, descubrieron que la tierra no se trabajaba tan fácilmente y que la comida no se encontraba tan fácilmente. El suelo era pedregoso, seco y lleno de zarzas. Había muchas serpientes venenosas y animales peligrosos que hacían daño a la gente. Fue un largo y duro camino el que llevó a nuestra gente desde Aztlán hasta el próspero lugar en el que vivimos hoy en día.

Cuando Cuauhcóatl terminó su cuento, Moctezuma le agradeció su sabiduría y luego dijo—: Creo que lo que me has contado debe ser cierto, porque es el mismo cuento que me ha contado Tlacaélel. Ahora ordeno que se envíen mensajeros a través de nuestras tierras para que encuentren sesenta hechiceros que tengan la habilidad y el conocimiento para llevar a cabo la tarea que les encomendaré. Los hechiceros deben ser traídos aquí, para que yo pueda darles sus instrucciones.

Y así, se hizo como Moctezuma lo ordenó. Poco después, los sesenta hechiceros fueron encontrados y reunidos ante el emperador para escuchar su voluntad. Moctezuma dijo a los hechiceros—: Les doy la bienvenida aquí, honorables ancianos, porque tengo una gran tarea para ustedes. Deseo que salgan a buscar Aztlán, la tierra de la que vinieron nuestros antepasados, para ver si aún existe. También deseo que encuentren a Coatlicue la Falda de Serpiente para ver si aún vive y llevarle noticias de su poderoso hijo, Huitzilopochtli. He escuchado de mis sabios consejeros que encontrar este lugar será difícil y que sus habilidades son lo que se necesita para llevar a cabo mis órdenes. Por lo tanto, prepárense de la manera que sea necesaria, para que puedan tener éxito en su camino.

Moctezuma ordenó entonces que se prepararan muchos regalos ricos para que los hechiceros se los llevaran: mantos hechos de muchas plumas de colores o tejidos del más fino algodón, hermosas ropas de mujer cosidas con el mayor de los cuidados, oro, joyas; cacao, algodón, vainilla, y las plumas más brillantes y coloridas de todo el reino. Estas debían ser entregadas a Coatlicue y al pueblo de Aztlán como muestra de buena voluntad de los aztecas. A los propios hechiceros, Moctezuma les dio mantos de colores y muchas otras cosas buenas, junto con suficiente comida para nutrirlos durante su viaje.

Tomando todas estas cosas del emperador, los hechiceros prometieron hacer todo lo posible para llevar a cabo sus órdenes. Luego partieron de la hermosa ciudad de Tenochtitlan y se dirigieron a la colina llamada Coatepec que se encuentra cerca de la ciudad de Tula. Cuando llegaron a Coatepec, subieron a la colina, y allí en su cima comenzaron a hacer su magia, ya que sabían que solo con magia podrían encontrar a Chicomostoc y Aztlán. Cubrieron sus cuerpos con ungüentos mágicos. Dibujaron símbolos mágicos en el suelo. Llamaron a los muchos espíritus que conocían y que podían darles el poder de ir a Aztlán. Los espíritus respondieron convirtiendo a los hechiceros en pájaros y bestias, como jaguares y ocelotes, y luego los llevaron al lugar de Aztlán.

Los hechiceros llegaron a las orillas del lago que Cuauhcóatl había descrito, y allí fueron convertidos de nuevo en sus formas humanas por los espíritus. Mirando hacia el lago, los hechiceros vieron la colina de Colhuacan. También vieron a mucha gente en canoas. Algunos estaban pescando. Otros cuidaban sus chinampas, las parcelas de jardín flotantes que los aztecas de Tenochtitlan también usaban para cultivar sus alimentos. Todos parecían felices y prósperos. Entonces una de las personas levantó la vista de su trabajo y gritó—: ¡Miren! Hay extraños en la orilla.

La gente remaba en sus canoas hasta el lugar donde estaban los hechiceros. Escucharon a los hechiceros hablando en voz baja entre ellos de todas las maravillas que estaban viendo y de lo que debían decir, y la gente se asombró de que los extranjeros hablaran su propio idioma.

Cuando la gente se acercó lo suficiente a los hechiceros para hablar sin gritar, uno de ellos dijo—: ¿Quiénes son? ¿De dónde vienen y qué hacen aquí?

Los hechiceros respondieron—: Somos aztecas. Somos embajadores de nuestro emperador, y estamos buscando el lugar de donde vino nuestra gente.

La gente preguntó—: ¿Qué dios es el suyo?

—Honramos al gran Huitzilopochtli—dijeron los hechiceros—y somos embajadores enviados por el emperador Moctezuma, llevando regalos para Coatlicue la Falda de Serpiente y para traerle noticias de su hijo si aún vive, y para encontrar Chicomostoc, el antiguo hogar de nuestro pueblo.

Al oír esto, una de las personas fue enviada a buscar a la que cuidaba a Coatlicue, madre de Huitzilopochtli. Explicaron el encargo de los hechiceros al guardián, que era un hombre muy anciano—. Que vengan aquí—dijo el guardián—y que sean bienvenidos, porque son nuestros parientes.

Y así, la gente llevó a los hechiceros en sus canoas y los remaron a través del lago hasta la colina de Colhuacan. Al pie de la colina estaba la casa del guardián. Los hechiceros se acercaron a él y le dijeron—: Honorable Padre, somos embajadores de nuestro emperador, y humildemente te pedimos permiso para hablar con la madre de nuestro dios.

—Son muy bienvenidos aquí—dijo el guardián—. Díganme, ¿quién fue el que les envió aquí? ¿Cuál es el nombre de su emperador?

Los hechiceros le dijeron al guardián que Moctezuma era su emperador, y que él y su consejero de confianza, Tlacaélel, les habían ordenado emprender el viaje a Aztlán.

Cuando el guardián escuchó esto, su frente se arrugó—. ¿Moctezuma y Tlacaélel? No conozco esos nombres. Dígame, ¿aún está entre ustedes Tezacatetl o Acacitli? ¿Ocelopan o Ahuatl? ¿Xomimitl, Ahuexotl o Huicton? ¿Todavía vive Tenoch? Porque estos eran los líderes de los que partieron de esta tierra hace mucho tiempo, y no hemos oído nada de ellos desde entonces. Tampoco hemos oído nada de los cuatro que llevaron al dios Huitzilopochtli lejos de aquí.

—Venerable—dijeron los hechiceros—, hemos oído esos nombres, pero no conocemos a ninguno de esos hombres porque murieron hace mucho tiempo.

—¡Oh!—dijo el guardián—. ¡Oh, qué noticias tan tristes traen! ¿Cómo murieron? ¿Cómo es que están muertos mientras nosotros aún vivimos? ¿Quién les guía ahora que se han ido? ¿Y quién es el que cuida de Huitzilopochtli?

—Los nietos de tus amigos son nuestros líderes—dijeron los hechiceros—y el sacerdote de Huitzilopochtli es un hombre muy sabio y santo llamado Cuauhcóatl, que sirve bien al dios y nos hace saber su voluntad.

—Ah, es bueno que el dios esté bien cuidado por un hombre devoto—dijo el guardián—. ¿Lo han visto ustedes mismos antes de venir aquí? ¿Envió un mensaje?

Los hechiceros le dijeron al guardián que Moctezuma y Tlacaélel eran los que los habían enviado a su misión. Entonces tuvieron que admitir que no habían hablado con Huitzilopochtli ellos mismos, ni el dios les había dado ningún mensaje.

—Eso es preocupante—dijo el guardián—porque cuando Huitzilopochtli nos dejó, dijo que regresaría, y no hemos tenido noticias de cuándo será eso. Su madre ha estado esperando todo este tiempo, y llora a diario porque no ha tenido noticias. Deberían ir a hablar con ella, porque tal vez puedan reconfortarla.

—En efecto, nos honraría hablar con la Falda de Serpiente—dijeron los hechiceros—porque es parte de nuestra misión, y tenemos muchos buenos regalos que ofrecerle.

El viejo dijo entonces a los hechiceros que tomaran sus bultos de regalos y lo siguieran hasta la casa de Coatlicue, que estaba cerca de la cima de la colina. La parte superior de la colina era de arena muy blanda, y el viejo guardián subió con gran facilidad. Pero los hechiceros se hundieron bajo el peso de sus cargas, sus pies se hundieron en la arena. El guardián se dio cuenta de que los hechiceros se estaban quedando atrás. Miró hacia atrás y los vio luchando a través de la arena—. ¿Por qué es esto difícil?—preguntó—. Intenten ir más rápido.

Los hechiceros intentaron una y otra vez hacer lo que el guardián pidió, pero el único resultado fue que se hundieron hasta la cintura en la arena y no pudieron ir más lejos. El guardián regresó a donde estaban los hechiceros y dijo— ¿Qué han estado comiendo que son demasiado pesados para caminar por esta colina?

—Comemos la comida que crece en nuestros jardines— respondieron los hechiceros—y bebemos chocolate.

—Ah, eso es lo que está mal—dijo el guardián—. Su comida es demasiado rica y pesada. Deberían vivir de forma más sencilla, como lo hacemos aquí. Entonces serían capaces de caminar por esta colina. Pero como no pueden, deben darme sus bultos y esperar aquí mientras voy a ver si Coatlicue bajará a hablar con ustedes.

Y así, el viejo recogió un bulto de regalos que los hechiceros habían traído, y llevándolo en su espalda como si pesara menos de un puñado de plumas, subió la colina hasta la casa de Coatlicue. Allí dejó el paquete y volvió a buscar el resto. El anciano llevó cada uno de los bultos colina arriba a la espalda con la mayor facilidad.

Cuando todos los regalos fueron llevados a la casa, Coatlicue bajó la colina para reunirse con los hechiceros. Era vieja, vieja, vieja y no tenía ni una pizca de belleza en su cara o en su cuerpo. Su pelo estaba enmarañado, su piel y sus ropas estaban cubiertas de suciedad, y lloraba muchas lágrimas de dolor.

—Les doy la bienvenida, hijos míos—dijo la diosa—y les pido perdón por mi aspecto. Pero es la pena por mi hijo la que me hace así, pues no me he bañado ni peinado ni cambiado de ropa desde que se fue, y he pasado los días llorando, esperando su regreso. Díganme, ¿es verdad que han sido enviados aquí por los siete ancianos que se fueron con la gente que mi amado Huitzilopochtli llevó lejos de aquí hace tantos años?

Los embajadores miraron a Coatlicue y su horrible aspecto, y tuvieron mucho miedo. Todos se inclinaron ante ella lo mejor que pudieron a pesar de la arena y dijeron—: Oh, Gran Señora, de los siete ancianos conocemos solo los nombres, pues murieron hace mucho tiempo. Los que nos enviaron fueron Moctezuma, nuestro rey y su humilde servidor, y su consejero de confianza, Tlacaélel, un hombre sabio y valiente. Deseaban que viniéramos aquí para saludarte y ver el lugar que nuestros antepasados llamaron hogar.

—Han pasado muchos, muchos años desde que nuestros antepasados dejaron este lugar. Moctezuma es el quinto rey de nuestro pueblo. Los cuatro que vinieron antes de él fueron Acamapichtli, el primer rey, luego Huitzilihuitl, luego Chimalpopoca, y luego Itzcóatl. Moctezuma nos pide que te digamos: "Te saludo, madre de nuestro dios, y me inclino ante ti como tu humilde servidor. Mi nombre es Huehue Moctezuma (Moctezuma el Anciano), y todo lo que me pidas, lo haré".

—Y nuestro rey también nos pide que te digamos el destino de nuestros pueblos, y lo que les ocurrió después de dejar este lugar. Viajaron mucho y muy lejos a través de muchas dificultades. La gente estaba a menudo hambrienta y muy pobre, y durante mucho tiempo fueron vasallos de otros y se vieron obligados a pagar fuertes tributos. Pero ahora somos dueños de nuestra propia ciudad, un lugar hermoso y próspero. Hemos construido muchos caminos en los que todos pueden viajar con seguridad. Además, los aztecas son los gobernantes de la tierra, nuestra ciudad es la capital principal, y otros nos pagan ahora tributo. Para mostrar cuán próspero se ha vuelto nuestro pueblo, Moctezuma nos pidió que te demos estos regalos, ya que fueron ganados con gran esfuerzo y con la ayuda de tu poderoso hijo, Huitzilopochtli, que ahora vive entre nosotros con gran honor. Y este es todo el mensaje que se nos ha ordenado darte.

Cuando Coatlicue escuchó el mensaje de los hechiceros, dejó de llorar—. Hijos míos, les doy la bienvenida; les doy las gracias por estos regalos y por el mensaje que me han dado. Pero me entristece mucho oír que los siete ancianos han pasado de este mundo, y quiero entender cómo les ocurrió a ellos, pues todos sus amigos aquí presentes aún viven.

—También deseo saber más de algunos de estos regalos. —Levantó un paquete de cacao y preguntó—: ¿Qué es esta cosa? ¿Es algo para comer?

—Oh Gran Señora—respondieron los hechiceros—, eso es cacao, y de él hacemos una deliciosa bebida. También lo mezclamos con otros alimentos, y es muy bueno para comer de esa manera.

—Ah, ya veo—dijo Coatlicue—. Esto es lo que ha impedido que suban a la colina, ya que es una comida muy pesada. —Entonces la diosa miró los mantos que Moctezuma había dado a los hechiceros y dijo—: Es una vestimenta muy fina la que llevan. ¿Mi hijo Huitzilopochtli lleva algo parecido? ¿También tiene ropa bien tejida y adornada con plumas brillantes?

—Sí, en efecto—dijeron los hechiceros—. Está vestido así y con cosas aún más ricas que estos mantos porque se siente muy honrado, y es con su ayuda que hemos ganado la riqueza que ahora te traemos.

Coatlicue dijo entonces—: Hijos míos, mi corazón se alegra mucho por sus palabras y por la historia que cuentan de mi hijo y de los que se fueron de este lugar hace mucho tiempo. Me complace que la gente ahora viva en prosperidad. Pero a cambio, les pido que lleven un mensaje a Huitzilopochtli. Díganle que se apiade de su madre, porque me siento sola aquí ahora que se ha ido. Díganle que recuerde las palabras que me dijo cuando se fue, que dijo que volvería después de haber guiado a las siete tribus a un lugar seguro y próspero, que saldría y conquistaría a muchos pueblos y luego volvería a casa conmigo cuando su propio pueblo fuera conquistado a su vez.

—Pero me parece que mi hijo ha hecho un buen hogar entre ustedes y que está tan contento allí y tan bien cuidado que olvida su obligación con su madre. —La diosa dio entonces a los hechiceros un simple manto y un paño de calzón tejido con fibras de maguey, y les dijo—: Les pido que tomen este manto y este taparrabos y se lo den a Huitzilopochtli como regalo mío y como recordatorio de que prometió volver.

Los hechiceros se inclinaron ante la diosa. Tomaron la ropa con la promesa de que se la darían y su mensaje a Huitzilopochtli tan pronto como regresaran a casa. Pero antes de que se fueran lejos, la diosa los llamó—. ¡Esperen!—dijo—. Les mostraré cómo es que la gente vive tanto tiempo y nunca envejece aquí. Miren a mi guardián. Es muy viejo. Pero cuando baje hacia ustedes, se convertirá en un hombre joven.

Y así, el viejo guardián comenzó a caminar por la montaña. A medida que caminaba, se fue haciendo cada vez más joven. Cuando llegó a los hechiceros, dijo—Ahora parezco tener unos veinte años. Pero cuando vuelva a subir, me haré más viejo.

El hombre comenzó a caminar por la colina. Cuando estaba a mitad de camino, parecía tener cuarenta años. Más arriba de la colina, se hizo muy viejo. Entonces se volvió hacia los hechiceros y dijo—Miren niños, lo que esta colina hace por nosotros. Si un anciano quiere ser más joven, sube a la punta de la colina que le dará la edad que quiere tener. Si quiere volver a ser un niño, puede subir a la misma cima. Para ser un hombre joven, solo necesita escalar un poco más de la mitad del camino. Escalar a mitad de camino lo convierte en alguien de mediana edad. Así es como vivimos mucho tiempo, y ahora entiendo que por eso los siete líderes que se fueron con el pueblo ya no viven; no tienen esa colina en su tierra, y no pudieron recuperar su juventud.

—Creo que también debe ser la forma en que vives en su tierra. Beben mucho cacao, comen alimentos ricos y se vistes con ropa fina. Todo esto les ha hecho pesados y lentos, y les hace envejecer. Lo demuestran en sus cuerpos y en los regalos que han traído hasta aquí. Sin embargo, no deben volver a casa sin regalos. Les daremos muchas de las cosas que valoramos para que se las lleven a su rey.

El guardián ordenó entonces que se prepararan regalos para los hechiceros. La gente de Aztlán les dio todo tipo de aves acuáticas que vivían alrededor del lago que rodeaba la colina, patos, gansos y garzas. Les dieron muchos tipos de plantas y flores. La gente de Aztlán preparó guirnaldas de flores coloridas, buenos mantos y taparrabos de fibra de maguey, ropa del tipo que usaban, para ser entregada a Moctezuma y Tlacaélel.

—Vayan ahora con buena fortuna—dijo el guardián—y pidan disculpas a su rey y a su noble consejero por la humilde naturaleza de los regalos que llevan. No son nada tan bueno como lo que has traído, pero son los mejores que tenemos.

Los hechiceros agradecieron al guardián y al pueblo por sus regalos y su hospitalidad. Luego comenzaron a hacer la magia que los llevaría de vuelta a su hogar. Pintaron sus cuerpos con los ungüentos mágicos. Dibujaron los símbolos místicos en el suelo. Convocaron a los espíritus para que los llevaran de vuelta a casa.

Los espíritus vinieron y los convirtieron en las formas animales en las que los hechiceros vinieron a Aztlán y los llevaron a la colina de Coatepec. Cuando los hechiceros recuperaron sus formas humanas, miraron a su alrededor y se consternaron porque faltaban unos veinte de ellos. Lo que sucedió con esos veinte nunca fue descubierto, pero algunos dicen que debieron haber sido presa de bestias salvajes en el viaje de regreso a Coatepec.

Los hechiceros cargaron sus bultos de regalos y partieron hacia Tenochtitlan. Cuando llegaron, se les dio una audiencia con Moctezuma. Le contaron al emperador lo que había sucedido en Aztlán y le dieron los muchos regalos que el guardián de Coatlicue y el pueblo de Aztlán les habían dado. Los hechiceros informaron de todo lo que se había dicho entre ellos y la diosa y entre ellos y su guardián. Le contaron al emperador acerca de la colina mágica que podría restaurar la juventud perdida y que la gente que vivía en Aztlán hoy en día era la misma que se había quedado atrás cuando las siete tribus dejaron sus hogares en su gran viaje al sur hace mucho tiempo. También le dijeron al emperador lo que la diosa había dicho de su hijo, que se sentía muy sola sin él y quería que volviera a casa con ella, y que había dicho que un día lo haría porque el reino de Tenochtitlan sería conquistado, al igual que los mexicas habían conquistado a la gente que había vivido allí antes de que ellos llegaran.

Moctezuma agradeció a los hechiceros por sus mensajes y sus regalos. Luego convocó a Tlacaélel para escuchar el informe de los hechiceros. Le contaron todo lo que habían visto, las plantas y los árboles, las aves acuáticas y los peces, y los jardines flotantes que producían todo lo bueno en gran cantidad. Le contaron a Tlacaélel cómo la gente navegaba por el lago en sus canoas. También le dijeron que parecía que nunca había una sola temporada de crecimiento, sino muchas que se superponían, de modo que mientras algo de maíz aún brotaba, otros campos estaban listos para la cosecha, y de esta manera, el alimento siempre era muy abundante.

Cuando relataron todo esto, los hechiceros describieron su aventura en la colina de la juventud y cómo no podían escalarla porque se hundían en la suave arena, pero que el guardián podía escalarla con facilidad a pesar de estar muy cargado con los regalos que habían llevado para la diosa. Explicaron que se hundieron en la arena porque se habían vuelto pesados por su rica vida y por beber tanto chocolate. Los hechiceros también contaron al emperador y a Tlacaélel cómo Coatlicue y el guardián habían llorado al oír que sus amigos que habían partido en el gran viaje al sur estaban ahora muertos.

Moctezuma y Tlacaélel escucharon con asombro la historia de los hechiceros. Estaban muy conmovidos al escuchar todas las cosas hermosas de la tierra de Aztlán y cómo sus ancestros aún vivían allí con la madre de su propio dios, y se apenaron un poco al no haber podido ver estas cosas con sus propios ojos. Entonces el emperador y su consejero agradecieron gravemente a los hechiceros por los regalos y por haber emprendido un viaje tan peligroso. Ordenaron que los hechiceros fueran recompensados con muchos regalos. Y cuando esto se hizo, dijeron a los hechiceros que fueran al templo de Huitzilopochtli y lo vistieran con el manto y el taparrabos que llevaban con ellos, ya que estos eran los regalos que su propia madre había hecho y había enviado solo para él.

Huemac y el Hechicero

Entre los contenidos del Códice Florentino, *la etnografía de los aztecas del siglo XVI de Fray Bernardino de Sahagún, se encuentran historias sobre Huemac, el mítico último rey de los toltecas y del exilio de Quetzalcóatl de Tula. Estos son cuentos que Sahagún aprendió de sus informantes aztecas.*

Una serie de historias en el Códice Florentino *cuenta las desgracias de Huemac y de su pueblo a manos del dios azteca, Tezcatlipoca. Aunque los personajes principales de estas historias son toltecas, las historias en sí son creaciones aztecas destinadas a legitimar la supremacía azteca proporcionando explicaciones míticas para la caída de la cultura tolteca. En estas leyendas, Tezcatlipoca viene disfrazado a Tula, la capital de los toltecas, donde se insinúa en la sociedad tolteca y luego causa estragos, primero fascinando a la gente para que se destruyan a sí mismos y luego finalmente matándolos él mismo.*

Una vez hubo un rey de los toltecas llamado Huemac. Tenía una hija que era la mujer más hermosa de todo el país. Muchos hombres deseaban casarse con ella, pero su padre siempre prohibía el matrimonio.

El gran enemigo de Huemac y de los toltecas era el dios del Espejo Humeante, Tezcatlipoca. Tezcatlipoca siempre buscaba formas de causar problemas a los toltecas, así que fue a Tula disfrazado del hechicero Titlacahuan. Se convirtió en un joven que vendía chiles verdes. Anduvo en esta forma sin un taparrabos, para que su hombría fuera visible para todos. Desnudo como estaba, fue al mercado cerca del palacio a vender sus chiles.

Mientras Titlacahuan vendía chiles en el mercado, la hija de Huemac lo vio allí. Lo vio desnudo, junto con la virilidad de su hombría, y se encendió con la pasión de tener a Titlacahuan como amante. Tan deseosa estaba que empezó a actuar como si estuviera enferma, rechazando la comida, suspirando y gimiendo, y con un aspecto triste e indispuesto.

Huemac vio que su hija estaba enferma, así que fue a ver a sus sirvientas para preguntarles qué le pasaba. Las sirvientas le dijeron al rey—: Su hija vio a ese vendedor de chiles verdes en el mercado. Él anda por ahí sin ropa, y ella ahora está ardiendo en deseos de él.

Por lo tanto, Huemac ordenó que el vendedor de chiles verdes fuera llevado ante él para dar cuenta de su comportamiento. Los mensajeros recorrieron toda la ciudad de Tula anunciando que el hombre era buscado por el rey. Lo buscaron por todas partes, pero no lo encontraron por ninguna parte, hasta que un día reapareció en el mercado en el mismo lugar donde la hija del rey lo había visto por primera vez. Se envió al rey la noticia de que el vendedor de chiles había regresado, y el rey ordenó que el hombre fuera llevado ante él inmediatamente. No mucho después, los mensajeros regresaron con el hombre.

—¿Quién eres y de dónde vienes?—preguntó Huemac.

—Oh, solo soy un extraño aquí. Vendo chiles verdes en el mercado—dijo Titlacahuan.

Entonces Huemac dijo—: ¿Dónde has estado antes de venir aquí? Además, es indecente andar por ahí sin taparse. Coge un taparrabos y cúbrete.

Titlacahuan respondió—: Pero en mi tierra así es como nos movemos. No llevamos taparrabos.

—No me importa lo que hagas en tu propia tierra—dijo Huemac—. Ahora estás en mi reino, y tu desnudez ha inflamado a mi hija con deseo. Debes curarla de esta enfermedad.

Entonces el extraño se asustó—. Oh, no, gran rey. No me obligues a hacer esto. Solo soy un vendedor de chiles verdes.

—No me importa—dijo el rey—. Has hecho enfermar a mi hija, así que la curarás de ello.

El rey ordenó que el hombre fuera llevado para ser bañado y puesto atractivo para su hija. Y cuando esto se hizo, el rey llevó al hombre a su hija y dijo—: Ahí está. Cúrala.

Así que Titlacahuan se acostó con la hija del rey, y ella quedó muy satisfecha. Cuando Huemac vio lo feliz que era su hija, la casó con Titlacahuan. Cuando se corrió la voz de que el rey había casado a su hija con el vendedor de chiles verdes, la gente empezó a burlarse del rey porque había dado su hija a un extraño y no a uno de su propia gente. Huemac se avergonzó mucho por esto, así que ideó un plan para librarse del extraño de una vez por todas. Huemac llamó a sus principales guerreros. Les ordenó tomar el ejército y declarar la guerra contra Zacatepec y Coatepec, y mientras la lucha estaba bien controlada, abandonarían a Titlacahuan en el campo para que fuera asesinado o hecho prisionero. También les dijo a los jefes guerreros que le dieran a Titlacahuan solo jorobados y a otros con cuerpos no sanos para que fueran sus compañeros en la batalla.

Y así, los toltecas declararon la guerra a Coatepec y Zacatepec y se dispusieron a luchar. Los principales guerreros pusieron a Titlacahuan y a los jorobados y otros en una parte del campo. Luego el resto se fue a otra parte, pensando que los guerreros de Coatepec y Zacatepec matarían a Titlacahuan y a sus compañeros. Los jorobados y los demás que estaban con Titlacahuan tenían mucho miedo, porque sabían que no eran lo suficientemente fuertes para luchar contra los otros guerreros. Pero Titlacahuan les dijo que no se preocuparan, porque estaba seguro de derrotar a sus enemigos.

Una vez que se unieron a la batalla, los guerreros toltecas abandonaron Titlacahuan y regresaron a Tula. Le dijeron a Huemac—: Dejamos al forastero y a sus compañeros solos en el campo, como usted lo ordenó. Seguramente ya los habrán matado a todos.

Pero en el campo de batalla, Titlacahuan gritó—: ¡Peleen con fiereza! ¡Tengan coraje! ¡Los derrotaremos! ¡Les prometo que traeremos de vuelta a muchos cautivos y eliminaremos a ese número de nuevo!

Y cuando los guerreros de Coatepec y Zacatepec atacaron a Titlacahuan y a sus compañeros, fueron capturados y asesinados en gran número. Cuando la batalla terminó, Titlacahuan y los demás volvieron a Tula. Ya se había corrido la voz en Huemac sobre las acciones que habían realizado, y también se había corrido la voz por toda la ciudad. Titlacahuan y sus compañeros fueron recibidos a las puertas de Tula por una multitud que los aclamaba. Le dieron a Titlacahuan plumas de quetzal brillantes y el escudo de turquesa y muchos otros adornos que se dan a los héroes y reyes. El pueblo bailó y cantó en honor de Titlacahuan. Sonaron sus trompetas de caracol y tocaron sus tambores. Y cuando la procesión llegó a las puertas del palacio, la gente pintó los rostros de Titlacahuan y sus compañeros de rojo, sus cuerpos de amarillo, y colocó plumas en sus cabezas.

Huemac salió al encuentro de Titlacahuan y sus compañeros—. Mira, ahora los toltecas te saludan como un héroe del pueblo y como uno de ellos. En verdad eres mi yerno.

Pero Titlacahuan no pensaba en convertirse en uno de los toltecas. A pesar de que había derrotado a Coatepec y Zacatepec, y a pesar de que había sido ungido con pintura roja y amarilla y con plumas, todavía planeaba destruir a los toltecas. Ahora se dirigió a las multitudes y pensó en hacerlas bailar y cantar. Titlacahuan fue a la cima del Tzatzitepetl, la montaña que habla, que estaba justo a las afueras de la ciudad. Y desde la cima de esa montaña, llamó a todo el mundo en todas partes a venir a Tula.

Cuando todos se habían reunido, Tlatelolco fue a un lugar llamado Texcalpan, y le dijo a toda la gente que lo siguiera. Entonces Titlacahuan comenzó a cantar y a tocar su tambor. Todos comenzaron a bailar juntos y a cantar la canción de Titlacahuan. Desde el atardecer hasta la medianoche, Titlacahuan dirigió el canto y el baile, y nadie se sentó aparte de él.

El pueblo estaba tan concentrado en sus canciones y bailes que no miraba por dónde iba. Algunos de ellos cayeron en un cañón. Murieron al caer al suelo, y sus cuerpos se convirtieron en piedras. Otros habían empezado a cruzar el puente que pasaba por el cañón, pero Titlacahuan rompió el puente, y todos los que estaban en él cayeron al río, donde sus cuerpos se convirtieron en piedras. Pero incluso mientras la gente caía en el cañón y en el río, todavía no entendían que Titlacahuan les hacía cantar y bailar para que se destruyeran a sí mismos.

Hubo otro tiempo en que Titlacahuan fue a Tula y trabajó en la hechicería de la gente de allí. Se disfrazó y fue a Tula como un mago con una pequeña figura en la mano. La figurita parecía un niño pequeño, pero algunos dicen que era el dios Huitzilopochtli que se había transformado. Titlacahuan sostuvo la figurita ante la gente, y ¡caramba! La figurita comenzó a bailar por sí misma.

La gente estaba encantada con el baile de esta figurita. Se apiñaron hacia el mago, queriendo ver más. Tanta gente se adelantó hacia el mago que algunos fueron aplastados hasta morir por la presión de los cuerpos, mientras que otros cayeron y fueron pisoteados y murieron allí. Pero el mago no tomó nota de la multitud o de los gritos y gemidos de los moribundos. Más bien, le dijo a la gente—: ¡Miren esta brujería! Seguramente es por magia maligna que esta figurita está hecha para bailar.

Entonces la gente se volvió contra el mago. En lugar de querer ver bailar a la figurita, querían matar a Titlacahuan y destruir la figurita. La gente cogió piedras y se las lanzó al mago. Una y otra vez le arrojaron piedras, hasta que finalmente cayó, muerto, y su cuerpo quedó allí para pudrirse.

No pasó mucho tiempo antes de que el cadáver empezara a apestar. El olor era más horrendo que cualquiera que la gente hubiera encontrado antes. Pero no solo eso: los que olían el hedor del cadáver del mago caían muertos, y cuando el viento llevaba el hedor por la tierra, moría la gente que lo olía.

Pero Titlacahuan aún no había terminado con sus travesuras, pues aun así se proponía destruir a los toltecas. Y así, tomó una nueva forma y fue a Tula, donde dijo a la gente—: ¿Por qué dejan que una cosa tan ruidosa se siente en su mercado? Seguramente debería ser eliminada.

Los toltecas escucharon las palabras de Titlacahuan y dijeron—: Sí, este hombre tiene toda la razón. No debemos dejar que esto se quede en nuestro mercado. Consigamos cuerdas y atémosle los pies y arrastrémoslo fuera de la ciudad.

Y así, los hombres de Tula fueron a buscar cuerdas, y las ataron alrededor el cadáver. Luego tiraron de las cuerdas para arrastrar al muerto. Pero el cadáver era demasiado pesado; no importaba cómo tiraran, el cuerpo no se movía. Los hombres de Tula pidieron ayuda. Llamaron a otros para que vinieran y les ayudaran a tirar, y cuando una gran multitud se reunió y se agarró a las cuerdas, se dio la orden de que todos tiraran. Pero aun así el cadáver no se movió. En su lugar, las cuerdas que lo ataban se rompieron, y los hombres cayeron uno encima del otro, y muchos fueron asesinados con la presión de los cuerpos.

Titlacahuan se dirigió a los hombres de Tula y les dijo—: Oh, veo que no son lo suficientemente fuertes para sacar un simple cadáver. Tal vez deberían usar mi canción mágica. Deberían cantar, "¡Arrastra, arrastra, arrastra este tronco muerto! ¡Arrástralo! Ayúdanos a arrastrarlo, oh hechicero Titlacahuan!"

Los hombres de Tula escucharon la canción del mago. Pusieron nuevas cuerdas alrededor del cadáver y comenzaron a tirar, cantando la canción que el hechicero les enseñó. Tiraron y tiraron, y de nuevo las cuerdas se rompieron, y de nuevo muchos murieron con la presión de los cuerpos.

Una y otra vez sucedió esto. Los hombres trataban de sacar el cadáver, y muchos morían cuando las cuerdas se rompían. Pero aun así volvían e intentaban de nuevo, ya que habían sido encantados por Titlacahuan, que quería que se destruyeran a sí mismos.

Un último hechizo que Titlacahuan practicó con los toltecas lo hizo en la apariencia de una anciana. Primero, lo hizo para que la comida de los toltecas se estropeara. Sabía tan amarga que nadie podía soportar comerla. No importaba qué comida se preparara o cómo se preparara, no era apta para comer. Y así, los toltecas se volvieron muy hambrientos, y los otros pueblos de las tierras se rieron de ellos.

Después de tomar la apariencia de una anciana, Titlacahuan fue a Xochitlán (Lugar de la Flor), donde había jardines que flotaban en el agua así como jardines de muchas flores en la tierra. Allí,

Titlacahuan se sentó en su apariencia de anciana, tostando maíz. El aroma del maíz tostado flotaba en su hoguera. Se desvanecía con el viento. Se fue a lo largo de los campos y sobre las colinas. Entró en los templos y en las casas de la gente. Y en todas partes los toltecas decían—: ¿Qué es este aroma a maíz tostado? ¿De dónde viene? Seguramente ahora tendremos buena comida, si podemos encontrar a quien tuesta este maíz.

Y así, los toltecas se pusieron en marcha en gran número para encontrar donde estaba este buen maíz. Dejaron sus casas en Tula y fueron a Xochitlán, y llegaron rápidamente, ya que los toltecas tenían el don de moverse de un lugar a otro muy rápidamente.

Cuando los toltecas llegaron al lugar donde estaba Titlacahuan, el hechicero tomó una gran espada y los mató a todos. Titlacahuan los cortó uno tras otro en su apariencia de anciana. Y así, los pueblos de los alrededores se divirtieron con los toltecas, ya que la anciana había matado a muchos de ellos.

Huemac juega el juego de pelota

Una importante fuente de los mitos aztecas es el ahora desaparecido Códice Chimalpopoca, *un manuscrito escrito en 1558 en náhuatl y español. La narración de la "Leyenda de los Soles" en este códice contiene una historia sobre Huemac, el mítico último rey de los toltecas, que aprende una dura lección sobre la cortesía y el honor debido a los seres divinos. Al igual que las historias sobre Huemac del* Códice Florentino *contemporáneo, este cuento fue creado en un intento de legitimar el dominio azteca.*

En esta sección de la leyenda, Huemac juega al tlachtli, *el juego de pelota sagrado, con el tlaloque, sirvientes del dios de la lluvia, Tláloc. El tlachtli fue jugado por muchas culturas mesoamericanas. Las reglas requerían que los jugadores usaran solo sus caderas y rodillas para golpear una pelota de goma sólida de unos 15 cm de* diámetro. Debido al peso de la pelota y a la dureza del juego, los atletas llevaban un equipo protector hecho de piel de venado. Aunque hay algunas variaciones en el tamaño y la forma de las canchas existentes, los espacios de juego a menudo tenían la forma de una "I" mayúscula flanqueada por muros de piedra. En el punto medio de las paredes en los lados largos de estas canchas había aros de piedra con apenas suficiente espacio para que la pelota pasara. Golpear la pelota a través del aro terminaba el juego, y el equipo que había marcado ese gol era el ganador. Sin embargo, estos goles eran raros, y había otros medios de llevar la cuenta para determinar quién ganaba o perdía.

En esta historia, Huemac y sus oponentes apuestan plumas de jade y quetzal en el resultado de su juego. Las culturas mesoamericanas usaban las plumas del quetzal y otras aves como un importante producto agrícola y artículo de comercio. Las plumas de quetzal, especialmente, eran muy apreciadas por su belleza y sus brillantes colores, pero no cualquiera podía usarlas; eran un símbolo de nobleza y poder, y como tales se daban como premios a los guerreros más valientes, o eran usadas como símbolos de autoridad por el rey y los titulares de los cargos gubernamentales.

Un día, Huemac, rey de los toltecas, tuvo la idea de jugar al juego de pelota. Pensó a quién podría invitar a jugar con él, pero no pudo pensar en nadie que le ofreciera un verdadero desafío, ya que Huemac era el mejor jugador de tlachtli que había vivido. Y así, el rey se enfadó y no invitó a nadie, y anduvo por ahí de mal humor refunfuñando para sí mismo. Llegó la noticia al tlaloque, los señores de la lluvia que sirven a Tláloc, el dios de la lluvia, de que Huemac quería jugar al tlachtli pero no encontraba a nadie lo suficientemente bueno para enfrentarse a él, así que el tlaloque fue a Tula y dijo que jugarían con Huemac. Huemac estaba encantado con esto, porque aquí seguramente había jugadores que presentarían un desafío a sus habilidades.

El tlaloque le preguntó a Huemac—: ¿Hacemos una apuesta en nuestro juego?

Huemac respondió—: ¡Sí, claro que sí! Apuesto mi jade y mis plumas de quetzal.

El tlaloque dijo—: Está bien. También apostamos nuestras plumas de jade y quetzal.

Luego el tlaloque y Huemac bajaron al campo de juego y jugaron el partido. No importaba cuán rápido corriera el tlaloque, no importaba cuán fuerte golpearan la pelota con sus caderas y rodillas, no eran rival para la habilidad de Huemac. Finalmente, el rey le dio a la pelota un poderoso golpe, atravesó el aro al lado de la cancha, y el tlaloque tuvo que admitir la derrota.

El tlaloque trajo su apuesta a Huemac. Le dieron espigas de maíz en sus cáscaras verdes, porque para ellos eran plumas de jade y quetzal. Pero Huemac se sintió insultado por esto, ya que esperaba piedras preciosas y plumas brillantes—. ¿Qué es esto?— dijo Huemac—. Esto no es jade precioso ni hermosas plumas de quetzal. Es solo maíz. ¡Llévatelo!

Y así, el tlaloque quitó el maíz y dio a Huemac jade como piedra preciosa y plumas de quetzal como plumas brillantes, y cuando esto se hizo, le dijeron al rey—: Por tu insolencia y codicia, te quitaremos nuestro propio jade a ti y a tu pueblo. Te lo ocultaremos a ti y al pueblo durante cuatro años.

Pronto Huemac aprendió el gran costo de su rudeza. El tlaloque hizo que una gran tormenta de granizo cayera sobre la tierra de los toltecas. El granizo cayó del cielo en una gran lluvia, y cuando terminó, hubo granizo hasta la rodilla de un hombre en toda la tierra. Todas las cosechas fueron enterradas y murieron por el frío y el impacto del granizo. Entonces salió el sol. Salió y brilló sin piedad sobre Tula. Brilló sobre los cactus de maguey y nopal, los árboles y la hierba, secándolos todos. El sol brilló tanto y tan caliente que incluso las piedras comenzaron a agrietarse por el calor y la sequedad, ya que el tlaloque también detuvo la lluvia. Y así, fue que los toltecas no pudieron cultivar suficiente comida para comer, y muchos de ellos murieron de hambre.

Finalmente, al final de los cuatro años, el tlaloque trajo de vuelta la lluvia. Un día, mientras llovía, un hombre tolteca caminó junto a un charco de agua, y del charco surgió una espiga madura de maíz que alguien ya había empezado a comer. El hombre sacó la mazorca del agua y comenzó a comerla él mismo. De repente, un sacerdote de Tláloc, el dios de la lluvia, también emergió de la piscina de agua.

—¿Has aprendido la lección?—preguntó el sacerdote.

—Sin duda alguna, oh Santo—dijo el hombre—y también lo han hecho todos mis hermanos y hermanas.

—Eso está bien—dijo el sacerdote—. Espérame aquí, porque voy a hablar con el Señor de la Lluvia.

El sacerdote regresó bajo el agua, y cuando reapareció, sus brazos estaban llenos de espigas de maíz maduras—. Lleva esto a Huemac—dijo el sacerdote—. Dile que, si desea que vuelva la lluvia, les dará a los dioses la hija de Tozcuecuex el mexica, porque seguramente el mexica se comerá a los toltecas como tú te comes el maíz.

El hombre hizo lo que el sacerdote le ordenó. Cuando Huemac escuchó el mensaje de los dioses, lloró, porque comprendió que aunque las lluvias volverían, el reino de los toltecas había terminado. Huemac envió mensajeros a los mexicas para exigir que le trajeran a la joven. Los mensajeros le dijeron a los mexicas que la joven había sido reclamada por los dioses. Y así, los mexicas se prepararon para el sacrificio ayunando durante cuatro días. Y cuando el tiempo de ayuno y preparación terminó, entregaron la joven a los dioses, sacrificándola en Pantitlán. Cuando se completó el sacrificio, el tlaloque se le apareció a Tozcuecuex, el padre de la niña, diciendo—No te apenes por tu hija, porque ella estará contigo.

Luego pusieron el corazón de la chica y muchos tipos de comida en la bolsa de tabaco de Tozcuecuex. El tlaloque le dijo a Tozcuecuex—: Aquí hay comida para los mexicas. Ten valor, porque seguramente los toltecas serán destruidos y los mexicas heredarán sus tierras.

Cuando esto se hizo, el tlaloque trajo mucha lluvia. Llovió durante cuatro días y cuatro noches, y cuando terminó de llover, la hierba, los árboles y los cultivos empezaron a brotar y a crecer, y pronto hubo suficiente comida para todos. Pero al final, lo que los dioses habían dicho se hizo realidad: los toltecas fueron destruidos. Huemac huyó para esconderse en una cueva, y su gente se dispersó por muchos otros lugares, y los mexicas llegaron a gobernar esas tierras.

Cómo Quetzalcóatl se convirtió en la estrella de la mañana

Al igual que la leyenda de Huitzilopochtli y la migración de los mexicas, la historia de la salida de Quetzalcóatl de Tula, la capital de los toltecas, puede estar basada en parte en hechos históricos, aunque es extremadamente difícil desenredar los hechos de la red del mito. La antigua civilización tolteca de Tula le dio el título de "Quetzalcóatl" a sus reyes sacerdotes, y en su apogeo, la civilización tolteca parece haber sido una de paz y abundancia, con muchos templos finos. En la leyenda que se relata a continuación, es el dios azteca del Espejo Humeante quien engaña a los toltecas Quetzalcóatl en una serie de indiscreciones que llevan a Quetzalcóatl a abandonar Tula. Al igual que las historias de Huemac y los hechiceros, presentadas antes, este cuento también proviene del Códice Florentino.

Hubo un tiempo en que el dios Quetzalcóatl vivía en la tierra, y era el señor de Tula, la ciudad de los toltecas. Quetzalcóatl gobernó sabia y justamente, y la ciudad de Tula era un lugar rico con muchos palacios llenos de riquezas. Los campos siempre estaban llenos de granos y vegetales. Los mercados siempre estaban ocupados con el comercio. Nadie en Tula nunca quiso nada más.

Como sacerdote-rey de Tula, Quetzalcóatl siempre estaba atento a las cosas que debía hacer. Hacía ofrendas en sus estaciones. Se pinchaba el cuerpo con espinas para dar sangre a los dioses. Todas las noches rezaba y se bañaba en el gran río que atravesaba la ciudad. Quetzalcóatl hizo estas cosas fielmente durante mucho tiempo, y así Tula prosperó.

Tezcatlipoca miró a Tula y se puso muy celoso de su buena fortuna. Además, Tezcatlipoca no había perdonado a Quetzalcóatl el insulto de haberlo derribado del cielo cuando era el Primer Sol. Y así, el dios del Espejo Humeante pensó en cómo podría provocar la caída de su hermano, la Serpiente Emplumada. Por lo tanto, Tezcatlipoca se disfrazó de joven. Preparó un poco de pulque y lo puso en un frasco. Envolvió el frasco y su espejo de obsidiana en una piel de conejo y se dirigió a Tula. Cuando llegó al palacio de Quetzalcóatl, Tezcatlipoca se acercó a los sirvientes de su hermano y les dijo—: Díganle a su señor que estoy aquí para mostrarle a él mismo.

Los sirvientes llevaron a Tezcatlipoca al palacio de Quetzalcóatl. Todavía disfrazado de joven, Tezcatlipoca dijo—: Mi señor, puedo mostrarte una cosa buena y rara. Puedo mostrarte a ti mismo como eres realmente. Muy pocos tienen este conocimiento. Creo que deberías ser uno de ellos, porque eres el señor de una ciudad poderosa, y es justo que te conozcas a ti mismo.

Quetzalcóatl dijo—: Puedes hacer esta cosa. Muéstrame a mí mismo.

Tezcatlipoca sostuvo su espejo de obsidiana. Quetzalcóatl lo miró. Y en el espejo vio a un hombre muy viejo. Su pelo y su barba eran blancos. Su piel estaba arrugada y sus manos todas nudosas—. ¡Oh!—gritó Quetzalcóatl—. ¡Soy tan viejo y feo! ¿Cómo me verá mi pueblo? ¿Cómo se pondrán de pie para mirarme? Debo esconderme y no volver a mostrar mi cara nunca más.

—No temas, mi señor—dijo Tezcatlipoca—. Tengo aquí una medicina que te devolverá tu juventud.

Tezcatlipoca ofreció la jarra de pulque a Quetzalcóatl—. No, no debo beber eso—dijo Quetzalcóatl—. Estoy enfermo.

El dios del Espejo Humeante dijo—: Tonterías. Bebe solo un poco como prueba. Verás cómo te ayuda.

Una y otra vez Quetzalcóatl rechazó el pulque. Y una y otra vez Tezcatlipoca le instó a beberlo. Finalmente, Quetzalcóatl cedió. Tomó un sorbo del pulque. ¡Estaba delicioso! Nunca había probado nada parecido. Se bebió todo el frasco, y pronto estuvo muy borracho.

Quetzalcóatl mandó a buscar a su hermana, Quetzalpétlatl. Quería que bebiera pulque con él. Quetzalpétlatl vino a Tula y fue al palacio de su hermano. Allí también bebió mucho pulque, y pronto estuvo tan borracha como su hermano. Esa noche, Quetzalcóatl estaba tan borracho que olvidó hacer ofrendas y rezar. Se olvidó de bañarse en el gran río como debería hacer un sacerdote-rey de Tula. Pasó la noche cantando y bebiendo con su hermana, y cuando ambos se cansaron de hacer algo más, fueron a la cámara de Quetzalcóatl donde se acostaron juntos en su cama hasta que el sol estuvo alto en el cielo al día siguiente.

Cuando Quetzalcóatl se despertó y vio a su hermana durmiendo a su lado, recordó lo que había hecho la noche anterior y se sintió muy avergonzado. Sabía que ya no podía ser el rey de Tula con tantos pecados en su alma. Quetzalcóatl decidió que debía hacer una penitencia y luego dejar su amada ciudad para siempre. Primero, ordenó a sus artesanos que le hicieran una buena tumba. Cuando esto se hizo, Quetzalcóatl se hizo sellar en la tumba. Permaneció allí durante cuatro días. Cuando los cuatro días terminaron, Quetzalcóatl salió de su tumba. Quemó su hermoso palacio. Enterró su oro y sus joyas. Despidió a los hermosos pájaros que le dieron sus brillantes plumas. Los árboles de cacao que transformó en mezquitas de baja calidad. Y cuando todo esto terminó, Quetzalcóatl salió de Tula, llorando todo el tiempo por la pérdida de su hermosa ciudad.

Quetzalcóatl caminó siempre hacia el este, lejos de la hermosa ciudad de Tula. Después de un tiempo, se encontró con un árbol en un lugar llamado Cuautitlán, el Lugar del Árbol. El árbol era muy viejo y nudoso. Quetzalcóatl miró el árbol y recordó lo que había visto en el espejo de Tezcatlipoca—. Somos muy viejos, tú y yo—le dijo al árbol, y desde entonces ese lugar fue conocido como Huehuequauhtitlan, el lugar del árbol viejo. Antes de dejar ese lugar, Quetzalcóatl recogió muchas piedras y las arrojó al árbol. Las arrojó con tal fuerza que penetraron profundamente en la corteza del árbol, y allí permanecieron.

La Serpiente Emplumada reanudó su viaje. Siempre hacia el este, se alejó de su hermosa ciudad. Caminó hasta que se cansó mucho. Quetzalcóatl buscó a su alrededor un lugar para descansar. Cerca de allí había una gran roca. Quetzalcóatl se apoyó en la roca, apoyándose en ella con sus manos. Mientras descansaba, miró hacia su hermosa ciudad y una vez más comenzó a llorar. Las lágrimas del dios rodaron por su cara y salpicaron en la roca. Pronto sus lágrimas habían hecho agujeros en la superficie de la roca, y cuando el dios quitó las manos, las huellas de sus manos también estaban en la roca. Desde entonces, ese lugar se llamó Temalpalco, el lugar marcado por las manos.

Una vez más, Quetzalcóatl reanudó su viaje. Caminó siempre hacia el este hasta que llegó a un lugar donde había un gran río. Quetzalcóatl quería cruzar el río, pero no había ningún puente. Así que el dios tomó muchas piedras grandes y se hizo un puente, y así cruzó el río. Y así, el lugar después se conoció como Tepanoayan, el lugar del puente de piedra.

Luego Quetzalcóatl llegó a un lugar donde había muchos hechiceros. Los hechiceros se acercaron al dios y le preguntaron—: ¿Adónde vas?

Quetzalcóatl dijo—: Voy al este, a Tlapallan.

—¿Por qué vas allí?—preguntaron los hechiceros.

—Voy porque debo—dijo Quetzalcóatl—. El sol me llama allí.

—Antes de irte—dijeron los hechiceros—enséñenos los oficios de la metalurgia y la joyería. Enséñanos los oficios de la construcción y de tejer con plumas, porque sabemos que aprendiste en estas artes.

Quetzalcóatl no quería desprenderse de este conocimiento, pero los hechiceros le obligaron a enseñarles. Cuando Quetzalcóatl les enseñó todo lo que sabía, tomó un fino collar que llevaba puesto y lo tiró en la fuente que estaba cerca. Así, ese lugar se conoció como Cozcaapan, el lugar de las aguas enjoyadas.

Quetzalcóatl dejó Cozcaapan, caminando siempre hacia el este. Mientras caminaba por el camino, se encontró con otro hechicero—. ¿A dónde vas?—preguntó el hechicero.

—Voy al este, a Tlapallan—dijo Quetzalcóatl.

—Es un buen viaje—dijo el hechicero—, pero no puedes dejar este lugar hasta que hayas bebido un poco de pulque.

Quetzalcóatl recordó su vergüenza por haber bebido pulque. Le dijo al hechicero—: No debo probar esa bebida.

—Sea como fuere—dijo el hechicero—, no te dejaré continuar tu viaje hasta que hayas probado el pulque.

Quetzalcóatl vio que no tenía otra opción. Bebió el pulque que el hechicero le dio, y pronto se emborrachó. Se acostó y se durmió rápidamente y comenzó a roncar. Y sus ronquidos eran tan fuertes que se oían a lo lejos, y la gente de lejos pensaba—: Ah, es un trueno.

Después de un tiempo, Quetzalcóatl despertó de su sueño. Miró a su alrededor y recordó dónde estaba y qué debía hacer. Se alisó el pelo y se arregló la ropa. Antes de reanudar su viaje, llamó a ese lugar Chochoca, la ciudad de los durmientes.

Quetzalcóatl viajó una y otra vez, hasta que subió al paso de la alta montaña entre el Popocatépetl, la montaña humeante, y el Iztac Tepetl, la montaña blanca. Allí empezó a nevar. Ráfagas blancas bajaron del cielo y el viento se volvió frío. Había mucho hielo en el camino. Hacía tanto frío que los sirvientes que habían acompañado Quetzalcóatl murieron, y el dios los lloró mucho. Y cuando el dios terminó de cantar lamentos para sus sirvientes, siguió viajando a través de las montañas. Se dice que cuando necesitaba bajar una montaña, descansaba sentado en la nieve y el hielo y se deslizaba hasta el fondo.

Dondequiera que Quetzalcóatl iba, hacía algo por la gente de los pueblos y ciudades por las que pasaba. En algunos lugares, construyó canchas de pelota. En otros, plantó cactus de maguey.

Quetzalcóatl hizo muchas maravillas y muchas cosas útiles en su viaje, y dio nombres a todos los lugares a los que fue.

Finalmente, Quetzalcóatl llegó a la orilla del mar. Y nadie sabe exactamente lo que le pasó allí, porque hay dos historias que cuentan el destino de la Serpiente Emplumada. Uno dice que se construyó una balsa de serpientes y navegó hacia el este, a Tlapallan, la tierra roja, y los que creen en esta historia dicen que algún día Quetzalcóatl regresará.

El otro cuento dice que cuando llegó a la orilla del mar, recogió mucha madera y encendió una gran hoguera. Cuando el fuego era lo suficientemente grande y caliente, Quetzalcóatl se arrojó sobre él. En el fuego, su cuerpo se transformó, y se elevó al cielo donde se convirtió en la Estrella de la Mañana. Y los que creen en esta historia dicen que desde entonces Quetzalcóatl ha actuado como heraldo del sol, conduciéndolo al cielo cada nuevo día.

Tercera Parte: Mitología Inca

Mitos fascinantes incas sobre los dioses, diosas y criaturas legendarias

Introducción

Desde su inicio en algún momento del siglo XIII hasta su caída tras la llegada de los españoles en el siglo XVI, el Imperio inca fue una unidad política y geográfica compleja y bien estructurada que abarcaba una gran extensión del oeste de Sudamérica, desde partes de lo que hoy son Ecuador y Colombia al norte hasta partes de Argentina y Chile al sur, mientras que lo que hoy es Perú y partes del oeste de Bolivia constituían la parte central. El Imperio inca no se componía de una sola cultura unitaria, sino que era una especie de federación de muchos pueblos bajo la autoridad del *Inca Sapa*, el emperador que gobernaba desde la capital de Cuzco y que se decía que era el hijo del dios sol, Inti. El idioma principal del imperio era el quechua, pero el aymara y otros idiomas también eran hablados por los diversos pueblos que vivían en los cuatro *suyu*s, o provincias, que conformaban el imperio.

Al igual que otras culturas de América Central y del Sur que fueron víctimas del colonialismo español, los mitos de los incas han sido transmitidos a nosotros a través de un filtro occidental y cristiano, ya que muchas de estas historias fueron recogidas por escritores españoles y escritas con diversos grados de precisión, integridad y parcialidad hacia las culturas indígenas que las produjeron. Nos vemos aún más obstaculizados con respecto al mito incaico en el sentido de que los incas pre coloniales parecen no haber tenido un lenguaje escrito, como lo tenían los mayas y los aztecas; por lo tanto, no tenemos textos incaicos indígenas que hayan sobrevivido a la rapacidad colonial como sucede con las culturas mesoamericanas, y por lo tanto no tenemos nada con que comparar los testigos de los escritores españoles. Además, los textos que fueron compilados por los escritores indígenas incas después de la conquista traicionan la fuerte influencia de la cristianización.

Dicho esto, es importante señalar que los incas tenían un sistema de cuerdas y nudos, conocido como *quipus*, que utilizaban para llevar un registro de los datos de los censos y los bienes, pero existe un debate considerable sobre si el quipu podría haberse utilizado también para registrar relatos narrativos. Académicos como Gary Urton han argumentado que algunos quipus que permanecen sin descifrar podrían de hecho contener tales narraciones. Si se pudieran traducir, serían una valiosa comprobación del testimonio de los primeros etnógrafos colonialistas.

La religión oficial inca se centraba en la adoración del Sol en un complejo de templos en Cuzco, pero Inti, el dios sol, era solo una de las muchas deidades veneradas por los incas. Había varios dioses creadores, cada uno de los cuales tenía sus propios mitos asociados, pero también había cientos de *huacas*, una especie de seres espirituales divinos que podían adoptar una forma corpórea a voluntad y que se veneraban en santuarios, también conocidos como *huacas,* en todo el imperio. A menudo estos santuarios se centraban en algún tipo de monumento hecho de piedra, y muchos de estos santuarios y lugares sagrados siguen en pie en toda la región andina hoy en día.

A lo largo de los relatos presentados en este libro vemos la importancia de la piedra y de las montañas, que son un rasgo geográfico primordial de la costa occidental de América del Sur. Muchos de los cuentos contienen una escena en la que una figura divina o mortal se transforma en piedra, convirtiéndose así en una *huaca* que posteriormente es venerada como un lugar sagrado, mientras que otros cuentos contienen una escena en la que una figura se transforma en toda una montaña. Los mitos de los dioses incaicos en la primera sección del libro explican cómo se creó el mundo y también detallan las aventuras de varias deidades mientras compiten por la supremacía o actúan como embaucadores en los mundos de los mortales y las *huacas* por igual. La segunda sección contiene el mito del origen del imperio inca, que fue usado para justificar la legitimidad política inca. Esta sección también presenta otros relatos sobre los actos mitológicos de los emperadores incas y sus interacciones con seres divinos. La última sección contiene una colección de cuentos populares andinos y una versión narrativa en prosa del drama del siglo XVIII *Apu Ollantay*, que puede haberse basado en un antiguo cuento inca y que cuenta la historia del amor prohibido entre Cusi Coyllur, hija del inca Pachacuti, y el valiente guerrero Ollantay, cuyo nombre también adorna la fortaleza inca de Ollantaytambo, al norte del Cuzco.

Aunque este libro presenta estos cuentos bajo la denominación de "mitos incas", son de hecho historias de varias culturas diversas. Los dioses que crean y destruyen, juegan trucos y viajan por el mundo con apariencia humana, son seres regionales, venerados en lugares particulares por pueblos particulares dentro del mundo inca. Lo que los une a todos es el deseo humano de tener razones, explicaciones de por qué el mundo es como es, y el deseo de explorar el amor, el miedo, la lealtad, el deseo de poder, y muchas otras cosas que nos hacen humanos.

PARTE I: HISTORIAS DE LOS DIOSES

Viracocha crea el mundo

Algunos mitos de origen incaico se centran en la zona alrededor del lago Titicaca, que se encuentra en la cordillera de los Andes en la frontera del sudeste de Perú y el centro oeste de Bolivia. El lago Titicaca es el lago más grande de Sudamérica y es un rasgo llamativo de la geografía andina que es fácilmente visible desde el espacio. En los mitos de la creación incaica, el lago Titicaca y la isla del Sol, la mayor isla del lago, funcionan como una especie de nexo cósmico del que surge el creador para hacer el mundo.

Uno de los principales creadores en la mitología inca es un ser llamado Viracocha, que puede ser traducido como "espuma del mar". En su libro sobre el mito inca, Gary Urton señala que Viracocha era principalmente una deidad de las tierras altas de los Andes, y que en las tierras bajas, se pensaba que la creación era obra de un ser llamado Pachacamac. El mito de las tierras altas afirma que Viracocha es el que inicia la creación, pero cuando llega el momento de poblar el mundo, recurre a la ayuda de dos hijos,

Imaymana Viracocha y Tocapu Viracocha. Cada uno de los Viracochas va en una dirección diferente para llamar a la gente a la existencia y darles sus culturas, idiomas e instrucciones de cómo vivir en los lugares que van a llamar hogar.

El hecho de que Viracocha sea aparentemente una especie de trinidad ha llevado a especular que el mito se contaminó de alguna manera con la doctrina cristiana después de la conquista española del Perú y la imposición de las creencias católicas a la población indígena. Sin embargo, el concepto de un dios triuno o de seres divinos que de otra manera trabajan juntos en grupos de tres se encuentra en muchas culturas de todo el mundo. Por lo tanto, los estudiosos siguen debatiendo si la aparente naturaleza triple de Viracocha es un rasgo de la creencia nativa inca o si fue algo injertado en la leyenda de la creación por los incas en un intento de ajustarse a las exigencias religiosas de sus conquistadores cristianos.

Hace mucho, mucho tiempo, había oscuridad. Y en la oscuridad había un lago. Los cielos eran oscuros, las aguas del lago eran oscuras, y el nombre del lago era Titicaca.

De las aguas del lago salió Con Tici Viracocha Pachayachachic, el Creador de todas las cosas. Viracocha surgió de las profundidades del lago Titicaca, de la oscuridad de las aguas se levantó, y alrededor de él creó un mundo. Pero era un mundo sin luz, ya que Viracocha no creó ni un sol ni una luna, ni creó ninguna estrella. Y en este mundo sin luz, Viracocha esculpió una raza de gigantes, hombres y mujeres enormes para poblar la tierra, y los pintó con todo tipo de colores.

—¡Vivan!—dijo Viracocha a los gigantes—. Vivan, caminen, respiren, y hablen. Vivan sin pelearse entre ustedes. ¡Vivan, y sirvan y obedezcan a su Creador!

Los gigantes cobraron vida por la palabra de Viracocha. Anduvieron en la oscuridad de ese mundo sin sol, ni luna, ni estrellas. Pero pronto se pelearon entre ellos, y olvidaron servir y obedecer a Viracocha, así que Viracocha convirtió a algunos de ellos en grandes piedras. A otros los destruyó abriendo la tierra bajo los pies de los gigantes. Los gigantes cayeron en la tierra que se cerró sobre ellos. Otros fueron destruidos por grandes olas que los arrastraron hacia el mar. No se volvió a ver a ninguno de los gigantes.

Viracocha estaba consternado por el fracaso de su creación. Hizo llover durante sesenta días y sesenta noches. Llovía y llovía, y pronto los arroyos y ríos comenzaron a desbordarse. Los lagos se desbordaron. La lluvia cayó y el agua subió, y pronto el mundo entero se cubrió con las aguas del diluvio. Todo lo que Viracocha había hecho fue arrastrado.

Cuando las aguas del diluvio retrocedieron, Viracocha regresó al lago Titicaca. Fue a la isla que se encuentra en las aguas del lago, la isla del Sol. Viracocha pensó que esta vez comenzaría su creación de manera diferente. Esta vez, Viracocha creó luces en los cielos antes de hacer cualquier otra cosa. Creó el sol, la luna y las estrellas, y las puso en su lugar en los cielos.

El sol salió, y se complació con su brillo—. Soy la cosa más brillante de los cielos—dijo el sol—. Todos me mirarán con asombro.

Luego salió la luna, y era aún más brillante que el sol. Esto hizo que el sol se pusiera celoso. El sol bajó y tomó un puñado de cenizas. Le arrojó las cenizas a la luna. La cara de la luna se moteó con las cenizas que el sol le arrojó, oscureciendo su luz.

Después de crear las luces en los cielos, Viracocha dejó la isla del Sol y se fue a Tiahuanaco. Viracocha tomó las piedras que encontró en las orillas del lago. Moldeó las piedras a la semejanza de las personas, pero no convirtió a estas nuevas personas en gigantes. Les dio a las diferentes personas diferentes características. Les dio diferentes ropas para que las usaran. Les dio idiomas para hablar y canciones para cantar, y les dio semillas para que pudieran cultivar su propia comida.

Cuando el pueblo estaba hecho, Viracocha le dio vida. Luego los envió a un viaje por debajo de la tierra. La gente viajó bajo tierra, cada uno tomando el camino que debía seguir, según el vestido que llevaban y el idioma que hablaban. Salieron de la tierra cuando llegaron a los lugares que Viracocha les había dado para vivir. Algunos de ellos salieron de las aguas de ríos y manantiales. Otros salieron de las bocas de las cuevas. Algunos de ellos salieron de la piedra de las montañas. Dondequiera que la gente emergía, allí hacían sus casas.

Con Tici Viracocha tuvo dos hijos. Uno se llamaba Imaymana Viracocha. El otro se llamaba Tocapu Viracocha. Antes de enviar a la gente a sus viajes bajo tierra, Con Tici Viracocha se los mostró a sus hijos. Con Tici Viracocha dijo—: Observen a la gente con cuidado. Recuerden cómo se ven y cómo se visten. Recuerden cómo hablan, y recuerden las canciones que cantan. Porque tendremos deberes para con los pueblos de la tierra una vez que hayan emergido a los lugares que serán sus hogares.

Con Tici Viracocha envió a Imaymana a las montañas y a la selva. Tocapu Viracocha fue al lugar donde el mar se encuentra con la tierra y recorrió la costa. Con Tici Viracocha fue por el valle del río hacia el Cuzco. En todos esos lugares, cada Viracocha proclamó en voz alta a todos los pueblos que debían obedecer a Con Tici Viracocha Pachayachachic, que ordenó que hicieran sus casas en los lugares donde habían surgido y que se multiplicaran y poblaran la tierra. Y fue entonces cuando la gente salió de los manantiales y ríos, de las cuevas y montañas. Salieron por orden de Con Tici Viracocha, la orden que fue pronunciada por sus hijos y por el mismo Con Tici Viracocha. Mientras llamaban a la gente a salir a sus nuevas tierras, Viracocha y sus hijos enseñaron a la gente todas las cosas que necesitaban saber para vivir. Mostraron a la gente cómo cultivar plantas para la alimentación. Mostraron a la gente qué plantas podían ser usadas para la medicina. Le enseñaron a la gente los nombres de todas las plantas y de las criaturas.

Viracocha decidió entonces hacer un viaje. Se puso su capa de viaje, tomó su bastón y se puso en camino. Hacia el norte, Viracocha caminó, yendo hacia la ciudad de Cuzco. En su camino, llegó a un pueblo llamado Cacha. El pueblo que surgió en este lugar al llamado de Viracocha y sus hijos se llamaba el pueblo de Caná. Vinieron al mundo armados para la guerra, y eran gente muy feroz y peligrosa. Los caná vieron a Viracocha venir por el camino, pero no reconocieron a su Creador. Se armaron y salieron de su aldea, pensando que matarían a este extraño que se atrevió a acercarse a sus tierras.

Viracocha vio a los hombres armados que se acercaban a él. Sabía que no tenían buenas intenciones, y se enfadó porque atacarían al que los había creado y les había dado un buen lugar para vivir. Viracocha levantó sus manos al cielo y llamó a una lluvia de fuego. El fuego aterrizó en la ladera donde estaban los hombres armados, incendiando la hierba. El pueblo de Caná se dio cuenta de su error. Cayeron ante Viracocha y le pidieron perdón. Viracocha se apiadó de ellos. Tomó su bastón y apagó todas las llamas, pero no hizo que la hierba volviera a crecer. Ese lugar permaneció quemado y seco para siempre, e incluso las mismas piedras fueron alteradas por las llamas de Viracocha: el fuego quemó su peso para que incluso la mayor de las piedras pudiera ser llevada por un solo hombre.

Dejando atrás al pueblo de Caná, Viracocha continuó caminando hacia el norte. Caminó siempre hacia el norte hasta que llegó a un lugar llamado Urcos, donde subió a la montaña y se sentó en su cima. Allí llamó a otro grupo de personas, para que vivieran en las alturas de la montaña. Los llamó y vinieron, y le explicó que él era el Creador que los había hecho. La gente adoraba a Viracocha. Hicieron una *huaca*, que es un lugar sagrado para los dioses, y allí colocaron una imagen de Viracocha que estaba toda hecha de oro, y la pusieron sobre un banco que también estaba hecho de oro.

Cuando el pueblo de Urcos estaba bien establecido en su nuevo hogar, y cuando la *huaca* había sido construida y consagrada apropiadamente, Viracocha reanudó su viaje hacia el norte. Siguió el camino hacia el Cuzco, y a medida que avanzaba, convocó a nuevos pueblos y los instruyó en las formas en que debían vivir. Finalmente, llegó a Cuzco, que es el nombre que el propio Viracocha le dio a ese lugar. Viracocha llamó a un hombre llamado Alcaviza, que fue nombrado primer señor de Cuzco. Entonces

Viracocha ordenó que el pueblo inca emergiera a ese lugar una vez que Viracocha hubiera partido para continuar su viaje.

Viracocha viajó una y otra vez, siguiendo el camino hasta que llegó al lugar que ahora se llama Puerto Viejo. En Puerto Viejo, los hijos de Viracocha fueron a encontrarse a su padre. Una vez que se reunieron, Viracocha y sus hijos bajaron a la costa, porque allí es donde partieron de este mundo. Una gran multitud se había reunido para saludar a su creador y escuchar lo que tenía que decirles. Viracocha dijo—: Debo dejarlos ahora, pero les contaré las cosas que están por venir. Con el tiempo, llegará gente a sus tierras, gente que dice ser yo, ser Viracocha el creador de todas las cosas. No deben escucharlos, porque hablan con falsedad. Solo yo soy Con Tici Viracocha, y me ocuparé de ustedes enviando mensajeros que los protegerán y les enseñarán cosas que deseo que aprendan.

Después de que Viracocha habló a la gente, él y sus hijos salieron al océano. Caminaron siempre hacia el oeste hasta que desaparecieron de la vista, y la gente se maravilló al verlos caminar sobre el agua que pisaban tan ligeramente como lo habían hecho sobre la tierra firme. Así es como la gente llamó a su creador Viracocha, que significa "espuma del mar".

Y esa es la historia de cómo Viracocha creó el mundo y lo llenó de gente.

El cuento de Pachacamac

Si bien Viracocha fue un dios creador para los incas de las tierras altas, Pachacamac fue adorado por los pueblos costeros de las tierras bajas. Lamentablemente, la mayor parte de la mitología relativa a Pachacamac se ha perdido, en parte porque su culto fue desplazado por el culto al sol cuando los incas se apoderaron de la zona que había adorado a Pachacamac y en parte como resultado de la cristianización del Perú después de la conquista. Gary Urton señala que el principal mito sobre Pachacamac fue preservado por

Antonio de la Calancha, un clérigo español que escribió una crónica de los incas a mediados del siglo XVII.

Pachacamac es también el nombre de un importante sitio arqueológico que contiene las ruinas de varios templos y otros edificios. Uno de ellos era el único templo de Pachacamac en todo el imperio inca, y como tal, se convirtió en un sitio de peregrinación. El templo fue saqueado por el conquistador Hernando Pizarro en 1533.

Hace mucho, mucho tiempo, en el mismo comienzo de las cosas, había un hijo del Sol, y su nombre era Con. Con tenía un gran poder: si llegaba a una montaña demasiado alta para él, la bajaba, y si llegaba a un valle demasiado bajo para él, lo subía. Con anduvo por el mundo creando gente para vivir en él. Creó a las personas, y también creó todo lo que necesitaban para alimentarse. Les dio buena tierra para cultivar, tierra fértil y fácil de trabajar, y mucha lluvia para regar sus cultivos y huertos.

Pero no todo estaba bien con la gente. Se comportaron muy mal y no trataron a Con con reverencia. Por lo tanto, Con decidió que castigaría a la gente. Esto lo hizo haciendo que la lluvia dejara de caer. Todos los campos que la gente usaba para cultivar su comida se secaron y se convirtieron en desiertos, y la única agua que tenían provenía de los ríos y arroyos que fluían a través de sus tierras. La gente tuvo que trabajar mucho más duro para cultivar sus alimentos porque ya no tenían suficiente lluvia del cielo. Tuvieron que cavar canales en los ríos para llevar agua a sus campos. Era un trabajo muy duro, y los cultivos no crecían tan bien como antes del castigo de Con.

Con no era el único hijo del Sol. Tenía un hermano, hijo del Sol y de la Luna, llamado Pachacamac. Pachacamac vio a toda la gente que su hermano creó, y pensó para sí mismo que si él era el creador, podría hacerlo mucho mejor. Así que Pachacamac expulsó a Con del mundo. Luego convirtió a todas las personas que Con había creado en bestias. Algunos de ellos se convirtieron en monos. Algunos se convirtieron en zorros. Algunos se convirtieron en pájaros. Pero cuando Pachacamac terminó, no había más gente que viviera en la tierra, que hiciera terrazas y cultivara el suelo.

Pachacamac creó entonces un hombre y una mujer. Pero no les proporcionó comida, y pronto el hombre murió. La mujer no sabía qué hacer. Estaba sola en el mundo y no tenía nada que comer. Se enfrentó al Sol y dijo—: Oh Padre Sol, no tengo nada que comer. No tengo familia. No sé qué hacer. ¡Por favor, ayúdame!

El Sol miró a la mujer y vio que era muy hermosa. El Sol la deseaba, y por eso envió sus rayos sobre ella para que quedara embarazada. El niño creció en el vientre de la mujer y nació después de solo cuatro días.

Pachacamac vio que la mujer había dado a luz a un niño por el Sol. Esto lo hizo muy enojado y celoso. Pachacamac juró venganza, y entonces se llevó al niño y lo hizo pedazos. Pachacamac esparció los pedazos por toda la tierra, y de los pedazos, empezaron a brotar plantas útiles para la alimentación. De los dientes brotó el maíz. De los huesos brotó la mandioca. De la carne brotaron todo tipo de frutas y verduras.

El Sol vio lo que Pachacamac había hecho con su hijo y se entristeció mucho. Decidió hacerse otro hijo, usando las partes del cuerpo que Pachacamac no había esparcido. El Sol tomó el pene y el ombligo del niño desmembrado, y de estos pedazos creó otro niño entero, al que llamó Vichama. Así como al Sol le gusta viajar a través del cielo, a Vichama le invadió el deseo de viajar, y así un día, se puso en marcha, dejando a su madre atrás.

Cuando Pachacamac se enteró de que el Sol había hecho otro niño con los pedazos del primero, se enfureció. Fue a donde estaba la mujer y la mató. Luego tomó su cuerpo y se lo dio a los buitres y cóndores como comida. Entonces Pachacamac hizo un nuevo hombre y una nueva mujer, y tuvieron muchos hijos, y sus hijos tuvieron muchos hijos, y finalmente la tierra se pobló de nuevo. Pachacamac decidió que el pueblo necesitaba una forma de gobernarse a sí mismo, y por eso nombró a algunos de ellos como *curacas*, que tenían autoridad sobre todos los demás.

Después de un tiempo, Vichama regresó de su viaje. Lloró al oír que Pachacamac había matado a su madre y había arrojado su cuerpo a los buitres y cóndores para comer. Vichama salió y buscó todos los pedazos del cuerpo de su madre. Los volvió a juntar cuidadosamente, y cuando terminó, ella era una mujer completa de nuevo. Entonces Vichama la devolvió a la vida.

Pachacamac vio que Vichama había vuelto y que había devuelto a su madre a la vida. Temía el poder de Vichama y su ira. Por lo tanto, Pachacamac bajó a la orilla del mar donde se adentró en las olas, yendo más y más lejos hasta que el agua se lo tragó y se perdió de vista.

Una vez que Pachacamac se fue, Vichama convirtió en piedra a todas las personas que Pachacamac había creado. Pero los que habían sido curacas cuando estaban vivos, se convirtieron en *huacas* para ser usadas como santuarios para honrar a los dioses. Así fue como los curacas mantuvieron el alto estatus que Pachacamac les había dado.

Una vez más, el mundo estaba sin gente. Por lo tanto, Vichama rezó a su padre, el Sol, para que le ayudara a hacer que más gente viviera en la tierra. El Sol le dio a Vichama tres huevos. Uno de ellos era de oro. Uno era de plata. El tercero era de cobre. Uno por uno, Vichama abrió los huevos, y de ellos surgieron diferentes tipos de personas. Del huevo de oro salieron los curacas y los nobles. Del huevo de plata surgieron las mujeres. Del huevo de cobre surgieron los plebeyos, tanto hombres como mujeres, y sus hijos. Y de esta manera, el mundo se llenó de gente una vez más.

Cuniraya y la doncella

En este cuento, vemos a Viracocha con el nombre de Cuniraya en su disfraz de embaucador, y también vemos cómo las deidades incas podían ser muy humanas, sintiendo lujuria y orgullo, vergüenza y deleite. Esta leyenda también funciona como una historia justa, explicando cómo ciertos animales llegaron a tener sus rasgos distintivos, por ejemplo, por qué el cóndor se da un festín con llamas muertas y por qué el zorrino huele tan mal.

Los incas, como muchas otras culturas del mundo, también contaban historias de nacimientos misteriosos y milagrosos. En este caso, la mujer Cavillaca queda embarazada cuando come un fruto encantado del árbol de lúcuma, que es una planta de hoja perenne que crece en los valles andinos de Perú y Ecuador.

Un día, en el principio del mundo, Cuniraya Viracocha tuvo la idea de hacer un viaje. Había terminado de crear la tierra, las plantas y los animales, los pájaros estaban en el cielo, y la gente vivía en los lugares que les había dado para sus casas. Su trabajo de creación había terminado, y así Cuniraya sintió que era hora de viajar por el mundo.

Cuniraya tomó su bastón y se dio a sí mismo la apariencia de un hombre muy viejo y muy pobre. Su piel estaba arrugada, y su cabello era blanco. Se apoyó en su bastón como si necesitara su apoyo. Y con esta apariencia, Cuniraya se puso en camino. Fue a muchos lugares, y en todos los lugares a los que fue, la gente de allí lo trató mal—. ¡Vete, viejo!—le gritaban—. ¡No nos sirve de nada un viejo mendigo como tú!

Pero Cuniraya no les prestó atención. Continuó su camino, viendo lo que había que ver.

Un día, Cuniraya se encontró con una doncella que estaba sentada bajo un árbol de lúcuma. La doncella se llamaba Cavillaca, y era una *huaca*, o un ser del espíritu divino. Cavillaca estaba ocupada tejiendo, y sus hábiles dedos tiraban de los hilos de su telar, convirtiendo la brillante lana en algo hermoso.

Cavillaca era muy hermosa, y todas las *huacas* macho competían por su favor, pero ella nunca prestó atención a sus avances, permaneciendo soltera y desconocida por cualquier hombre. Cuniraya vio a Cavillaca y la deseó para sí mismo, pero sabía que ella no lo tendría, así que pensó en tener un hijo con ella por medio de un truco. Cuniraya se transformó en un pájaro y se iluminó en una rama del árbol de lúcuma. Allí tomó algunas de sus semillas y las convirtió en una fruta madura de lúcuma. Dejó caer la fruta cerca de la mujer y esperó a ver qué hacía. Cavillaca notó la brillante fruta en el suelo a su lado. Hacía tiempo que no comía y tenía hambre, así que cogió la fruta y se la comió. Y de esta manera Cavillaca quedó embarazada sin haber tenido nunca relaciones con un hombre.

Cuando cumplió nueve meses, Cavillaca dio a luz a un hermoso niño. Ella amamantó al niño en su pecho y se preguntaba a menudo quién podría ser el padre. El niño creció, feliz y fuerte, y pronto fue capaz de gatear. Fue entonces cuando Cavillaca decidió averiguar quién era el padre de su hijo. Envió un mensaje a todas las demás *huacas*, diciendo—: Deseo saber quién es el padre de mi hijo. Si lo conocen, vengan a decírmelo. —les dijo que se reuniría con ellos un día determinado en un lugar llamado Anchi Cocha.

Todas las *huacas* se alegraron mucho al escuchar la convocatoria de Cavillaca. Esperaban que ella escogiera a uno de ellos como esposo en la reunión. El día de la reunión, se vistieron con sus mejores galas y se sentaron en el lugar que Cavillaca había reservado. Cavillaca les mostró a su hijo y les dijo—: Aquí está mi hijo. Quiero saber quién es el padre. ¿Alguno de ustedes lo conoce? ¿Quién de ustedes es el padre?

Pero todos los hombres se sentaron en silencio, pues ninguno podía afirmar con certeza ser el padre del niño.

Cuniraya Viracocha también había escuchado la citación de Cavillaca, y estaba allí en la reunión. Se sentó al final del grupo, con sus harapos de mendigo y apoyado en su bastón, con la barba blanca de viejo arrastrándose hacia su pecho. Pero aunque sabía que era padre del niño, no habló, y Cavillaca no se dirigió a él, pensando que un pobre mendigo no era digno de su atención.

Cuando ninguno de los jóvenes admitió ser el padre del niño, Cavillaca dijo—: Si no reclaman al niño como suyo, el niño reclamará a su propio padre. Lo dejaré en el suelo, y aquel a quien vaya deberá ser su padre. —Luego puso al niño en el suelo y dijo—: ¡Ve y encuentra a quien te engendró!

El niño se arrastró entre la multitud de jóvenes, sin detenerse a saludar a ninguno de ellos. Siguió adelante, gateando a cuatro patas como lo hacen los niños, hasta que llegó a Cuniraya. Allí el niño se detuvo y se subió a las rodillas de su padre.

Cavillaca vio a quién había saludado el niño y se quedó consternada—. ¡Triste!—gritó—. ¡Tristemente el padre de mi hijo es un mendigo de poca monta, un pobre hombre sin importancia!

Llorando, Cavillaca cogió a su hijo y corrió de ese lugar, bajando directamente a la orilla donde pensó en arrojarse a sí misma y a su hijo al mar. Corrió a través de la arena y hacia las olas y no se detuvo hasta que llegó a las aguas profundas, donde ella y su hijo se convirtieron en piedra. Y hasta el día de hoy, hay dos piedras en ese lugar que parecen personas.

Cuando Cavillaca huyó, Cuniraya la siguió. Corrió tras ella tan rápido como pudo, gritando su nombre, pero pronto estuvo tan adelantada que no supo por dónde había ido. Mientras Cuniraya intentaba seguir a Cavillaca, se encontró con un cóndor.

—Hermano Cóndor—dijo Cuniraya—dime, ¿ha visto a una joven pasar corriendo por aquí?

—Sí, la vi—dijo el cóndor—. Se fue por ahí. Deberías encontrarla pronto.

—Te estoy agradecido—dijo Cuniraya—y por eso te daré un regalo. Te daré una larga vida. Te dejaré comer hasta hartarte de los animales muertos que encuentres en las montañas. Y la gente que te mate también morirá.

Cuniraya dejó al cóndor y volvió a su búsqueda de Cavillaca. Pronto Cuniraya se encontró con una mofeta.

—Hermana mofeta—le dijo—dime, ¿ha visto a una joven pasar corriendo por aquí?

—Sí, la vi—dijo la mofeta—. Se fue por ahí. Pero dudo que alguien tan viejo como tú pueda atraparla; corrió como el viento.

Cuniraya se sintió insultado por lo que le dijo la mofeta, así que le echó una maldición—. ¡Nunca verás la luz del día! ¡Solo andarás de noche, y olerás tan mal que ningún otro animal querrá acercarse a ti!

Cuniraya dejó la mofeta y volvió a su búsqueda de Cavillaca. Pronto Cuniraya se encontró con un puma.

—Hermano Puma—dijo Cuniraya—dime, ¿viste a una joven pasar corriendo por aquí?

—Sí, la vi—dijo el puma—. Se fue por ahí no hace mucho tiempo. Deberías encontrarla pronto.

—Te estoy agradecido—dijo Cuniraya—y por eso te daré un regalo. Comerás muchas llamas gordas, y si la gente te mata, lo harán para poder usar tu cabeza en los festivales. De esa manera siempre podrás bailar en los festivales, también.

Cuniraya dejó al puma y volvió a su búsqueda de Cavillaca. Pronto Cuniraya se encontró con un zorro.

—Hermano Zorro—dijo Cuniraya—dime, ¿has visto a una joven pasar corriendo por aquí?

—Sí, la vi—dijo el zorro—pero eso fue hace mucho. Debe estar muy lejos de aquí ahora. No creo que la alcances nunca.

Lo que dijo el zorro hizo que Cuniraya se enfadara mucho—. ¡Una maldición sobre ti!—dijo Cuniraya—. Siempre te escabullirás con astucia, y la gente dirá que eres un ladrón y un embaucador. Si te matan, no usarán tu cuerpo como alimento, ¡y ni siquiera usarán tu piel como ropa o adorno!

De la misma manera que se había encontrado a los otros animales, Cuniraya se encontró con un halcón.

—Hermana Halcón—dijo Cuniraya—¿ha visto a una joven doncella corriendo por aquí?

—La he visto—dijo el halcón—y no hace mucho tiempo. Creo que debes estar cerca de ella.

—Una bendición para ti—dijo Cuniraya—. Tendrás otros pájaros para tu comida en gran cantidad. A veces la gente te matará, pero cuando lo hagan, te honrarán con el sacrificio de una llama. Te pondrán sobre sus cabezas cuando bailen en los festivales. De esa manera siempre podrás bailar en los festivales también.

Cuniraya siguió su camino, todavía persiguiendo a Cavillaca. Corrió y corrió hasta que se encontró con unos pericos. Les hizo la misma pregunta que a los otros animales, y ellos respondieron—: Oh, ella está muy lejos de aquí. Corría tan rápido que nunca la alcanzarás por mucho que lo intentes.

—¡Una maldición sobre ustedes!—dijo Cuniraya—. Siempre volarán por ahí chillando y gritando, y la gente les odiará y les echará de sus campos y huertos.

Dondequiera que Cuniraya iba, pedía noticias de la doncella Cavillaca. Si le daban buenas noticias y ánimo, daba una bendición. Pero los que le daban malas noticias, una maldición.

Cuniraya corrió una y otra vez, persiguiendo a Cavillaca. Pero nunca la atrapó. Cuniraya llegó a la orilla del mar y descubrió que la doncella y su bebé habían salido a las profundidades del océano donde se habían convertido en piedra.

Viendo que ya no tenía sentido tratar de encontrar a Cavillaca, Cuniraya se volvió hacia el interior. Caminó hasta llegar al lugar donde vivían las hijas de Pachacamac, junto con una serpiente gigante que era su guardián. La madre de las niñas se llamaba Urpay Huachac, y cuando Cuniraya llegó a ese lugar, se encontró con que la madre no estaba, ya que había ido a visitar a Cavillaca en su nuevo hogar en el mar.

Cuniraya miró a las hijas de Pachacamac, y las deseó mucho. Entró en la casa e hizo el amor con la hija mayor, pero cuando intentó hacer lo mismo con la menor, ella se convirtió en paloma y se fue volando. Y así fue como su madre se llamó Urpay Huachac, que significa "Da a luz a las palomas".

En esa época, todos los peces que había en el mundo vivían en un pequeño estanque cerca de la casa de Urpay Huachac. No había ni un solo pez en el océano. Cuniraya estaba enojado porque la hija menor no quería dormir con él, así que sacó todos los peces del estanque y los arrojó al océano, diciendo—: Urpay Huachac se ha ido al océano a visitar Cavillaca. ¿Por qué no van y se unen a ellos allí?—y así es como el océano llegó a estar lleno de peces.

Después de arrojar todos los peces al océano, Cuniraya se alejó de ese lugar y continuó su viaje. Pero pronto Urpay Huachac volvió a casa, y sus hijas le contaron todo lo que Cuniraya había hecho mientras estuvo allí. Urpay Huachac estaba furiosa porque Cuniraya se había atrevido a dormir con su hija mayor y que él también se había atrevido a ir tras la más joven, así que Urpay Huachac fue corriendo tras Cuniraya tan rápido como pudo, llamándolo por su nombre todo el tiempo.

Muy pronto, Cuniraya oyó a Urpay Huachac llamándolo, y se detuvo a esperarla—. ¿Qué quieres de mí?—le dijo.

—Quiero quitarte los piojos de la cabeza—dijo Urpay Huachac.

—Muy bien—dijo Cuniraya, y la dejó coger los piojos de su cabeza.

Pero Urpay Huachac tenía un plan. Pretendía destruir a Cuniraya en venganza por lo que él había hecho a sus hijas. Algunos dicen que Urpay Huachac hizo un gran agujero en el suelo para que ella pudiera arrojar a Cuniraya en él. Otros dicen que ella creó una gran piedra que pretendía dejar caer sobre su cabeza. Pero cualquiera que fuera el plan que tenía, Cuniraya sabía que Urpay Huachac no tenía buenas intenciones con él, así que la dejó, diciendo que necesitaba aliviarse. Una vez que estuvo fuera de su vista, huyó a otro pueblo, y así escapó de la ira de Urpay Huachac.

Y así fue como Cuniraya siguió su viaje por el mundo, viendo lo que había que ver y jugando con la gente y las *huacas* por igual.

La historia de Huanacauri

Una de las características de la mitología inca es el concepto de dioses multi partitos. Vemos esto con Viracocha, que parece haber sido concebido como una trinidad, y también con Pariacaca, un dios que aparentemente es cinco seres en uno. Pariacaca no solo es un ser complejo, sino que aparentemente es capaz de engendrar un hijo incluso antes de que él mismo nazca: el héroe de este cuento, Huanacauri, es el hijo de Pariacaca, pero el propio Pariacaca sigue confinado dentro de los cinco huevos de cóndor de su propia génesis.

Aunque es el hijo de un dios, Huanacauri es un hombre pobre. Se enamora de la hija de un hombre rico y consigue casarse con ella, pero al hacerlo, se enemista con su rico y orgulloso cuñado, al que Huanacauri derrota en una serie de concursos y que finalmente se transforma en un ciervo. Por lo tanto, este mito también funciona como un cuento con moraleja contra el orgullo y el maltrato de los menos afortunados.

Esta historia y otras sobre el dios Pariacaca están registradas en el llamado Manuscrito de Huarochirí. Está escrito en quechua y fue compilado en el siglo XVI por Francisco de Ávila, un clérigo español cuya misión era erradicar las creencias incaicas tradicionales y sustituirlas por el cristianismo. Este manuscrito, que fue redescubierto en una biblioteca de Madrid en 1939, fue parcialmente destruido durante la Segunda Guerra Mundial, aunque se conservan varias copias modernas de su contenido. El manuscrito está dedicado a los mitos, leyendas y creencias religiosas de la provincia de Huarochirí, que es una zona del centro-oeste del Perú en las cercanías de Lima.

Había una vez un hombre llamado Huanacauri que era tan pobre que vivía de las papas que recogía de los campos de otros que luego asaba en fosos en la ladera de la colina. Podía haber sido pobre, pero Huanacauri era el hijo del poderoso dios Pariacaca, y así su vida fue bendecida, y realizó muchas maravillas.

No muy lejos de donde vivía el pobre había un hombre muy rico llamado Tantañanca. Tantañanca vivía en una casa cubierta con las coloridas plumas de pájaros, y la suave y gruesa paja brillaba al sol para que pudiera ser vista desde muy lejos. Tantañanca también poseía un vasto rebaño de llamas, pero lo que era sorprendente no era su número, sino sus colores. Así como los pájaros tienen plumas rojas, azules y verdes, también las llamas de Tantañanca tenían pelaje rojo, azul y verde, de modo que cuando eran esquiladas no había necesidad de teñir la lana antes de hilarla en un hilo fino, y la lana de las llamas de Tantañanca era el mejor hilo del mundo entero.

La gente de todo el lugar vio lo espléndida que era la casa de Tantañanca y lo grande y colorido que era su rebaño de llamas, y se dijeron unos a otros—: ¡Tantañanca es un buen tipo! ¿Ves lo rico que es? Seguramente debe ser pariente de un ser divino, ¡o tal vez él mismo sea divino! Ven, vamos a pedirle consejo, porque debe saber muchas cosas.

Excepto que Tantañanca no era realmente tan sabio, ni era divino en absoluto, pero se sentía halagado por lo que la gente decía de él, y por eso fingía saber muchas cosas que no conocía. Tan inteligente y engañoso era Tantañanca que logró convencer a la gente de su sabiduría, y después de escucharlos cantar sus alabanzas continuamente, comenzó a pensar para sí mismo—Tal vez lo que la gente dice de mí es verdad. ¡Quizás soy realmente un dios!

Esto continuó durante algún tiempo hasta que un día Tantañanca se puso muy enfermo, y a pesar de los esfuerzos de los mejores médicos, nadie pudo encontrar una cura para su dolencia. Pasaron los años, y aun así Tantañanca estaba muy enfermo, así que la gente comenzó a preguntarse cuán sabio era realmente si no podía encontrar una cura para su propia enfermedad. También comenzaron a preguntarse si tal vez habían sido engañados por él, y así comenzaron a volverse contra él.

Un día, después de que Tantañanca hubiera estado en su lecho de enfermo durante muchos años, Huanacauri estaba durmiendo en la ladera de una montaña cerca de la casa del rico. Por la noche, Huanacauri fue despertado por unas voces. Sin saber quién hablaba y temiendo a los ladrones que podrían hacerle daño, Huanacauri se mantuvo muy quieto y escuchó. Pronto se dio cuenta de que las voces no eran las de los hombres, sino las de dos zorros que se habían reunido en sus merodeos esa noche e intercambiaban noticias de los lugares en los que habían estado.

—Déjame que te cuente lo que oí en el Alto Villca—dijo un zorro al otro—. ¿Conoces a ese señor rico que vive en Anchi Cocha, el que tiene la casa toda cubierta de plumas y que dice ser un dios?

—Sí, así es—dijo el segundo zorro—. ¿Tienes noticias de él?

—Sí—dijo el primer zorro—. Ha estado muy enfermo durante muchos años, y nadie sabe qué le pasa o cómo curarlo. Pero yo conozco la causa, y sé cómo podría ser curado.

—Ese hombre rico está enfermo porque un día su mujer estaba tostando maíz para otro hombre que había venido a visitarle, y uno de los granos de maíz salió de la sartén y cayó en su regazo. Ella cogió el grano y lo puso en el plato con los otros, y el hombre se lo comió, que es lo mismo que si hubiera dormido con ella. Como castigo, dos serpientes han venido a posarse en las vigas de su casa, y un sapo de dos cabezas ha cavado su camino bajo su piedra de moler, y son estas cosas repugnantes las que están causando la enfermedad del hombre rico.

—¡Es una gran historia!—dijo el segundo zorro—. Es una lástima para ese hombre y su familia; nadie podrá encontrar esa cura. Su hija menor pasará el resto de sus días cuidando a su padre en vez de casarse como lo hizo su hermana mayor.

Los dos zorros hablaron de muchas otras cosas antes de darse las buenas noches e irse a casa con sus cosas, pero Huanacauri no escuchó mucho más. Su mente estaba llena con la difícil situación del hombre rico y de cómo podría usar este conocimiento para su propio beneficio. Huanacauri también pensó en lo que los zorros habían dicho sobre las hijas del hombre rico.

Por la mañana, Huanacauri bajó al pueblo donde vivía Tantañanca y comenzó a preguntar por la salud del hombre rico. Una de las personas a las que preguntó era la hija menor de Tantañanca—. Mi padre es el que está enfermo—dijo la doncella.

—Oh, eso es muy triste—dijo Huanacauri.

—Sí—respondió ella—porque nadie ha podido curarlo durante muchos años, y él sufre mucho.

—Llévame a ver a tu padre—dijo Huanacauri—. Tal vez pueda ayudarlo.

Juntos los jóvenes fueron a la casa de Tantañanca, donde el hombre rico estaba en la cama rodeado de médicos que murmuraban entre ellos sobre lo triste que era el caso y a veces discutían sobre qué cura debían intentar a continuación.

La hija, que se llamaba Chaupi Ñamca, llevó a Huanacauri a la cabecera de su padre y le dijo que el joven pensaba que podía curar su enfermedad. Cuando los médicos oyeron esto, empezaron a reírse—. ¿Qué va a hacer un joven mendigo como tú que ninguno de nosotros, sabios y entendidos, no haya intentado ya? ¡Lárgate!

Pero Tantañanca dijo—: Que venga a mí y me diga lo que quiere hacer. Ninguno de ustedes ha sido capaz de curarme, así que bien puedo escuchar lo que este joven quiere intentar. No me importa que sea pobre y esté vestido con harapos, mientras pueda curarme.

Huanacauri fue a la cama de Tantañanca y le dijo—: Señor, creo que puedo curarlo, pero solo lo haré con una condición: debe darme a su hija menor para que sea mi novia.

—Con buena voluntad haré esto si puedes hacer que me recupere—dijo Tantañanca.

Huanacauri explicó que la enfermedad de Tantañanca fue causada por las serpientes de las vigas y el sapo bicéfalo que estaba debajo de la piedra de moler, y que habían venido a enfermar a Tantañanca después de que su esposa le diera el grano de maíz que había caído en su regazo a otro hombre.

—Si me deshago de las serpientes y del sapo, te pondrás bien—dijo Huanacauri—. Y cuando te hayas recuperado, debes dejar de creerte un dios, porque un dios no se dejaría enfermar. En su lugar, debes adorar a mi padre, Pariacaca, que vendrá al mundo en pocos días.

Tantañanca aceptó con gusto todo esto, así que Huanacauri se puso a cazar los viles animales que enfermaban al hombre rico. Primero, subió a las vigas de la casa y mató a las serpientes. Luego salió a donde estaba la piedra de moler y la levantó. Cuando el sapo bicéfalo vio a Huanacauri, se escapó a un barranco cercano e hizo su hogar en un manantial allí. Y por eso cuando la gente va a ese manantial, se vuelven locos.

Una vez que las alimañas fueron asesinadas o expulsadas, Tantañanca se recuperó. Cumplió su promesa a Huanacauri, y pronto su hija y el hombre pobre se convirtieron en marido y mujer.

La esposa de Huanacauri tenía una hermana que estaba casada con un hombre rico y poderoso. Este hombre se avergonzó de que su cuñada se hubiera casado con un mendigo errante, y juró vengarse. El cuñado fue a Huanacauri y le dijo—Deberíamos ver quién de nosotros es el mejor hombre. Propongo que hagamos un concurso de bebida y baile.

Huanacauri aceptó el desafío de su cuñado, y luego subió a la ladera de la montaña donde había cinco huevos. En los huevos estaba Pariacaca, el padre de Huanacauri. Todavía estaba dentro de los huevos, porque todavía no había llegado el momento de que viniera al mundo. Huanacauri fue a los huevos y le dijo a su padre que había sido desafiado a un concurso de bebida y baile. Preguntó qué consejo podría tener Pariacaca para él.

—Ve a esa montaña de allí y finge ser un guanaco muerto—dijo Pariacaca desde el interior de los huevos—. Estoy esperando que un zorro y un zorrino me visiten mañana por la mañana. Suelen traer un frasco lleno de cerveza de maíz. El zorrino trae un tambor, y el zorro también trae sus zampoñas, pero cuando te vean, las dejarán y se acercarán a ti para empezar a comerte. Cuando hagan eso, salta en forma de hombre y grita tan fuerte como puedas. Se asustarán tanto que huirán y olvidarán su tarro, sus zampoñas y su tambor. Entonces puedes venir aquí y coger esas cosas y llevarlas al pueblo para usarlas en el concurso.

Huanacauri hizo lo que le dijo Pariacaca, y cuando hubo asustado al zorrino y al zorro, recogió sus pertenencias y bajó al pueblo para hacer el concurso con su cuñado. El cuñado fue el primero en el baile. Bailó con todas sus esposas, y tenía cientos de ellas. Luego fue el turno de Huanacauri. Bailó con su única esposa, pero tocó el tambor del zorrino mientras bailaba, y cada vez que tocaba el tambor, la tierra temblaba. La gente declaró que Huanacauri había ganado el concurso de baile porque aunque el hombre rico tenía muchas esposas para bailar con él, la tierra entera había bailado con Huanacauri.

Entonces llegó el momento del concurso de beber. La gente servía vaso tras vaso de cerveza de maíz a Huanacauri, pero no importaba cuánto bebiera, nunca se emborrachaba. Cuando le tocó a Huanacauri servir, tomó el frasco de cerveza que había tomado del zorro y del zorrino y fue por ahí sirviendo a toda la gente. No importaba cuánta cerveza derramara, siempre había más en el frasco, y cuando la gente bebía sus vasos de cerveza, cada uno caía borracho después de un solo sorbo. Y así Huanacauri también ganó el concurso de beber.

El cuñado se enfureció porque Huanacauri lo había vencido tan fácilmente en los concursos de bebida y baile, así que propuso otro desafío—. Bailemos en la plaza con nuestras mejores pieles de puma—dijo—. Quien mejor se adorne y baile mejor será el ganador.

El cuñado era un hombre muy rico, y tenía muchas pieles finas de puma. Pensó que sería fácil ganar este concurso porque no había manera de que un pobre mendigo como Huanacauri tuviera ni una sola andrajosa piel de puma, menos aún la fina colección que tenía el hombre rico.

Huanacauri no se amilanó. Subió a la montaña donde estaban los huevos y le preguntó a su padre qué hacer con este concurso.

—¿Ves esa montaña de ahí?—dijo Pariacaca desde el interior de los huevos—. En la ladera de esa montaña hay una fuente, y junto a la fuente hay una fina piel de puma. Ve allí y toma la piel. Puedes usarla para tu concurso.

Huanacauri hizo lo que Pariacaca le ordenó. Cerca de la fuente encontró una fina piel de puma roja que se puso. Huanacauri regresó al pueblo y anunció que estaba listo para el desafío. El hombre rico se sorprendió de que Huanacauri llevara una piel de puma tan fina, pero pensó para sí mismo que seguramente el pobre mendigo nunca sería capaz de bailar tan bien como un hombre rico. Y así, el cuñado hizo su baile en su piel de puma, y la gente pensó que había bailado muy bien y se veía muy bien en su piel de puma. Pero cuando Huanacauri bailó, un arco iris apareció en el cielo sobre su cabeza, y así la gente juzgó que Huanacauri había ganado el concurso.

El hombre rico estaba avergonzado y enojado de que Huanacauri le hubiera ganado una vez más, así que propuso un cuarto concurso.— Veamos quién puede construir una casa más rápido—dijo.

Huanacauri aceptó el concurso, y así el hombre rico comenzó de inmediato a construir la casa. El hombre rico contrató a muchos trabajadores para que vinieran y construyeran la casa para él, pero Huanacauri solo se ocupó de los cimientos de la suya y luego pasó el resto del día con su esposa. Al final del día, la casa del rico estaba casi terminada, pero la de Huanacauri era solo cimientos. Pero esa noche, pájaros, serpientes y muchos otros tipos de animales vinieron a la casa de Huanacauri y levantaron las paredes por él.

Por la mañana, el cuñado de Huanacauri se sorprendió al ver que la casa del pobre estaba casi terminada, al igual que la suya. Así que propuso que el siguiente reto sería ver quién podría construir el mejor techo. Guanacos y vicuñas trajeron la paja para la casa de Huanacauri, y pronto el techo estuvo terminado. El otro hombre esperó a que su paja fuera traída en llamas, pero nunca llegó porque un gato montés amigo de Huanacauri atacó a las llamas y las condujo por un acantilado. Y así Huanacauri también ganó ese concurso.

Entonces Huanacauri le dijo a su cuñado—: Hemos tenido muchos concursos, pero siempre has sido tú el que los ha propuesto. Si propongo un desafío, ¿aceptarás?

—Sí, aceptaré tu desafío—dijo el rico, pensando que finalmente tendría la oportunidad de derrotar a Huanacauri.

—Pongámonos las túnicas azules y los taparrabos blancos y bailemos—dijo Huanacauri—. El que mejor baile será el ganador.

—De acuerdo—dijo el rico, y así se pusieron sus túnicas azules y sus taparrabos blancos y fueron a la plaza a bailar.

El rico bailó primero, pero mientras bailaba, Huanacauri corrió hacia él, gritando tan ferozmente como pudo. El rico se asustó tanto con Huanacauri que se convirtió en un ciervo y se alejó del pueblo y subió la montaña. Cuando la esposa del rico vio que su marido había huido en forma de ciervo, fue corriendo tras él.

—¡Corre todo lo que quieras!—gritó Huanacauri—. ¡Estoy cansado de todos tus concursos! ¡Estoy cansado de que pienses que eres el mejor solo porque eres rico! ¿Pensaste que te vengarías de mí por ser pobre? ¡No, soy yo quien se vengará de ti!

Así que Huanacauri fue corriendo tras ellos, y pronto alcanzó a la esposa. La agarró y la puso boca abajo sobre su cabeza, donde se convirtió en piedra. Y hasta el día de hoy, en ese lugar hay una piedra que se parece a la mitad inferior del cuerpo de una mujer, que sobresale del suelo como si estuviera al revés. Pero el hombre rico huyó a las montañas en forma de ciervo y nunca más se le vio ni se supo de él.

Y estas son todas las acciones que Huanacauri hizo en el tiempo antes de que Pariacaca emergiera de los cinco huevos.

El viaje de Pariacaca

Pariacaca, un dios primario de la región de Huarochirí, es una deidad del agua que es cinco seres en uno. Vemos su asociación con el agua aquí cuando llama a la lluvia que provoca un alud de lodo sobre las personas que le han faltado el respeto y también en su trabajo para crear canales para el riego de los cultivos en una zona que está experimentando la sequía. Como muchas otras deidades que se encuentran en los mitos de todo el mundo, Pariacaca también es susceptible a los encantos de las mujeres hermosas, y aquí se enamora de una huaca femenina llamada Chuqui Suso.

Cuando Pariacaca decidió venir al mundo, apareció por primera vez como una nidada de cinco huevos de cóndor en la ladera de una montaña. Allí esperó hasta el momento adecuado, y entonces los huevos eclosionaron en cinco finos cóndores. Los cóndores volaron sobre las montañas, pero finalmente se convirtieron en hombres que viajaron por todo el mundo.

Un día, Pariacaca fue a un pueblo de Yunca. Los aldeanos estaban celebrando una fiesta ese día. Se regocijaban, comían mucha comida y se emborrachaban mucho con la cerveza de maíz. Pariacaca fue a unirse a ellos, sentándose al final del festín en el lugar más bajo, como corresponde a un extraño visitante. Esperó y esperó, pero nadie le trajo comida o bebida. Esperó y esperó un poco más, y aun así los aldeanos siguieron comiendo y bebiendo sin ofrecer nada a Pariacaca. Esto continuó todo el día hasta que finalmente una de las mujeres del pueblo notó al pobre Pariacaca sentado allí y dijo—: ¡Oh, esto es vergonzoso! ¡No se te ha dado nada de comer ni de beber! ¿Cuánto tiempo has estado esperando?—y así, llenó un gran vaso hasta el borde con cerveza de maíz y se la llevó.

—Gracias por la bebida, hermana—dijo Pariacaca—. Como has sido amable conmigo donde otros no lo han sido, te diré un importante secreto. Dentro de cinco días, habrá una terrible tragedia en este pueblo. Estoy enfadada con toda la gente de aquí, pero no contigo, y no quiero matarte a ti ni a tu familia por error. Si quieres vivir, toma a tu familia y vete lejos, muy lejos de aquí. Te lo hago saber porque has sido amable conmigo, pero si dices una palabra a alguien más aquí, también morirás.

Cinco días después, los aldeanos seguían en su fiesta, comiendo y bebiendo, pero la mujer dejó la aldea con su marido y sus hijos. También sus otros parientes se fueron con ellos, y así esa familia se salvó del desastre que estaba por venir.

Y así fue como se produjo el desastre: Pariacaca se enfadó porque los aldeanos no le habían dado la hospitalidad debida a un extraño y un invitado, así que subió a la cima de la montaña que se alzaba sobre el pueblo. Allí hizo que lloviera. Las capas de lluvia cayeron en grandes y pesadas gotas, y pronto la tierra en la cima de la montaña era tan pesada y húmeda que se deslizó por la ladera de la montaña hasta el pueblo. El alud de lodo cayó y arrastró todas las casas, los animales y los habitantes de la aldea. Toda la aldea fue arrastrada directamente al mar.

Cerca del pueblo de Yunca, que fue destruido por el deslizamiento de tierra, había un lugar llamado Cupara, y en Cupara, estaban sufriendo una sequía. No habían tenido lluvias, y los canales para llevar agua a sus campos se estaban secando. El maíz se estaba muriendo en los campos, y no había nada que nadie pudiera hacer al respecto.

Pariacaca llegó a Cupara, y allí vio a una mujer llamada Chuqui Suso trabajando en su campo de maíz. Trataba de regar el maíz a mano y lloraba porque sabía que no podía dar suficiente agua a las plantas por mucho que trabajara, y estaba segura de que se moriría de hambre. Chuqui Suso era muy hermosa, y Pariacaca la deseaba mucho. Pariacaca vio que los campos de Chuqui Suso estaban siendo regados por un pequeño estanque cercano, así que detuvo la boca del canal allí con su capa e hizo que el agua dejara de fluir por completo. Luego se dirigió a la mujer y le preguntó por qué estaba tan apenada.

—No tengo suficiente agua para mis plantas de maíz—dijo ella—, y no sé qué voy a hacer.

—Sí, eso es problemático—dijo Pariacaca—, pero puedo darte mucha agua si duermes conmigo.

—Te dejaré dormir conmigo después de que hagas fluir el agua—dijo la mujer—y después de que vea que mi campo tiene suficiente agua.

—Muy bien—dijo Pariacaca.

Entonces Pariacaca quitó el manto de la boca del canal. También incrementó el flujo de agua, y pronto el campo estuvo muy bien regado. Chuqui Suso se regocijó al ver que su maíz ahora crecería bien.

—Ahora vamos a dormir juntos—dijo Pariacaca.

—Todavía no—dijo la mujer—. Creo que sería mejor esperar. Tal vez mañana.

—¿Y si hago un canal que vaya desde el río hasta tus campos? Entonces nunca más te faltará agua. ¿Dormirás conmigo si hago eso por ti?

—Sí, entonces sí que me acostaré contigo—dijo Chuqui Suso—. Cava el canal del río, y podremos dormir juntos cuando esté terminado.

—Muy bien—dijo Pariacaca.

Todo tipo de animales vinieron a ayudar a cavar ese canal. Había pumas y zorros, serpientes y pájaros, y todos trabajaron juntos. Pero antes de empezar, decidieron elegir un líder para dirigir el trabajo. Todos los animales querían ser el líder, pero finalmente decidieron que el zorro sería el mejor.

Bajo la dirección del zorro, los animales comenzaron a trabajar en el curso de agua. Cuando estaba a mitad de camino, el zorro accidentalmente sacó a un pájaro de tinamú de su escondite. Esto asustó tanto al zorro que saltó en el aire y gritó, y luego cayó a mitad de camino por la ladera de la montaña.

—No podemos trabajar con un líder así—dijeron los otros animales—. Se asusta por las cosas más pequeñas. Dejemos que la serpiente se encargue ahora.

La serpiente se hizo cargo de los trabajos, y pronto el nuevo canal estaba todo terminado y dirigiendo un fino flujo de agua hacia el campo de maíz de Chuqui Suso.

Pariacaca fue entonces a Chuqui Suso y dijo—: He cumplido mi promesa. Tus campos tienen ahora una buena fuente de agua. Tus plantas de maíz crecerán y darán una buena cosecha. ¿Cumplirás ahora tu promesa?

—Sí, ciertamente—dijo Chuqui Suso—. Subamos a ese lugar alto. Allí podremos dormir muy bien juntos.

Y así Pariacaca y Chuqui Suso fueron al lugar alto que ella le mostró, y allí durmieron juntos. Cuando eso terminó, Chuqui Suso dijo—: Vayamos a un lugar diferente.

Pariacaca estuvo de acuerdo, y así empezaron a bajar por la ladera de la montaña. Llegaron a un lugar llamado Coco Challa, donde estaba la boca del canal que regaba los campos de Chuqui Suso. Cuando llegaron a la orilla del canal, Chuqui Suso gritó—: ¡No iré más lejos! ¡Me quedaré aquí en la boca del canal y no iré a ninguna otra parte!

Con eso, Chuqui Suso se convirtió en piedra, y ahí está hasta el día de hoy.

El combate de Pariacaca y Huallallo Carhuincho

La Cordillera de los Andes es la cadena montañosa más alta del mundo fuera de Asia. También forman parte del Cinturón de Fuego del Pacífico y por lo tanto es el hogar de varios volcanes activos, que son creados por el movimiento de la placa tectónica sudamericana contra la Placa de Nazca. En la historia que se relata a continuación, vemos un conflicto tradicional entre un ser de fuego (probablemente un volcán antropomorfo) y un ser de agua que puede traer lluvia, granizo y deslizamientos de lodo.

Una vez hubo una *huaca* llamada Huallallo Carhuincho. Esta *huaca* era una temible criatura hecha de fuego. Gobernaba a la gente, ordenándoles que no tuvieran más de dos hijos y que uno de ellos le fuera dado de comer. El pueblo tenía mucho miedo de Huallallo, pero no tenían el poder para hacerlo desaparecer o para dejar de comer a sus hijos.

Pariacaca sabía que Huallallo había estado aterrorizando al pueblo y comiéndose a sus hijos. Se propusieron encontrar a Huallallo y derrotarlo, para que el pueblo pudiera vivir en paz.

Pariacaca no era un solo ser, sino cinco. Pariacaca surgió de cinco huevos de cóndor, primero en forma de cinco grandes cóndores que luego tomaron forma humana y vagaron por el mundo. Los cinco Pariacacas se reunieron en Ocsa Pata. Tomaron sus bolas y las hicieron girar, cada vez más rápido. Cuando Pariacaca giró las bolas, el frío glacial y una gran lluvia de granizo entraron en ese lugar.

Mientras Pariacaca movía sus bolas, un hombre subió a la ladera de la montaña. El hombre llevaba un niño en un brazo y un bulto de ofrendas en el otro, y estaba llorando muy dolorosamente. Pariacaca vio al hombre y dejó de mover sus bolas—. Amigo—dijo Pariacaca, ¿por qué lloras tanto?

—Señor—dijo el hombre—, yo me llevo a mi hijo a Huallallo Carhuincho, porque esa *huaca* ha ordenado que no tengamos más de dos hijos y que le demos uno de los dos para comer. De lo contrario nos destruirá. Yo me llevo a este niño a Huallallo para que sea su alimento, y por eso lloro.

Pariacaca se enojó cuando escuchó esto—. No lleves a tu hijo a Huallallo. Llévalo de vuelta a tu pueblo. Dame tu bulto de ofrendas. Iré a Huallallo y lo derrotaré, y así tú y tu pueblo podrán vivir en paz con todos sus hijos.

—Lucharé con Huallallo en cinco días. Debes venir aquí y ver el combate. Lucharé contra Huallallo con agua, y él luchará contra mí con fuego. Si estoy ganando, debes gritar: "¡Nuestro padre seguramente saldrá victorioso!" Pero si Huallallo parece estar ganando, debes declarar que la lucha ha terminado.

Al principio, el hombre se negó a hacer lo que dijo Pariacaca—. No puedo hacer esto. Huallallo seguramente se enfadará conmigo.

—No te preocupes por él—dijo Pariacaca—. Yo me ocuparé de Huallallo, y tú estarás a salvo.

Finalmente, llegó el día en que Pariacaca luchó con Huallallo. Los cinco seres que eran Pariacaca enviaron la lluvia sobre Huallallo desde cinco direcciones. Lanzaron rayos sobre Huallallo desde cinco direcciones.

Huallallo rugió en una gran columna de fuego. No importaba cuánta lluvia enviara Pariacaca, la llama de Huallallo no se podía apagar. De esta manera, Huallallo y Pariacaca lucharon todo el día, y ninguno de los dos pudo vencer al otro, y el agua de las lluvias de Pariacaca se precipitó por la ladera de la montaña y fluyó hasta el mar.

Finalmente, uno de los Pariacaca, el llamado Llacsa Churapa, derribó una montaña y bloqueó el flujo de agua. Pronto se formó un lago detrás de la presa. Huallallo quedó atrapado en las aguas crecientes detrás de la presa. Su fuego estaba casi extinguido, y todo el tiempo Pariacaca seguía lanzándole rayos, sin parar ni una sola vez para dar un respiro a su enemigo.

Huallallo vio que nunca sería capaz de derrotar a Pariacaca, así que corrió montaña abajo hacia las tierras bajas. El Pariacaca conocido como Paria Carco siguió a Huallallo y se plantó al pie del paso de la montaña para que Huallallo nunca pudiera regresar. Además, Pariacaca ordenó que Huallallo no volviera a comer niños, sino solo perros a partir de entonces.

Huallallo Carhuincho tenía una compañera, una mujer llamada Mama Ñamca. Al igual que Huallallo, Mama Ñamca era un ser hecho todo de fuego. Pariacaca sabía que también tendría que derrotar a Mama Ñamca si quería completar su victoria, así que fue a Tumna donde sabía que Mama Ñamca estaría. Uno de los hijos de Pariacaca, Chuqui Huampo, fue con él.

Mama Ñamca vio venir a Pariacaca. Sabía que venía a luchar con ella, así que le lanzó un arma, pero le dio a Chuqui Huampo. Pariacaca fue a Mama Ñamca y luchó con ella. La venció y la arrojó al mar.

Una vez que Mama Ñamca fue derrotada, Pariacaca volvió al lado de Chuqui Huampo. Chuqui Huampo estaba ahora cojo porque el golpe de Mama Ñamca le había roto el pie—. No puedo caminar bien—dijo Chuqui Huampo—, así que me quedaré aquí y me aseguraré de que Mama Ñamca no vuelva.

Pariacaca estuvo de acuerdo en que este era un buen plan. Chuqui Huampo se quedó en ese lugar, y Pariacaca se aseguró de que su hijo tuviera suficiente comida para mantenerlo. Pariacaca también dijo que la gente de ese lugar debía llevar un tributo de hojas de coca cada año y sacrificar una llama que aún no había parido en honor a Chuqui Huampo.

Y así fue como Pariacaca derrotó a Huallallo Carhuincho y a Mama Ñamca.

PARTE II: MITOS POLÍTICOS INCAICOS

La historia de Manco Cápac

La transformación de un personaje histórico real en un personaje mítico más grande que la vida es un proceso común en muchas culturas, un proceso que los incas también aparentemente abrazaron en sus historias sobre Manco Cápac, el fundador y primer gobernante del estado inca. Los gobernantes posteriores, que utilizaron el nombre "inca" como título real, remontaron su linaje y sus reivindicaciones al trono a esta figura mito-histórica.

Aunque Manco Cápac pudo haber sido un personaje histórico real que gobernó Cuzco, probablemente a principios del siglo XIII, su historia se convirtió en un mito político. Hay varias versiones de esta historia que fueron compiladas por redactores españoles a partir de testigos incas durante el período colonial temprano. Todas estas versiones del relato afirman algún tipo de origen divino para Manco Cápac y sus compañeros, así como una variedad de habilidades sobrehumanas que les permitieron conquistar a los pueblos en los diversos lugares en los que se establecieron en su camino hacia la fundación de la capital inca del Cuzco.

Hace mucho, mucho tiempo, en el lugar llamado Pacaritambo, que significa "Taberna del amanecer", había un cerro llamado Tambotoco, que significa "Ventana de la taberna". Y en la colina llamada Tambotoco había una cueva que tenía tres ventanas. Una ventana se llamaba Capactoco, que es "Ventana Real". La Ventana Real estaba en el centro de las tres, y estaba hermosamente decorada con plata y oro. Las otras dos ventanas se llamaban Sutictoco y Marastoco, pero el significado de estos nombres se ha perdido.

De esta cueva de tres ventanas salieron los ancestros de los incas y de otros pueblos. Surgieron dentro de la cueva, sin tener madres o padres. De la ventana llamada Sutictoco vino la gente conocida como Tampus, e hicieron sus casas en las tierras alrededor de la colina. De la ventana llamada Marastoco vino la gente conocida como Maras, y vivieron en las tierras alrededor de Cuzco. De la ventana llamada Capactoco salieron cuatro hombres y cuatro mujeres. Vinieron de la Ventana Real porque eran los antepasados de los incas, y los fundadores de ese poderoso imperio. Algunos dijeron que estos antepasados de los incas eran los hijos de nada menos que Inti, el dios del sol, y Mama Quilla, la diosa de la luna.

Las personas que emergieron a través de la Ventana Real fueron Ayar Manco y su esposa, Mama Ocllo; Ayar Auca y su esposa, Mama Raua; Ayar Cachi y su esposa, Mama Huaco; y Ayar Uchu y su esposa, Mama Cura. Los hombres y las mujeres estaban todos muy bien vestidos. Sus ropas estaban hechas de lana finamente tejida y decoradas con oro. Los hombres llevaban alabardas doradas, y las mujeres llevaban todo lo necesario para preparar y servir las comidas, que también eran de oro.

Cuando los cuatro hombres y las cuatro mujeres salieron de la cueva, buscaron a su alrededor un lugar para construir sus casas. Caminaron a través de las montañas hasta que llegaron a un lugar llamado Huanacauri, que está cerca de Cuzco, donde hicieron sus casas y comenzaron a cultivar papas. Pero no estaban satisfechos de que este fuera el mejor lugar, así que un día subieron a la cima de una montaña para ver si podían encontrar una mejor tierra.

Cuando llegaron a la cima del cerro, Ayar Cachi tomó una piedra y la puso en su honda. Arrojó la piedra con todas sus fuerzas a una colina cercana. Tal fue la fuerza del brazo de Ayar Cachi que la piedra que lanzó aró a través de la colina, y cuando el polvo se despejó, los hombres y mujeres vieron que había un barranco en su lugar. Ayar Cachi tomó tres piedras más, y con ellas derribó tres cerros más y aró tres barrancos más.

Viendo esto, los demás comenzaron a preocuparse de que con su gran fuerza Ayar Cachi pudiera tratar de gobernarlos como un señor. Por lo tanto, planearon deshacerse de él para siempre. Fueron a Ayar Cachi y le dijeron—Oh hermano nuestro, hemos dejado muchas cosas de gran valor en nuestra cueva de origen, cosas que necesitaremos para nuestros nuevos hogares. ¿No volverás a buscarlas?

—Con buena voluntad haré eso—dijo Ayar Cachi, y entonces volvió a la cueva.

Los otros siguieron a Ayar Cachi en secreto, y cuando él entró en la cueva, tomaron una gran piedra y le taparon la boca de la cueva. Luego sellaron la piedra en su lugar con un muro hecho de muchas otras piedras y barro como mortero para que Ayar Cachi no pudiera salir por más que lo intentara. Los tres hombres y las cuatro mujeres esperaron para ver si Ayar Cachi podía sacar las piedras y abrir la boca de la cueva. Muy pronto, Ayar Cachi llegó a la boca tapiada de la cueva. Gritó y golpeó la piedra, pero no pudo moverla. Satisfechos de que Ayar Cachi quedara confinado en la cueva para siempre, los tres hombres y las cuatro mujeres volvieron a sus casas en Huanacauri. Como Mama Huaco ya no tenía marido, se convirtió en sirvienta de Ayar Manco.

Los tres hombres y las cuatro mujeres aún no habían encontrado un lugar adecuado para llamar a su casa. Subieron a la colina de Huanacauri para poder mirar todas las tierras de abajo y ver si alguno de esos lugares sería mejor. Mientras estaban en la cima de la colina mirando a su alrededor, un arco iris apareció en el cielo. El arco iris se cernía sobre el final del valle de Cuzco. Los Ayar y las Mamas vieron el arco iris, y miraron hacia el valle.

—Esta es una buena señal—dijo Ayar Manco—. Debemos ir al lugar marcado por el arco iris y allí hacer nuestros hogares.

Los otros estaban de acuerdo con este plan, pero antes de que pudieran comenzar su descenso al valle, una cosa maravillosa sucedió. Un gran par de alas brotaron de la espalda de Ayar Uchu. Las plumas eran largas y de muchos colores hermosos que brillaban a la luz. Mientras los demás miraban, Ayar Uchu desplegó sus alas y voló hacia el Sol. Ayar Manco, Ayar Auca, y las mujeres esperaban, esperando que Ayar Uchu volviera. Esperaron durante mucho tiempo, y justo cuando habían empezado a pensar que su hermano se había perdido para siempre, Ayar Uchu regresó.

—¡No tengan miedo!—dijo Ayar Uchu—. He hablado con nuestro Padre, el Sol, y me ha pedido que les traiga noticias. Dice que vas a ir al valle de Cuzco, donde encontrarán una nueva ciudad que será el comienzo de un poderoso imperio, el imperio de los incas. Allí también construirán templos al Sol, para que reciba la adoración y el honor que le corresponde.

—Nuestro Padre el Sol dice también que Ayar Manco será en adelante conocido como Manco Cápac, el Supremo Rico, porque se convertirá en el fundador del imperio y en el ancestro de todos los grandes incas que vendrán. ¡Vayan ahora al valle, y comiencen el trabajo que nuestro Padre el Sol les ha pedido que hagan!

Cuando Ayar Uchu terminó de hablar, se convirtió en piedra. Aunque a la familia de Ayar Uchu no le importó su transformación, los demás habitantes de la colina se asustaron al ver un ídolo de piedra con grandes alas volando en el cielo. Un día, la gente arrojó piedras al ídolo en el que se había convertido Ayar Uchu. Las piedras rompieron una de sus alas para que no pudiera volar más. Él vino a la tierra y el lugar donde aterrizó se convirtió en una *huaca*, un lugar sagrado para honrar a los dioses.

Dejando atrás al ídolo de Ayar Uchu, Manco Cápac, su hermano Ayar Auca, y las mujeres comenzaron su viaje hacia el Valle del Cuzco. En el camino, tomaron una vara de oro que pertenecía a Manco Cápac y la presionaron en el suelo. Dondequiera que fueran, encontraron que la vara no se adentraba más que un poco en la tierra. Por esta señal sabían que aún no habían llegado al lugar donde se iban a asentar. Viajaron a un lugar más lejano a lo largo del valle, probando el suelo con la vara todo el tiempo. Cuando no estaban lejos del lugar donde iban a construir la ciudad de Cuzco, clavaron la vara en el suelo. Esta vez, la tierra no resistió en absoluto; en cambio, cedió tan fácilmente que la vara fue rápidamente tragada y enterrada en el suelo. Entonces los Ayars y las Mamas supieron que habían llegado al lugar donde se iban a establecer, el lugar en el que iban a empezar a fundar su imperio.

Manco Cápac miró a esta nueva tierra, y no muy lejos vio un montón de piedras—. Ve y mira esas piedras—le dijo a Ayar Auca.

—Con buena voluntad lo haré—dijo Ayar Auca, a quien luego le brotaron un par de alas, como había hecho Ayar Uchu, y luego voló al lugar donde estaban las piedras.

Ayar Auca encontró que el montón de piedras estaba en un lugar donde dos arroyos se encontraban en sus cursos. Volando hacia abajo, se iluminó sobre una de las piedras y allí se transformó él mismo en piedra. Esto significaba que el lugar ahora pertenecía a los Ayar y a las Mamas, y en ese lugar se construyó el Templo del Sol.

Manco Cápac viajó a Matagua con las tres mujeres. Para entonces, Mama Ocllo había dado a luz a un buen hijo, cuyo nombre era Sinchi Roca. Cuando su asentamiento se había construido allí bajo el pico de Huanacauri, celebraron para Sinchi Roca el rito llamado *huarachico*, en el que se perforan por primera vez las orejas de los hijos de la nobleza, ya que era un signo de nobleza llevar tapones en los lóbulos de las orejas. También celebraron la fiesta de Capac Raymi, la gran danza que se hace para el cambio de año en el solsticio de verano, para honrar a Inti, el dios del sol.

Después de dos años en Matagua, Manco Cápac y las mujeres decidieron que era hora de buscar un lugar mejor para vivir. Para averiguar qué camino debían tomar, Mama Huaco tomó dos varas de oro y las lanzó hacia el norte. Mama Huaco era muy fuerte, y las varas fueron muy lejos. Una aterrizó en un lugar donde la tierra no había sido aterrazada. Esa vara no se hundió en el suelo. La otra varilla aterrizó en un campo cerca de Cuzco y se plantó firmemente en el suelo allí. Manco Cápac y las mujeres sabían que el lugar cerca de Cuzco sería el mejor para vivir, ya que la tierra allí estaba labrada y era fértil.

Fueron a esa tierra cerca de Cuzco, pero cuando llegaron, encontraron que ya estaba habitada por gente que cultivaba coca y pimientos picantes. Esas personas se resistieron a la llegada de Manco Cápac hasta que Mama Huaco tomó su honda y mató a uno de ellos. Entonces Mama Huaco le abrió el cuerpo, le quitó los pulmones y luego sopló dentro de ellos, haciendo que se hincharan. Esto se lo mostró a los habitantes de ese lugar, por lo que todos huyeron, dejando la tierra para que Manco Cápac y las mujeres la tuvieran para ellos.

Allí fue donde Manco Cápac y las mujeres se asentaron. Cultivaron la tierra y plantaron las semillas de maíz que habían traído cuando salieron de las cuevas. Construyeron un templo al Sol, que llamaron la Casa del Sol. Y extendieron su poder sobre la tierra, saliendo de vez en cuando y conquistando a los pueblos vecinos. Y cuando Manco Cápac era un hombre muy viejo y su hijo Sinchi Roca llegó a la madurez, Manco Cápac le entregó el título de inca a su hijo para que Sinchi Roca pudiera gobernar.

Y así fue como el imperio de los incas comenzó, hace mucho, mucho tiempo.

La historia de Mayta Cápac

Además del mito fundacional que pretendía otorgarles a los incas legitimidad política, otras historias sobre los incas posteriores también los pintan como seres más grandes que la vida con poderes especiales y orígenes divinos o semidivinos. Aquí tenemos la historia del deseo del inca Lloque Yupanqui de un heredero, que es concedido nada menos que por el mismo Sol. Aunque la historia afirma que Lloque Yupanqui era el padre de Mayta Cápac, la conexión con un origen divino se mantiene por el prodigioso crecimiento del joven, que ya es lo suficientemente grande y fuerte para derrotar a jóvenes entrenados e incluso a hombres adultos cuando solo tiene dos años.

Esta historia también habla de Mayta Cápac "tomando el tocado". El poder imperial en el imperio inca estaba simbolizado por una coronilla trenzada y rematada con plumas a la que se unía una larga franja de fina lana roja decorada con oro. "Tomando el tocado" por lo tanto es el equivalente incaico a la idea occidental de la coronación como la transmisión del poder absoluto.

El nieto de Manco Cápac era Lloque Yupanqui, y gobernó sabiamente y bien como el tercer inca. Pero durante mucho tiempo, Lloque Yupanqui permaneció soltero, y así llegó a su vejez sin un heredero. Un día, mientras estaba sentado, afligido por su situación, tuvo una visión del Sol, que le dijo que seguramente tendría un buen hijo que sería un digno sucesor al trono.

Lloque Yupanqui comenzó a buscar una novia entre las hijas de los señores del imperio. Encontró una en el pueblo de Oma, una mujer llamada Mama Caua. Lloque Yupanqui preguntó si Mama Caua podría convertirse en su esposa, y su padre aceptó gustoso. El inca Lloque y la familia de Mama Caua estaban muy contentos con esta unión. Mama Caua era una mujer muy hermosa, y su matrimonio con el propio inca era una fuente de gran orgullo para ella y su familia.

Cuando se anunció el matrimonio, se celebró una gran fiesta en Oma para celebrar la partida de Mama Caua a Cuzco. Y a lo largo del camino, hubo muchos festejos, bailes y regocijo, ya que el inca había ordenado que su matrimonio fuera un momento de regocijo para todo su pueblo. Finalmente, Mama Caua llegó a Cuzco. El propio inca llegó a la puerta de la ciudad para recibirla con todos sus nobles presentes. La saludaron bien y le dieron una gran bienvenida, y toda la ciudad se regocijó con festejos y bailes durante muchos días.

Como el Sol había prometido, Mamá Caua pronto se encontró con un niño, y el bebé recibió el nombre de Mayta Capac. Pero este no era un niño ordinario: Mayta nació completamente formada después de solo tres meses. Cuando abrió la boca para dar su primer llanto, todos vieron que ya tenía todos sus dientes. Creció tan rápido que al final de su primer año, era tan alto como un niño de ocho años, y para cuando tenía dos, era tan fuerte y tan hábil en los juegos y hazañas de armas que podía derrotar a jóvenes mucho más grandes y mayores que él.

Una vez, fue a jugar a juegos bruscos con jóvenes de las Alcavisas y Culunchimas, tribus que vivían cerca de Cuzco. Los jóvenes no pudieron detener a Mayta. Causó estragos entre ellos, hiriendo a muchos y matando a otros pocos. Otro día, Mayta y los otros jóvenes de los alcavisas fueron a saciar su sed en una fuente. Se inició una disputa sobre quién tenía derecho a beber primero. Mayta le rompió la pierna al hijo del jefe de los alcavisas, y cuando los otros muchachos huyeron, los persiguió hasta que entraron corriendo a sus casas y le cerraron las puertas.

Los jefes de los alcavisas y de los culunchimas vieron lo mal que Mayta Cápac había abusado de sus hijos. Seguramente un niño tan grande y fuerte a la edad de dos años sería un enemigo imparable una vez que alcanzara su pleno crecimiento y virilidad. Los alcavisas propusieron entonces deshacerse juntos del viejo inca y de Mayta Cápac. Enviaron a sus hombres más hábiles a la Casa del Sol en Cuzco con órdenes de encontrar al inca y a su hijo y matarlos. Cuando los hombres llegaron, Mayta Cápac estaba en la entrada de la Casa, jugando a la pelota con algunos de sus amigos. Mayta vio la aproximación de sus enemigos. Tomó la pelota con la que había estado jugando y se la lanzó al hombre más importante. Le golpeó en la frente y lo mató instantáneamente. Mayta Cápac tomó la pelota cuando rebotó hacia él y la lanzó a otro hombre, matándolo igualmente. Luego se lanzó sobre los demás, y aunque lograron escapar con vida, ninguno de ellos quedó ileso.

Los alcavisas y culunchimas vieron cómo Mayta Cápac había derrotado a sus mejores hombres y tuvieron mucho miedo. Por lo tanto, convocaron a todos sus guerreros en un gran ejército, pensando en atacar Cuzco y tomarlo como propio y deshacerse del inca y su hijo rebelde en el trato, ya que seguramente ni siquiera Mayta Cápac sería capaz de mantener a raya a un ejército entero. La noticia de la inminente batalla llegó a oídos del inca Lloque Yupanqui. Llamó a su hijo y le dijo—: ¿Qué has hecho para que el pueblo se levante en rebelión contra mí? Me has traído un mal destino y moriré a manos de los rebeldes.

—No temas, oh padre—dijo Mayta Capac—. Los guerreros del inca son poderosos, y derrotaremos a este enemigo.

El inca Lloque Yupanqui protestó, pues no quería que la guerra llegara a su reino, pero fue derrotado por Mayta Cápac y por sus propios nobles, que querían obtener la gloria por sí mismos derrotando a los alcavisas y culunchimas.

Muy pronto, los ejércitos del inca y de los alcavisas y culunchimas se reunieron en el campo de batalla. Ambos ejércitos lucharon duro, pero al final, el ejército del inca salió victorioso. Pero los alcavisas y culunchimas no pudieron ser disuadidos de su intento de desbancar al inca y matar a su poderoso hijo. Una vez más, desafiaron a Mayta Cápac y su ejército a la batalla, y una vez más, fueron derrotados. El jefe de los alcavisas fue tomado en esa batalla y pasó el resto de su vida como cautivo de Mayta Cápac.

Después de la muerte del inca Lloque Yupanqui, Mayta Cápac tomó el tocado imperial, convirtiéndose en el cuarto inca. Además, Mayta Cápac tenía en su poder un pájaro mágico que había sido traído de la cueva de Tambotoco por Manco Cápac. Mayta Cápac fue capaz de entender el discurso de este pájaro que podía ver el futuro. Muchas veces, Mayta Cápac tomó consejo del pájaro mágico y usó sus oráculos para determinar qué curso tomar en su gobierno. Mayta Cápac permaneció en Cuzco durante su reinado, y cuando murió, el tocado pasó a su hijo, Cápac Yupanqui.

Topa Inca Yupanqui y Macahuisa

Topa inca Yupanqui gobernó el imperio entre 1471 y 1493. Encabezó el ejército inca bajo su padre, Pachacuti, y participó en una importante expansión del territorio inca. Esta historia mitifica una de sus conquistas, legitimando su dominio sobre los pueblos conquistados al afirmar la asistencia divina dada a los ejércitos de Topa inca Yupanqui.

Topa inca Yupanqui era un rey muy poderoso. Recorrió la tierra de arriba a abajo, conquistando todo tipo de gente y poniéndolos bajo el gobierno del inca. Durante mucho tiempo después de esas conquistas, hubo paz y prosperidad, pero un día tres pueblos, los Allancu, los Callancu y los Chaqui, decidieron que ya estaban hartos del dominio inca, y se levantaron contra el inca Yupanqui.

El inca Yupanqui reunió sus ejércitos. Los envió a luchar contra estos tres pueblos. Pero no importaba cuántos hombres enviara, y no importaba lo hábiles que fueran sus guerreros, no eran capaces de reconquistar esos pueblos. Las batallas se prolongaron durante doce años, y al final de ese tiempo, el inca Yupanqui comenzó a desesperarse por tener una victoria. Pensó para sí mismo—: Ofrezco todo tipo de bienes a las *huacas*, a los espíritus divinos que protegen a mi pueblo. Las *huacas* tienen plata. Tienen oro. Tienen la mejor comida y los mejores vestidos. ¡Seguramente si las invoco, vendrán en mi ayuda!

Y así, el inca Yupanqui salió y convocó a todas las *huacas*. Les ordenó que vinieran en su ayuda si habían recibido valiosos regalos de él. Les ordenó que se reunieran en la plaza del centro de Cuzco donde se aconsejaría con ellos y averiguaría qué remedios podrían ofrecer contra sus enemigos.

Las *huacas* escucharon la llamada del inca Yupanqui. Venían de los pueblos y las montañas de alrededor, montando en lechos llevados por sus criados. Incluso el poderoso Pachacamac estaba allí. Pero Pariacaca no quería ir. Se retrasó y se retrasó, pero finalmente supo que no podía esperar más. Si no iba él mismo, algún representante de su casa debía ir. Así que Pariacaca llamó a su hijo, Macahuisa, y le dijo que fuera a la reunión y viera lo que había que hacer.

Macahuisa obedeció a Pariacaca. Se fue en su lecho a la reunión en Cuzco. Se sentó al borde de la reunión y escuchó lo que el inca Yupanqui tenía que decir.

—¡Oh, padres míos, poderosas *huacas*, grandes *villcas*! ¡Oh dioses, seres divinos y espíritus de las montañas! Les he servido siempre, con valiosos regalos de oro y plata, de la mejor comida y de los mejores vestidos. Nunca he escatimado en ustedes. Ya que les he dado todas esas cosas, ¿no vendrán en mi ayuda?

Pero las *huacas* y los otros seres espirituales no dijeron nada.

—Díganme, ¿por qué no responden? La gente que me sirve a mí y que les sirve a ustedes está siendo diariamente masacrada por nuestros enemigos. Ya hemos perdido muchos miles. ¡Contéstenme o haré que los quemen a todos!

Una vez más, las *huacas* y los otros seres mantuvieron su paz. El inca Yupanqui se enojó y se impacientó. Dijo—: Les he servido bien y les he dado de mi riqueza. El oro y la plata y los sacrificios de muchas llamas han sido suyos. Ahora que me presento ante ustedes y les pido algo a cambio, ustedes se sientan ahí en silencio como si no me conocieran. ¿No me ayudarán? ¿No ayudarán a mi pueblo? ¡Hablen, o haré que los quemen a todos!

Finalmente, el gran Pachacamac habló—. Oh inca Yupanqui, oh Sol en el Cielo, te ayudaría si pudiera, pero mi poder es tan grande que, si sacudiera a tus enemigos para destruirlos, tú y tu pueblo serían destruidos también. Si hago uso de mi poder de esa manera, podría incluso acabar con todo el mundo. Deseo ayudarte, pero no puedo. Por eso no he hablado.

Luego hubo otro silencio. Ninguna de las otras *huacas* habló. El inca Yupanqui se desesperó porque alguna de ellas ofreciera ayuda hasta que finalmente Macahuisa dijo—Oh inca, oh Sol en el Cielo, te ayudaré. Si te quedas aquí y proteges a tu pueblo, saldré a conquistar a tus enemigos. ¡Haré esto inmediatamente!

Mientras Macahuisa hablaba, un vapor verde-azul salió de su boca que parecía humo. Entonces Macahuisa tomó sus zampoñas y se vistió con sus mejores galas. El inca ordenó que se preparara un lecho para Macahuisa con los portadores más rápidos y fuertes de todo el reino para que Macahuisa pudiera ir al campo de batalla lo antes posible.

Macahuisa fue al lugar donde vivían los enemigos del inca Yupanqui. Allí Macahuisa hizo que lloviera. La lluvia cayó suavemente al principio, suave y gris. Pero luego la lluvia se hizo más pesada y fuerte. El viento se levantó. Los truenos retumbaron en el cielo, y los rayos bifurcados dividieron el aire. Los truenos y los relámpagos crecieron, y la lluvia se hizo más pesada aún. Pronto todos los enemigos del inca fueron arrastrados por el torrente de agua, pero Macahuisa dejó escapar a algunos de ellos de la inundación para llevarlos de vuelta al inca Yupanqui como prisioneros y como prueba de su conquista.

Cuando el inca Yupanqui vio que Macahuisa había conquistado así a todos sus enemigos, juró una gratitud interminable a Pariacaca por enviar a su hijo a ayudarle y le dio cincuenta asistentes para atender sus necesidades y ofrecerle los mejores sacrificios. Entonces el inca Yupanqui se inclinó en agradecimiento a Macahuisa, diciendo—: Tengo una gran deuda contigo, oh Macahuisa, porque viniste en mi ayuda y conquistaste a mis enemigos. Lo que me pidas, lo haré.

Macahuisa respondió—: No deseo nada, salvo que me adores de la misma manera que el pueblo Yauyo.

El inca Yupanqui respondió—: ¡Sí, ciertamente!—pero en su corazón tenía miedo porque tal vez Macahuisa podría tratar con él de la misma manera que había hecho con los enemigos del inca.

Entonces el inca pidió que le trajeran comida a Macahuisa, pero la *huaca* dijo—: Oh, yo no como comida como la que tú comes. Tráeme mejor las conchas de ostras espinosas.

El inca mandó a buscar conchas de ostras espinosas y se las dio a Macahuisa. La *huaca* se las comió hambrienta, de un solo bocado, crujiendo y triturando las duras conchas.

Cuando Macahuisa terminó de comer, el inca dijo—: Tenemos aquí muchas doncellas hermosas que se sentirían honradas de compartir tu cama. Por favor, elige entre ellas, ¡tantas como quieras!

Macahuisa respondió—: Es muy generoso de tu parte, pero no requiero sus servicios.

Luego Macahuisa se despidió del inca Yupanqui, y regresó a casa para contarle a su padre Pariacaca todo lo que había sucedido durante su estadía en la tierra de los incas.

Y desde entonces, el inca Yupanqui y sus sucesores adoraron a Macahuisa, bailando danzas especiales en su honor, y el propio inca dirigió la danza en gratitud por lo que la huaca había hecho por él y su pueblo.

El Inca Huayna Cápac y Cuniraya

Esta historia del Manuscrito de Huarochirí es un mito tejido alrededor de un personaje histórico real. El inca Huayna Cápac vivió aproximadamente desde 1464/68 hasta 1525/27 y fue el sucesor de Topa inca Yupanqui. Las conquistas logradas durante el reinado de Huayna Cápac extendieron el imperio hacia el norte hasta el Ecuador y Colombia y hacia el sur hasta Chile y Argentina.

Huayna Cápac fue el último inca en gobernar independientemente antes de la llegada de los españoles.

No mucho antes de que los españoles llegaran a Cuzco, Cuniraya decidió ir a visitar al inca Huayna Cápac. Cuniraya fue al inca y le dijo—: Vamos al lago Titicaca. Tengo algunas cosas que mostrarte allí.

Y así Huayna Cápac se fue con Cuniraya al Titicaca. Cuando llegaron, Cuniraya dijo—: Convoca a tus magos y sabios. Debemos enviarlos al inframundo.

—Haré lo que me pidas—dijo Huayna Cápac.

Pronto los magos y sabios comenzaron a llegar.

—¡Soy el sabio del cóndor!—dijo uno.

—¡Soy el sabio del halcón!—dijo otro.

Un tercero dijo—¡Soy el sabio de la golondrina!

Cuniraya se dirigió a los sabios, diciendo—: Deben ir al inframundo. Allí deben pedirle a mi padre que me envíe a una de mis hermanas.

Los sabios dijeron que harían lo que Cuniraya les pidió, y se pusieron en camino. El primero en llegar al inframundo fue el sabio de la golondrina. Le dijo al padre de Cuniraya el mensaje que llevaba. El padre de Cuniraya le dio al sabio de la golondrina un pequeño cofre y le dijo—: No abras esto. Es para el inca Huayna Cápac y ningún otro hombre.

El hombre tomó el cofre y dejó el inframundo. Fue un largo viaje de vuelta al Titicaca, y durante todo el camino el sabio de la golondrina ardió de curiosidad por lo que contenía el cofre. Finalmente, no pudo soportarlo más. Abrió el cofre y vio en su interior una hermosa doncella de larga cabellera dorada y las mejores vestimentas. Debido a que estaba dentro del cofre, parecía ser muy pequeña. Pero cuando vio al sabio mirándola, ¡desapareció!

El sabio de la golondrina estaba muy asustado. No quería volver al Titicaca. No quería admitir que había abierto el cofre que solo era para el inca Huayna Cápac. Pero el sabio era un hombre honesto, así que fue ante el inca y confesó lo que había hecho.

Cuando Huayna Cápac escuchó el relato del sabio, gritó—: ¡Haría que te mataran en el acto si no fueras el sabio de la golondrina! ¡Vuelve al inframundo! ¡Y esta vez trae el cofre sin abrirlo!

Y así, el sabio de la golondrina regresó al inframundo, y de nuevo recibió el cofre. Esta vez, no lo abrió en su camino. Caminó el largo viaje de vuelta al Titicaca, y al final del día, se encontró todavía muy lejos de cualquier pueblo, y estaba muy hambriento y cansado—. ¡Oh, cómo me gustaría tener una buena comida y una cama blanda!—se dijo el sabio.

De repente, una mesa apareció ante el sabio, con una sabrosa comida. El sabio se sentó y comió agradecido, y cuando terminó, la mesa y los platos desaparecieron, y en su lugar apareció una cama blanda. El sabio se acostó en la cama y durmió profundamente y bien. Y así fue durante los cinco días de su viaje de vuelta al Titicaca: cuando tenía hambre, aparecía la mesa llena de cosas buenas para comer; cuando estaba cansado, aparecía la cama y se tomaba un descanso.

El quinto día, el sabio llegó al Titicaca y se adelantó al inca Huayna Cápac y a Cuniraya—. Oh, inca, Sol en el Cielo—dijo el sabio—, aquí está el cofre que te envió el padre de Cuniraya.

Antes de que Huayna Cápac pudiera abrir el cofre, Cuniraya dijo—: ¡Espera! Dividamos el mundo entre nosotros. Iré a esta parte. Puedes ir a esta parte con mi hermana. Tú y yo no podemos estar en el mismo lugar juntos.

Entonces Huayna Cápac abrió el cofre. Una luz brillante brilló en él, y salió la hermosa mujer.

—No volveré a Cuzco—dijo Huayna Cápac—. Me quedaré aquí con mi hermosa nueva esposa. ¡Tú!—dijo, señalando a uno de sus parientes—volverás al Cuzco. Dirás, "Yo soy Huayna Cápac", y gobernarás en mi lugar.

Entonces Huayna Cápac y su bella esposa desaparecieron de ese lugar, y también lo hizo Cuniraya, y ninguno de ellos se volvió a ver. El hombre que se hizo pasar por Huayna Cápac regresó al Cuzco donde gobernó como inca. Pero cuando murió, la gente se peleó sobre quién sería el próximo líder. Y fue mientras estaban peleando así que llegaron los españoles.

PARTE III: CINCO CUENTOS POPULARES ANDINOS Y UNA OBRA INCA

La mujer guacamaya

La leyenda de la Mujer Guacamaya es el cuento de origen del pueblo Cañari, que proviene de una zona del sur de Ecuador. Los cañari fueron conquistados por los incas y absorbidos por el imperio en el siglo XVI, no mucho antes de la llegada de los españoles.

Una vez hubo una gran inundación. Las aguas subieron y subieron, llenaron los valles, subieron a las colinas. Pronto llegaron casi a la cima de las montañas. Todos los animales y las personas se ahogaron, todos excepto dos hermanos que lograron subir hasta la cima de una montaña. Allí esperaron hasta que las aguas de la inundación retrocedieron, y cuando lo consideraron seguro, bajaron por la ladera de la montaña hasta que encontraron un lugar que les convenía, y allí construyeron un hogar para ellos.

Cada día, los hermanos dejaban su casa para buscar comida. Debido a que la inundación había destruido todo, solo pudieron encontrar varias raíces y unas pocas hierbas para comer. No era más que una comida pobre, y apenas encontraban lo suficiente para vivir, a pesar de que trabajaban muy duro todos los días.

Un día, los hermanos volvieron a casa después de un largo día de búsqueda para encontrar que alguien había encendido un fuego dentro de su casa, había cocinado una comida buena y había cerveza de maíz sobre la mesa. Sin esperar a saber quién les había dado tal recompensa, los hermanos se sentaron inmediatamente. Comieron hasta el último bocado y bebieron hasta la última gota, y cuando terminaron, se desplomaron en sus camas, contentos por primera vez en muchos, muchos meses.

Al día siguiente, los hermanos salieron a buscar comida como de costumbre, y cuando volvieron a casa, encontraron de nuevo la mesa puesta con comida y bebida de primera calidad. Esto duró diez días.

Finalmente, el hermano mayor dijo— ¿Quién crees que es el que pone esa mesa para nosotros cada noche?

—Estoy seguro de que no lo sé—dijo el hermano menor—. Me gustaría darle las gracias, pero parece que no quiere que los veamos.

—Quiero saber quién es—dijo el mayor—. Mañana, en vez de ir a buscar, me esconderé dentro de la casa. Esperaré a ver quién es el que nos deja una buena comida todos los días. Estoy cansado de vivir con este misterio.

Por la mañana, el hermano menor salió a buscar comida, pero el mayor se escondió en un rincón de la casa. Muy pronto, dos mujeres entraron en la casa. Pero no eran mujeres comunes: eran en realidad guacamayas, y eran los seres más hermosos que el hermano mayor había visto jamás.

Las mujeres guacamayas se movían por la casa, encendiendo el fuego y preparando las cosas para cocinar la comida. El hermano mayor no pudo soportarlo más; saltó de su escondite e intentó atrapar a una de las mujeres. Las mujeres guacamayas estaban asustadas. Evadieron su agarre, se convirtieron en guacamayos y salieron volando, sin dejar comida para los hermanos esa noche.

El hermano menor llegó a casa y encontró que no se había preparado comida. El mayor explicó lo que había pasado, que había intentado capturar a una de las mujeres guacamayas, pero había fracasado.

—Mañana vigilaré contigo—dijo el hermano menor—. Tal vez juntos podamos capturar a una de las mujeres.

Al día siguiente, los hermanos se escondieron dentro de la casa, pero las mujeres guacamayas no regresaron. Los hermanos siguieron vigilando, esperando que las mujeres volvieran. Finalmente, al final del tercer día, las mujeres guacamayas aparecieron y se pusieron a trabajar preparando una comida. Esta vez, los hermanos esperaron hasta que la comida estuviera lista. Cuando todo estuvo listo, salieron de su escondite. Las mujeres estaban enfadadas y asustadas y se convirtieron en pájaros. El hermano menor corrió a cerrar la puerta para que los pájaros no pudieran escapar. El hermano mayor logró atrapar a uno de los pájaros, pero el otro escapó por la ventana.

El guacamayo volvió a convertirse en una mujer. Se convirtió en la esposa de ambos hermanos y les dio seis hijos y seis hijas. También había traído con ella muchas semillas que los hermanos plantaron como cultivos y cosecharon en su momento. Y así, la raza humana tuvo un nuevo comienzo, allí en la montaña sagrada, y toda la gente es descendiente de la mujer guacamaya y sus doce hijos.

El Cóndor y la Pastora

El pueblo aymara vive en partes de lo que hoy es Perú, Bolivia y Chile, y fue absorbido por el imperio inca a principios del siglo XVI durante el reinado de Huayna Cápac. Este cuento popular aymara muestra la importancia del cóndor para los pueblos andinos. Algunas versiones de este cuento también funcionan como un cuento que se ajusta al origen de los colibríes: en lugar de que se creen muchos loros más pequeños a partir de uno mayor, al final del cuento se crean colibríes.

Había una vez una pastora que salía a la ladera de la montaña todos los días para apacentar su rebaño. Le gustaba estar al aire libre, sintiendo el viento en su pelo y la hierba y las piedras bajo sus botas. También le gustaba estar sola, porque cuando estaba fuera con su rebaño, nadie podía decirle qué hacer o hablarle cuando no tenía ganas de hacerlo.

Cerca de esa misma montaña vivía un cóndor. Todos los días salía volando en busca de comida. Con frecuencia se elevaba sobre el lugar donde la pastora apacentaba sus ovejas, y al principio no se fijaba en ella, porque sabía que cuando había un guardián, no podía robar un cordero muy fácilmente, y prefería no tener que trabajar demasiado por su comida. Pero un día, la pastora miró hacia arriba mientras el cóndor pasaba. El cóndor le vio la cara y se enamoró de ella al instante—. ¿Qué debo hacer?—se lamentó—. Ella es una joven hermosa, y yo soy un pájaro grande y feo. Nunca consentirá ser mi novia.

El cóndor sufrió durante muchos días, preguntándose cómo hacer para que la joven se casara con él. Entonces se le ocurrió que cambiaría de forma. Tomaría la forma de un joven apuesto, y entonces ella seguramente desearía ser su esposa. Y así, al día siguiente el cóndor miró a ver si la pastora llevaba a su rebaño a pastar a la ladera de la montaña, y cuando lo hizo, el cóndor bajó al suelo fuera de la vista y se convirtió en un joven.

El cóndor se acercó a donde la joven mujer estaba cuidando sus ovejas. La saludó y le preguntó—: ¿Qué es lo que haces aquí en la ladera de la montaña, tan sola?

—Estoy cuidando a mis ovejas—respondió—. Mantengo alejados a los zorros y los cóndores, y me aseguro de que mis ovejas tengan suficiente hierba buena para comer.

—¿Nunca te sientes sola con solo las ovejas para hacerte compañía?—preguntó el cóndor.

—¡Oh, no, nunca!—dijo la joven—. Me gusta estar aquí sola.

—Bueno, tal vez algún día puedas cambiar de opinión—dijo el cóndor—. Tal vez pueda ayudarte. Soy bueno para ahuyentar zorros y cóndores. ¿Te gustaría tenerme como marido?

—No, gracias—dijo la joven—. No quiero casarme con nadie. Quiero vivir sola y criar a mis ovejas.

—Muy bien—dijo el cóndor, y luego se alejó.

Al día siguiente, el cóndor volvió a tomar la forma de un hombre y habló con la pastora.

—¿Te gustaría venir a vivir conmigo?—preguntó—. Vivo en la cima de las montañas. Veo el amanecer y el atardecer. A veces estoy incluso por encima de las nubes. Es muy tranquilo y pacífico donde vivo. ¿Estás segura de que no quieres ser mi esposa? Creo que te gustaría mucho mi casa.

—Gracias, pero no—dijo la pastora—. Realmente no quiero casarme. Prefiero quedarme aquí con mis ovejas, y, además, si me fuera mi madre estaría muy triste.

—Está bien entonces—dijo el cóndor—. Pero antes de irme, ¿crees que podrías rascarme la picazón en mi espalda? Me molesta mucho, y no puedo alcanzarla yo mismo.

—Por supuesto—dijo la joven. Ella se acercó al cóndor y comenzó a rascar el punto entre sus omóplatos, pero mientras lo hacía, él se convirtió de nuevo en un cóndor y voló hacia el cielo, arrastrando a la mujer con él a la espalda. El cóndor voló alto en las montañas, y no dejó de volar hasta que llegó a un lugar donde había muchas cuevas. Se posó dentro de una de ellas, donde vivía su madre. Los otros cóndores de las cuevas cercanas salieron para ver quién había llegado, y cuando vieron que el cóndor había traído a una joven con él, bailaron y agitaron sus alas de alegría.

Al principio, la joven era muy feliz viviendo con el cóndor porque él la quería mucho. Pero pronto empezó a sentir frío, hambre y sed—. No puedo quedarme aquí así—dijo—. Necesito fuego, comida y agua, y no veo nada de eso aquí. Si no consigo esas cosas, moriré.

—No te preocupes, mi amor—dijo el cóndor—. Traeré todo lo que necesites.

El cóndor se alejó volando de la cueva. Dio una vuelta hacia el valle. Encontró un lugar donde el fuego ardía bajo el hogar y nadie estaba a punto de atenderlo. El cóndor tomó un carbón en su pico y lo llevó a la cueva para que su esposa pudiera encender el fuego. Luego fue a un lugar en la ladera de la montaña cerca de su cueva y cavó en la roca con su pico. Pronto un manantial de agua fresca saltó, y su esposa pudo beber. Una vez hecho esto, el cóndor volvió a bajar al valle. Recogió trozos de carne de animales muertos. Desenterró papas de un campo no atendido. El cóndor le llevó esta comida a su novia, pero la carne estaba podrida y las papas se estaban pudriendo. La joven comió estas cosas porque no había nada más y estaba muy hambrienta, pero la comida era asquerosa.

Después de un tiempo, el cuerpo de la joven comenzó a cambiar. Se puso muy delgada por el frío y la mala comida. Plumas empezaron a brotar de su cuerpo, y su pelo se cayó. Incluso empezó a poner huevos. Aunque su marido era muy cariñoso y atento, empezó a sentirse inquieta y deseaba volver a casa con su madre.

Mientras tanto, la madre de la joven estaba desesperada por la preocupación y el dolor. Su hija no había vuelto a casa con las ovejas como solía hacer, y no fue hasta la mañana después de que el cóndor se llevara a la pastora que un vecino le devolvió el rebaño a la madre de la joven. La madre salió a la ladera de la montaña a buscar a su hija, pero no encontró nada, y nadie pudo decirle dónde había ido su hija. Pasaron muchos días hasta que la pobre mujer comenzó a preguntarse si su hija había muerto.

Una mañana, la madre se sentó a llorar cerca de una ventana abierta. Un loro pasaba volando y escuchó a la pobre mujer afligida. El loro entró por la ventana y le preguntó—: ¿Por qué lloras tanto? ¿Qué es lo que te pone tan triste?

—Mi hija ha desaparecido—dijo la madre—y no sé dónde ha ido. No sé si está viva o muerta, pero me temo lo peor.

—No tienes que temer—dijo el loro—. Tu hija está viva y bien. Sé dónde está. Ha sido tomada como esposa por el gran cóndor. Vive con él en una cueva en lo alto de las montañas. Si me dejas comer maíz de tu jardín y anidar en tus árboles, te la traeré de vuelta.

La madre estuvo de acuerdo, y entonces el loro se fue volando a las montañas. Después de un corto tiempo, vio la cueva donde la joven vivía con su marido cóndor y sus polluelos. El loro esperó hasta que los cóndores salieron en busca de comida, y luego voló a la cueva.

—No tengas miedo—dijo el loro a la pastora—. He venido a llevarte a casa con tu madre. —entonces el loro cogió a la pastora en sus garras y voló de vuelta a la casa de la madre.

Cuando el loro llegó llevando a la pastora, la madre lloró de pena al ver lo cambiada que estaba su hija. La pastora era tan delgada que sus huesos se asomaban a través de su piel, y tenía plumas por todo el cuerpo. Olía muy mal, y su pelo se había caído casi todo. Pero la madre abrazó a su hija con ternura y la llevó a la casa, donde bañó a la joven y le dio ropa fresca y de abrigo para que la usara.

Más tarde ese día, el cóndor regresó a su cueva y encontró que su esposa se había ido—. Sé quién hizo esto—dijo el cóndor—. Fue el loro. Le haré pagar por su insolencia.

El cóndor voló hasta el jardín de la madre donde el loro había hecho un nido en un árbol y donde se daba un festín con granos de maíz. Antes de que el loro supiera lo que estaba pasando, el cóndor se abalanzó sobre él y se lo tragó entero. Pero el loro no murió: atravesó el cuerpo del cóndor y salió por el otro extremo.

El cóndor se enfureció cuando vio esto. Volvió a capturar al loro y se lo tragó de nuevo, pero lo mismo ocurrió: el loro salió por el otro extremo, bastante vivo. Entonces el cóndor agarró al loro en sus garras y lo hizo pedazos. Se comió los jirones, uno por uno, pero estos simplemente pasaron por su cuerpo y salieron por el otro extremo como pequeños y vivos loros.

El cóndor se dio cuenta de que nunca podría vengarse del loro y que nunca podría recuperar a su esposa. Con gran dolor, voló de vuelta a su cueva en la montaña. Tomó cenizas de la fría chimenea y las pintó sobre sus plumas para que se volvieran negras. Lloró muchas lágrimas mientras lo hacía, y esas lágrimas se convirtieron en las manchas de ceniza que flotan sobre las chimeneas.

La doncella y los tres guerreros

La historia de la doncella y los tres guerreros explica cómo surgió el pueblo de Huánuco y los tres picos cercanos. Huánuco está a unos 1.200 km al norte de Cuzco y se encuentra en un valle por el que fluye el río Huallaga. El monte Runtuy, que según la historia fue nombrado en honor a Runtus, un guerrero que compite por la mano de la doncella, se encuentra en la cordillera Huayhuash de los Andes, que corre al oeste de Huánuco. (No he podido identificar la ubicación de los otros dos picos.)

Había una vez un cacique llamado Pillco-Rumi que tenía cincuenta hijos y una sola hija. El nombre de la hija era Cori Huayta, que significa "Flor de Oro". Fue apropiadamente nombrada por ser la doncella más hermosa que nadie había visto, y era la joya del corazón de su padre. Tanto amaba Pillco-Rumi a Cori Huayta que juró no dejarla nunca casarse con un hombre mortal. Con esto estaba transgrediendo su propia ley que decía que todas las doncellas y jóvenes debían casarse cuando llegaran a la mayoría de edad. Nadie sabía del juramento del jefe, porque nunca había hablado de ello con nadie, y así cuando los jóvenes de todo el mundo se enamoraron de Cori Huayta, se dijeron a sí mismos que seguramente serían los elegidos para ser su marido.

Finalmente llegó el momento en que Cori Huayta estaba en edad de casarse. Pillco-Rumi fue al Sumo Sacerdote para que le aconsejara lo que debía hacer.

—Oh, Sumo Sacerdote—dijo Pillco-Rumi—. No deseo que mi hija se case. Conoces mejor nuestras leyes; ¿qué se podría hacer para mantenerla a mi lado?

—Bueno, tú conoces las leyes, oh mi jefe—dijo el Sumo Sacerdote—. Ella no puede quedarse contigo. Si no toma un marido mortal, debe unirse a las Hijas del Sol en la Casa del Sol y allí pasar sus días al servicio del mismo Sol.

Pero aun así Pillco-Rumi insistió en que debía haber una tercera vía, y aun así juró que Cori Huayta no se casaría con un hombre mortal ni se convertiría en una Hija del Sol. Y así Pillco-Rumi rezó a Inti, al mismísimo Dios Sol, diciendo—Oh mi Padre el Sol, ningún hombre mortal es digno de mi hija, y no quiero que pase sus días confinada en la Casa del Sol. Te pido que nadie más que tú sea su marido, si quieres tenerla.

Pillco-Rumi no recibió ninguna respuesta y así, con un corazón pesado, comenzó los preparativos para el Festival de Primavera, en el que todas las doncellas y jóvenes mayores de edad debían casarse.

Se había corrido la voz en todas las tierras de que Cori Huayta se casaría en el próximo festival. Tres guerreros, cada uno de una tierra diferente, reunieron sus ejércitos y se pusieron en marcha hacia las tierras de Pillco-Rumi para ver si podían persuadir a su padre para que la dejara casarse con ellos.

El primero de estos guerreros se llamaba Runtus. Era un hombre viejo, y su pelo ya se había vuelto blanco—. Seguramente Cori Huayta me tendrá como marido—dijo—porque soy un hombre de edad y sabiduría, y seré capaz de hacerla feliz y cuidarla bien.

El segundo se llamaba Maray. Era un hombre joven y excepcionalmente fuerte. Ningún hombre lo había derrotado nunca en la batalla—. Soy el mejor marido para Cori Huayta—dijo

Maray—. Las mujeres son débiles y necesitan un hombre fuerte que las proteja. Soy el más fuerte con mucho, y por lo tanto ella debería casarse conmigo.

Paucar era el nombre del tercer hombre, y era el hombre más guapo que había vivido. Todas las doncellas que lo veían se enamoraban de él inmediatamente, pero él las rechazaba a todas—. Solo Cori Huayta será mi novia—dijo Paucar—porque solo me casaré con quien pueda igualarme en belleza.

El día que iba a comenzar el festival, Cori Huayta se preparó, pensando que le darían un marido porque su padre no le había dicho nada de su promesa de que nunca se casaría con un hombre mortal. Pillco-Rumi, por su parte, fue a las murallas de la ciudad para rezar una vez más a Inti, esperando que esta vez el dios le escuchara. Mientras caminaba por las murallas, Cori Huayta se puso de pie con él. Vio que su padre estaba preocupado—. ¿Qué pasa, oh Padre mío? ¿Qué pesa en tu corazón? Seguramente hoy debería ser un día de regocijo—dijo ella.

Pero Pillco-Rumi no respondió porque en ese momento vio tres grandes nubes de polvo en el horizonte. Pronto se dio cuenta de que eran tres ejércitos que se acercaban a su ciudad. Mientras Pillco-Rumi y Cori Huayta observaban, tres corredores llegaron a las murallas, cada uno enviado por su amo. El primero era de Runtus, el segundo de Maray, y el tercero de Paucar. Cada uno de ellos dijo que su amo venía a reclamar la mano de Cori Huayta, y que, si no se entregaba, su ejército saquearía la ciudad y no dejaría nada vivo en ella.

—¡Los ejércitos se acercan!—gritó Pillco-Rumi a su gente, que se había reunido en la plaza de abajo para alegrarse en la fiesta—. ¡Recen! ¡Recen a Inti para que nos perdone!

La gente se arrodilló de inmediato y rezó al dios del sol para salvarlos. Mientras rezaban, un arco iris apareció en el cielo sobre ellos. Sentado en el arco iris estaba Inti. Escuchó las plegarias, y vio a los ejércitos acercándose a la ciudad de Pillco-Rumi. Inti miró a Paucar en su ejército y los convirtió a todos en una alta montaña cubierta de nieve. La nieve se derritió bajo el calor de los rayos de

Inti y se precipitó por la ladera de la montaña y en un canal, convirtiéndose en un poderoso río. Entonces Inti volvió su mirada hacia Maray y Runtus, convirtiéndolos a ellos y a sus ejércitos en piedra. Y así, donde los tres ejércitos habían estado ahora había tres nuevas montañas.

Entonces Inti miró hacia la ciudad de Pillco-Rumi. Pronunció una sola palabra—¡Huanucuy!—que retumbó en el aire como un trueno. Y el significado de esa palabra es "No vivas más en la tierra". Cuando se pronunció esa palabra, Cori Huayta cayó muerta. Inti extendió su mano desde los cielos y la tomó para sí mismo como su novia. Y así fue como la hija de Pillco-Rumi no se casó con un hombre mortal ni se convirtió en Hija del Sol.

Hoy en día las tres montañas que Inti hizo llevar los nombres de los guerreros que buscaban casarse con Cori Huayta, y la ciudad lleva el nombre de Huánuco después de la palabra pronunciada por Inti cuando tomó a Cori Huayta como su novia.

El pastor de llamas y la hija del sol

La historia del pastor de llamas se encuentra en un manuscrito compilado en 1585 por el misionero español Fray Martín de Murúa (1525-1618). De Murúa dice que las montañas de las que se habla al final del cuento están entre Calca y Huayllabamba. Ambos pueblos están justo al norte de Cuzco, con Calca al este y Huayllabamba al oeste.

Una vez hubo un joven pastor de llamas llamado Acoya-napa que vivía en un pueblo llamado Laris. Todos los días Acoya-napa llevaba su rebaño de llamas a la ladera de la montaña a pastar, y allí se divertía tocando su zampoña mientras vigilaba su rebaño. No muy lejos de donde el joven pastoreaba su rebaño estaba la Casa del Sol, donde vivían muchas jóvenes de todo el Imperio inca, junto con sus cuidadores, y el deber de quienes vivían allí era asegurar el culto adecuado a Inti, dios del sol. Las jóvenes que vivían en la Casa del Sol eran conocidas como las Hijas del Sol, y era ley que debían permanecer solteras ya que todo su deber era llevar a cabo el culto a Inti y no pensar en los demás.

De vez en cuando, algunas de las Hijas del Sol salían de su templo y vagaban libremente por la ladera de la montaña. Esto se les permitía hacer siempre que regresaran al atardecer y siempre que no descuidaran sus obligaciones dentro de la Casa del Sol.

Un día, dos Hijas del Sol pensaron en ir juntas a dar un paseo por la ladera de la montaña. Caminaron juntas, disfrutando del sol brillante y del verdor de los campos. Mientras caminaban, escucharon el sonido de las zampoñas que sonaban cerca. Se preguntaban quién era el que tocaba tan hábilmente, así que se dirigieron hacia el sonido. Muy pronto, encontraron a Acoya-napa, sentado en una gran roca, tocando su zampoña mientras sus llamas pastaban. Las jóvenes se escondieron de la vista de Acoya-napa, así que él nunca tuvo la menor idea de que alguien le estaba escuchando.

Durante muchos días después, las dos Hijas del Sol fueron a ese lugar a escuchar al pastor de llamas tocar su música, y lo hicieron en secreto. Pero un día, una de las Hijas, cuyo nombre era Chuquillantu, tuvo la intención de conocer a este joven que tocaba tan dulcemente. Convenció a su hermana para que la acompañara, y así fueron a la roca donde estaba sentado Acoya-napa y lo saludaron cortésmente.

Acoya-napa se sintió abrumado. Nunca había visto dos mujeres tan hermosas en su vida, vestidas como lo estaban en el traje de la Casa del Sol. El joven pastor de llamas cayó de rodillas ante ellas, seguro de que eran seres divinos.

Las mujeres le aseguraron al joven que no eran divinas, sino seres humanos como él. Levantaron a Acoya-napa a sus pies, y él les besó las manos, sorprendido al ver que eran cálidas y sólidas, de carne y hueso, como él. Acoya-napa y las jóvenes hablaron un rato, pero luego dijo que era hora de que guiara a su rebaño de vuelta a su hogar. Las Hijas del Sol le concedieron gustosamente el permiso para partir, y mientras se despedía de ellas, sus ojos se encontraron con los de Chuqui-llantu, y su corazón se desgarró repentinamente por un gran amor a este apuesto joven que tocaba tan bien sus zampoñas y que cuidaba de su rebaño con tanto esmero.

Los jóvenes se fueron por caminos diferentes, Acoya-napa a su casa con sus llamas, y las jóvenes a la Casa del Sol. Cuando Chuqui-llantu y su hermana llegaron a la Casa del Sol, encontraron a sus hermanas preparando la cena. Chuqui-llantu se excusó diciendo que estaba cansada y no tenía hambre. Fue a su habitación y se acostó en su cama, sin pensar en nada más que en el guapo joven pastor de llamas. La hermana de Chuqui-llantu, mientras tanto, comió con el resto de la casa, sin saber que Chuqui-llantu estaba enamorada de Acoya-napa, ya que la hermana no había visto en él nada muy especial.

Chuqui-llantu se acostó en su cama suspirando por el joven Acoya-napa, pero, cansada por su largo día al aire libre, pronto se durmió, y mientras dormía, tuvo un sueño. En el sueño, Chuqui-llantu vio un pequeño pájaro cantor que revoloteaba de árbol en árbol, cantando alegremente. El pájaro vio el dolor de Chuqui-llantu y dijo— ¿Por qué lloras tanto?

—Lloro por amor—dijo Chuqui-llantu—. Lloro porque mi corazón suspira por el joven Acoya-napa, y no sé qué hacer, porque si declaro mi amor por él, será mi destino ser asesinada. Soy una Hija del Sol y puede que nunca me case.

El pájaro dijo—: No tengas miedo. Sé lo que se puede hacer. Ve al patio de la Casa del Sol, donde juegan las cuatro fuentes, y siéntate entre ellas. Allí debes cantar a las fuentes lo que hay en tu corazón. Si las fuentes te cantan tu canción, entonces sabrás que encontrarás un camino para ir con tu joven y estar con él para siempre.

Cuando el pájaro dejó de hablar, Chuqui-llantu se despertó. Envolviéndose en su capa, Chuqui-llantu atravesó la Casa del Sol y entró en el patio de las cuatro fuentes. Las fuentes representaban las cuatro provincias del Imperio inca, y cada Hija del Sol se bañaba en la fuente que llevaba el nombre de su provincia natal.

Chuqui-llantu se sentó entre las fuentes y comenzó a cantar su amor por Acoya-napa y su anhelo por él, aterrorizada todo el tiempo de que la descubrieran y la castigaran. Mientras cantaba, escuchaba atentamente, esperando más allá de toda esperanza que lo que el pájaro de su sueño había dicho fuera verdad. Y por supuesto, después de haber cantado su canción una, dos, tres veces, las fuentes comenzaron a cantarle, cantando la canción de su amor por el pastor de llamas. Chuqui-llantu se sintió reconfortada y se alegró de que pronto sería capaz de amar a Acoya-napa en serio, si tan solo pudiera descubrir si él sentía lo mismo por ella.

Acoya-napa, por su parte, se había quedado impresionado por la belleza y la gracia de Chuqui-llantu, por su cortesía en el habla y su dignidad de porte, y en su camino a casa con su rebaño, no podía pensar en otra cosa. Pero su corazón también estaba atravesado por la pena porque sabía que las Hijas del Sol debían pasar sus días al servicio del gran Inti, sin casarse nunca con ningún hombre, y menos aún con un humilde pastor de llamas que pasaba sus días tocando sus zampoñas en la ladera de la montaña.

Cuando Acoya-napa llegó a casa, fue directamente a su habitación y se acostó en su cama, tocando las melodías más tristes que se le ocurrieron. Su madre lo oyó y entró a ver qué pasaba. Allí encontró a su hijo, con lágrimas cayendo por su cara, tocando lamentos en sus zampoñas.

—Oh, hijo mío, ¿qué es lo que te aflige?—preguntó.

—Hoy he conocido a la mujer más hermosa—dijo Acoya-napa—y la amo con todo mi corazón.

—Seguramente eso es motivo de alegría, no de tristeza—dijo su madre.

—Ay, no—dijo Acoya-napa—porque la que amo es una Hija del Sol, y nunca podrá casarse con ningún hombre, y menos con un humilde pastor de llamas como yo.

La madre de Acoya-napa era una mujer muy sabia, aprendió todo tipo de remedios y curas. Ella le dijo—: Ten buen corazón, hijo mío, porque estoy segura de que hay un remedio para tu dolor.

Dejando a su hijo en su habitación, la mujer salió a la ladera de la montaña a recoger hierbas que sabía que eran una cura para la enfermedad del amor y la pena. Cuando regresó a la casa, vio a Chuqui-llantu y a su compañera acercándose a ella.

—Saludos, madre—dijo Chuqui-llantu—. Mi compañera y yo hemos caminado muy lejos hoy. ¿Tendrías algo que pudiéramos comer para refrescarnos?

—Ciertamente—dijo la anciana, y de inmediato cocinó un plato con las hierbas que había recogido en la ladera de la montaña.

Antes de partir ese día, Chuqui-llantu se había enterado de dónde vivía Acoya-napa y de qué casa era la suya, así que no había ido al lugar por casualidad. Mientras comía, miró alrededor de la casa preguntándose dónde podría encontrar a Acoya-napa, pero no lo vio porque su madre lo había escondido bajo un manto mágico que una vez perteneció a la amada del propio dios Pachacamac. Y la magia de la capa era que cualquier persona o cosa escondida debajo de ella entraría en la capa y se convertiría en uno con ella. Así lo había escondido la madre de Acoya-napa, porque cuando Chuqui-llantu miró por la casa buscando a su amado, todo lo que vio fueron las cosas de la casa y en una habitación el hermoso manto que estaba sobre la cama.

—¡Oh!—gritó Chuqui-llantu—. ¡Qué hermoso manto! Desearía tanto tener algo parecido.

—Puedes tenerlo—dijo la madre—con buena voluntad.

Chuqui-llantu tomó el manto y lo colocó sobre sus hombros, y muy agradecida, ella y su compañera se despidieron de la madre de Acoya-napa y regresaron a la Casa del Sol. Las que vivían en esa casa sagrada comían juntas la cena y se retiraban a sus habitaciones para pasar la noche. Chuqui-llantu tomó el manto y lo dobló tiernamente a los pies de su cama y luego lloró de amor hasta que se durmió profundamente.

Más tarde esa noche, Chuqui-llantu fue despertada por alguien que la llamaba suavemente. Se despertó y se sorprendió al ver a Acoya-napa arrodillado junto a su cama, llorando muchas lágrimas.

—Oh, mi amado—dijo la joven—, ¿cómo es que estás aquí?

—Cuando mi madre me puso bajo el manto—dijo el pastor—me convertí en uno con la manta, y me llevaste a la Casa del Sol en tu propio cuerpo. Pero en tu presencia, recuperé mi forma una vez más, y la manta se convirtió en un hermoso trozo de tela.

Luego los jóvenes se abrazaron muy tiernamente y pasaron la noche en la cama de Chuqui-llantu, deleitándose mutuamente.

Por la mañana, Acoya-napa se cubrió con el manto y una vez más se convirtió en uno con él. Fingiendo que salía a dar un paseo como de costumbre, Chuqui-llantu se cubrió con el manto y salió a la ladera de la montaña. Cuando llegó a un lugar que consideraba seguro, se quitó la manta y Acoya-napa recuperó su propia forma. Pero desgraciadamente, uno de los guardias de la Casa del Sol sospechó que algo iba mal y siguió a Chuqui-llantu. Vio a Acoya-napa salir del manto y tomar la mano de Chuqui-llantu, y dio la alarma.

Acoya-napa y Chuqui-llantu huyeron a las montañas, cerca de un pueblo llamado Calca. Pronto habían superado a los guardias, pero estaban muy cansados de su huida. Acoya-napa y Chuqui-llantu encontraron un lugar para descansar, y pronto se durmieron en los brazos del otro. No habían dormido mucho tiempo cuando un ruido los despertó. Los jóvenes comenzaron a volar una vez más, pero no dieron muchos pasos antes de que ambos se convirtieran en piedra.

Allí están los dos amantes hasta el día de hoy, en un lugar entre Calca y Huayllabamba. Y cerca de ese lugar también hay una montaña con picos gemelos, que se llama Pitu-siray, que significa "La Pareja".

La leyenda del lago Titicaca

El lago Titicaca juega un papel importante en muchos mitos de la creación inca, pero aquí tenemos la historia de cómo el lago mismo llegó a ser, en una inundación que fue enviada como retribución a un pueblo orgulloso que se negó a honrar a los dioses. Como muchas leyendas de origen, la historia del lago Titicaca puede contener indicios de verdad: en el año 2000, una expedición arqueológica encontró los restos de un antiguo templo y otras estructuras cívicas bajo el lago, que probablemente fueron construidas por el pueblo Tiahuanaco entre 1.000 y 1.500 años atrás. El pueblo Tiahuanaco vivía a orillas del lago Titicaca y finalmente fue absorbido por el imperio inca. Es posible que esta leyenda sea una historia tan imaginativa que explique tanto la presencia del lago como la desaparición de la gente que vivía allí en tiempos preincaicos.

Una vez, hace mucho tiempo, en lo alto de las montañas, había una amplia y plana llanura. Y en esta llanura había una magnífica ciudad. Los edificios estaban hechos de la mejor madera y piedra y estaban adornados con oro y plata. La gente que vivía allí era orgullosa y rica. Comían la mejor comida y se vestían con la mejor ropa. Sus vidas eran buenas y fáciles, y pensaban que tenían la mejor ciudad del mundo. De hecho, a menudo se jactaban de ello entre ellos, y lo hacían tan a menudo que pronto empezaron a pensar que no solo eran la mejor ciudad, sino que eran los señores de toda la creación. Su jefe incluso empezó a pensar que era un dios.

Un día, un grupo de mendigos harapientos llegó a la ciudad. Recorrieron las calles gritando advertencias—. Los dioses han visto su orgullo y arrogancia, ¡y están disgustados! ¡Regresen de sus malos caminos, o serán destruidos!

La gente de la ciudad no escuchó a los mendigos. Se rieron y se burlaron de ellos, diciendo—: ¿Quiénes son ustedes para decirnos qué hacer? Nosotros somos ricos y fuertes mientras que ustedes están vestidos con ropas andrajosas y tienen las caras sucias. ¡Vuelvan al lugar de donde vinieron!

Pero los mendigos no dejaron de lanzar sus advertencias, incluso cuando la gente de la ciudad les arrojó verduras podridas a la cabeza.

Después de unos días, las advertencias de los mendigos cambiaron—. No han escuchado nuestras advertencias—dijeron—así que los dioses nos han dicho que les digamos que deben abandonar su ciudad. Deben irse al desierto. Deben subir a las montañas y arrepentirse de sus malos caminos, o los dioses les destruirán a ustedes y a su ciudad para siempre.

La gente de la ciudad solo se rio más de esto, y solo se volvieron más crueles con los mendigos. Pero los sacerdotes del templo de la ciudad se reunieron para aconsejar lo que los mendigos habían estado diciendo—. Tal vez tengan razón—dijo un sacerdote—. Tal vez deberíamos escucharlos.

—Sí—dijo otro—. Creo que sería prudente hacer lo que dicen.

Y así, los sacerdotes acordaron que escucharían a los mendigos. Empacaron las cosas que necesitarían para el viaje, y salieron al desierto. Subieron a las montañas y rezaron a los dioses para ser perdonados.

Después de que los sacerdotes dejaron la ciudad, la gente descuidó por completo la adoración a los dioses—. Si los sacerdotes no se quedaron para ayudarnos a adorar, entonces tal vez no haya nadie allí para escuchar nuestras oraciones de todos modos. Tal vez nosotros mismos somos dioses. Y si somos dioses, no tenemos nada que temer de estos miserables mendigos. ¡Expulsémoslos de nuestra ciudad!

Pero cuando fueron a recoger a los mendigos para arrojarlos fuera de los muros, encontraron que los mendigos ya se habían ido.

Pasaron unos días más, y la gente de la ciudad se dijo a sí misma—: ¡Por fin tenemos paz! ¡No más mendigos que andan por ahí gritándonos! Podemos disfrutar de nuevo. —y así, volvieron a sus arrogantes y malvadas costumbres.

El día siguiente amaneció brillante y soleado. Pero por la tarde, las nubes negras se reunieron en el horizonte. La gente de la ciudad no se dio cuenta porque las nubes solo parecían nubes de lluvia. Entonces empezaron a aparecer otras nubes, nubes rojas del color de la sangre—. ¿Qué es esto?—dijo la gente—. Nunca habíamos visto tales nubes antes. Me pregunto qué significa.

Las nubes negras y las rojas avanzaron hasta que el cielo se cubrió con ellas, pero no cayó ninguna lluvia. Llegó la noche, pero no hubo oscuridad por el resplandeciente enrojecimiento de las nubes. Un gran sonido de trueno rasgó el aire. El suelo tembló. Tembló y tembló y no dejó de temblar. Aparecieron grietas en las paredes de los edificios, y pronto las casas, tiendas y templos colapsaron.

La lluvia comenzó a caer del cielo, la lluvia carmesí del color de la sangre. Los ríos cercanos a la ciudad se desbordaron. Las aguas se inundaron en la ciudad. La gente corría por las calles, gritando de terror, pero no había ningún lugar donde ir. No pudieron escapar de las aguas que se precipitaron a la ciudad, ahogando los edificios y a toda la gente. Cayó la lluvia y los ríos se desbordaron hasta que incluso la parte superior de los edificios se cubrió con agua profunda. Y cuando la tormenta terminó, un gran lago se erigió donde la ciudad había estado una vez. De toda la gente de la ciudad, solo los sacerdotes que habían escuchado a los mendigos y se habían ido a las montañas permanecieron vivos.

Y así es como el lago Titicaca llegó a estar en la gran llanura de las montañas.

La historia de Ollantay

Apu Ollantay es una obra de teatro en lengua quechua ambientada en el antiguo imperio inca. La copia más antigua de la obra, que data de alrededor de 1770, pertenecía a Antonio Valdés, que era un sacerdote en Sicuani, Perú. Otras cinco copias manuscritas tempranas sobreviven hoy en día, y las primeras ediciones publicadas datan de mediados del siglo XIX. Durante un tiempo se creyó que Valdés era el autor de la obra, pero ahora esto está ampliamente desacreditado.

Los estudiosos también debaten los orígenes de la obra. Debido a que tanto las fuentes como muchas de las convenciones dramáticas de la obra datan del siglo XVIII, la génesis real de la obra no está clara. Algunos estudiosos han sugerido que, a falta de fuentes anteriores al siglo XVIII, debemos considerar que Apu Ollantay es un producto enteramente colonial, mientras que otros han argumentado que es un antiguo cuento inca que recibió un tratamiento dramático en la época colonial. Se presenta aquí como un cuento en prosa con algunas omisiones de la obra original.

El nombre "Ollantay" también se refiere a la antigua fortaleza de piedra de Ollantay-tampu al norte de Cuzco. El erudito de principios del siglo XX, Sir Clements Markham, que pensaba que la obra se basaba en una antigua leyenda inca, asumió que la fortaleza había sido nombrada en honor al protagonista del drama.

En la época del inca Pachacuti, había un joven guerrero llamado Ollantay. Ollantay era fuerte y guapo y el luchador más valiente que el pueblo inca había visto nunca. Ollantay también era sabio, y por todas sus buenas cualidades, el inca Pachacuti confiaba en él y lo consideraba uno de sus más valiosos consejeros y generales.

Como miembro de la corte de Pachacuti, Ollantay se interesaba a menudo por el palacio real, y así llegó a conocer a la hija de Pachacuti, Cusi Coyllur, que significa "Estrella Alegre". No pasó mucho tiempo antes de que los dos jóvenes se enamoraran mucho el uno del otro, porque Cusi Coyllur era hermosa y amable, así como Ollantay era valiente y fuerte. Su amor debería haberlos hecho felices, pero por desgracia solo les causó dolor, pues valiente y confiado como era, Ollantay no era más que un plebeyo, y nadie más que un hombre de sangre noble podría pensar en casarse con la hija del inca.

Durante mucho tiempo, Cusi Coyllur y Ollantay se contentaron con breves reuniones cuando podían encontrar unos momentos de soledad o miradas fugaces a través de la habitación cuando estaban en compañía, pero finalmente, no pudieron soportarlo más. Se casaron en secreto, y durante un tiempo fueron muy felices, aunque todavía no podían revelar su amor a nadie más.

Esta vez, sin embargo, no duró. Un día, Cusi Coyllur vino a Ollantay y dijo—: No deberíamos tener que escondernos así. Somos marido y mujer, y nos amamos. Vayamos con mi padre, aleguemos nuestro caso y pidamos casarnos formalmente.

Ollantay estuvo de acuerdo, aunque su corazón le advirtió que sería en vano: las leyes de los incas eran muy estrictas, y el inca Pachacuti había sido implacable en hacerlas cumplir. Parecía improbable que el anciano dejara de lado las formas tradicionales, incluso por su propia hija.

Así que Cusi Coyllur y Ollantay pidieron audiencia al inca. Se presentaron ante él y le explicaron que se amaban y que querían casarse. Pero el inca no quería nada de eso—. ¿No sabes lo que haces?—gritó—. Ningún plebeyo puede casarse con una hija de la casa real. Ella es pariente de los mismos dioses, y tú no eres más que un hombre mortal y un sirviente. ¡Cómo te atreves!

Luego el inca Pachacuti hizo llevar a su hija a la Casa del Sol donde fue hecha una de las Hijas del Sol, que son las mujeres que sirven en el templo y que tienen prohibido casarse con cualquier hombre. A Ollantay se le dijo que fuera a sus aposentos y se quedara allí, ya que el inca estaba tan enojado con él que no podía pensar inmediatamente en un castigo suficientemente adecuado para el crimen de Ollantay.

Ollantay estaba irritado bajo su encierro y se preocupaba por su esposa. Sabía que cualquiera que fuera el castigo que el inca le impusiera, el único fin de todo sería su muerte. Así que, una noche escapó de sus aposentos. Fue a ver a los capitanes de su ejército y les dijo que se iría—. El inca Pachacuti se ha vuelto contra mí. He perdido todo lo que siempre he amado. Les encomiendo a mis buenos soldados. Cuídenlos bien, como me han visto hacerlo a mí. Por mí mismo, me iré lejos, a las montañas, y viviré allí en soledad. Ya no hay razón para que me quede aquí.

Los capitanes protestaron por esto—. ¡No debes ir! Pero si no puedes ser persuadido, entonces dejaremos el servicio del inca e iremos contigo, porque solo tú eres nuestro general, y no serviremos a nadie más.

—Amigos míos—dijo Ollantay—su amor y lealtad los acreditan. Pero no puedo pedirles que vengan conmigo, porque si lo hacen, serán considerados traidores, y la pena por eso es la muerte. No tengo nada que perder, porque el inca me quitará la vida sin importar lo que haga, pero ustedes tienen una opción en el asunto.

Los capitanes no se dejaron influenciar. Juraron acompañar a Ollantay y echarse a su suerte con la suya, fuera lo que fuera. Y así fue como con una banda de valientes hombres Ollantay salió de la capital y se dirigió a las montañas.

Cusi Coyllur, mientras tanto, fue tratada bien por las Hijas del Sol y sus sirvientes. Se adaptó a sus costumbres e hizo todo lo posible para cumplir con los deberes que se esperaban de ella. Sin embargo, pronto se hizo evidente que estaba embarazada, y cuando llegó el momento, nació una hija, a la que llamó Yma Sumac, que significa "La más bella". Pero como a las Hijas del Sol se les prohibía casarse o tener hijos, Yma Sumac fue arrebatada a su madre y criada como huérfana en otra parte del templo.

El inca supo que Ollantay había escapado de su encierro y había desaparecido, junto con varios oficiales y soldados del ejército. El inca Pachacuti llamó a Rumi-ñaui, su general de mayor confianza—. ¡Encuéntrenlos de inmediato—rugió el inca—y tráiganmelos para que les haga justicia! Y toma a Cusi Coyllur y encadénala. Todo lo que hace es esta perfidia y la amenaza a mi trono.

—Haré lo que el inca me ordena—dijo Rumi-ñaui. Transmitió la orden del inca a los sirvientes de la Casa del Sol, y Cusi Coyllur fue encarcelada. Entonces Rumi-ñaui dejó la corte para comenzar su búsqueda de Ollantay.

Mientras tanto, Ollantay se había refugiado con sus hombres en la fortaleza de Ollantay-tampu, y allí reunieron a su alrededor un poderoso ejército. Ollantay había enviado a su sirviente de vuelta a Cuzco para ver qué respuesta había generado su huida con el inca y para ver qué noticias se podían tener de Cusi Coyllur. Muy pronto, el sirviente regresó—. Ollantay, el inca está muy enojado contigo. Le ha dado a Rumi-ñaui la tarea de encontrarte y devolverte a Cuzco, y mil hombres están a sus órdenes, buscando por todo el imperio.

—¿Y de mi amada?—dijo Ollantay—. ¿Qué noticias tienes de ella?

—Desgraciadamente, no pude encontrar ningún rastro de ella—dijo el sirviente—. Tanto ella como la reina parecen haber desaparecido, y me temo lo peor.

Al oír esto, Ollantay se desesperó. Nada lo detenía ahora de una rebelión abierta. Reunió a su ejército y a la gente de la región y les habló de los desaires que habían recibido de manos del inca y de su propio dolor por la pérdida de Cusi Coyllur. La gente escuchó atenta el discurso de Ollantay, y cuando terminó, levantaron un gran grito—: ¡Viva Ollantay! ¡Que Ollantay tome el tocado! ¡No tendremos a ningún otro como nuestro inca!

Cuando el inca Pachacuti se enteró de que Ollantay se había levantado en armas en rebeldía, recordó a Rumi-ñaui y a los mil hombres de su búsqueda y les ordenó que pusieran su propio ejército para que pudieran defender el imperio de los rebeldes. Rápidamente Rumi-ñaui reunió a sus tropas, y se dirigieron a las montañas donde se encontraron con el ejército de Ollantay, y se unieron a la batalla. Ambos bandos lucharon ferozmente, pero al final, el ejército del inca fue derrotado, y Rumi-ñaui se vio obligado a huir de vuelta a Cuzco, debilitado y sangrando por muchas heridas, mientras que Ollantay y sus hombres volvieron a su fortaleza.

Pasaron diez años, y Ollantay no fue derrotado ni intentó tomar Cuzco por su cuenta. Pasaron diez años, y Yma Sumac, la bebé nacida de Cusi Coyllur e hija de Ollantay, se convirtió en una joven fuerte en la Casa del Sol. Yma Sumac comenzó a preguntarse por qué otras podían ir y venir libremente de la Casa del Sol mientras ella se veía obligada a permanecer entre sus muros.

Una noche, Yma Sumac no pudo dormir, y fue a dar un paseo por el patio de la Casa del Sol. Toda la casa estaba dormida. Los vientos estaban en calma, y la luna y las estrellas brillaban en el cielo. Mientras Yma Sumac miraba el cielo nocturno, un débil lamento llegó a sus oídos—. Seguro que es el viento en los árboles—pensó Yma Sumac, pero luego notó que no había viento. De nuevo, el lamento se elevó, más fuerte esta vez y seguido de palabras. Era la voz de una mujer, rezando al Sol.

—Oh Sol—dijo la voz—libérame de estas cadenas. No he hecho ningún mal. Tú que lo ves todo, ten piedad de mí.

Yma Sumac no sabía de dónde venía la voz. Buscó en muchos lugares, pero no pudo encontrar quién era el que estaba encadenado ni dónde lo tenían. Desconcertada por el misterio y atormentada por la voz de los lamentos, volvió a su habitación y a un sueño intranquilo.

Al día siguiente, Yma Sumac se sentó en uno de los jardines de la Casa del Sol con una amiga, que era una novata que se preparaba para convertirse en Hija del Sol. Ambas chicas se levantaron cuando vieron a la Madre de la Casa acercarse. La Madre se dirigió a Yma Sumac, diciendo—: El momento de elegir está sobre ti. ¿Dejarás el mundo exterior detrás de ti y te convertirás en una Hija del Sol? ¿O nos dejarás a nosotras?

—¿Cómo puedo dejar atrás lo que nunca he visto?—dijo Yma Sumac—. Sin embargo, he hecho mi elección: no tomaré los votos. No deseo convertirme en una Hija del Sol. Deseo dejar este lugar tan pronto como pueda.

El rostro de la Madre se oscureció porque esperaba persuadir a la niña de permanecer en la casa, bajo su control—. Muy bien—dijo la Madre y luego se dio la vuelta y dejó el jardín.

Yma Sumac y su amiga se quedaron mirando a la madre—. Vieja rencorosa—murmuró la joven en la retirada de la madre. Luego se volvió hacia Yma Sumac—. Tienes suerte—dijo—. No podrán retenerte aquí, y no tienes familia en el exterior que te diga qué hacer o adónde ir. Pero yo tendré que quedarme. Mi familia no me tendría de vuelta por ningún dinero; tendrían demasiado miedo de la Madre y de los Sacerdotes de la Casa. Seré una prisionera, como esa pobre mujer.

Yma Sumac miró fijamente a su amiga—. ¿Qué mujer?—preguntó, tratando de fingir poco interés.

—Ya sabes, la que mantienen encadenada. La que siempre llora por la noche. Seguramente la habrás oído. Tengo que llevarle pan y agua todos los días.

—¿Me llevarás con ella?—preguntó Yma Sumac—. No sabía que tuvieran prisioneros aquí. Me gustaría ver a la pobrecita. Tal vez pueda llevarle consuelo.

—Muy bien—dijo la amiga—, pero tendrá que ser en secreto. Se supone que no debo contarle a nadie más sobre ella.

La amiga le dijo a Yma Sumac cómo llegar a la celda de la prisionera y dónde podría esconderse hasta que la amiga llegara con comida y agua para la prisionera. Acordaron reunirse allí esa misma noche.

A la hora indicada, la amiga llegó y dejó que Yma Sumac se colara en la celda con ella. Contra una pared estaba la forma de una mujer, vestida con harapos y con el pelo despeinado, con su pierna en una manga encadenada a la pared de piedra. La amiga puso el pan y el agua al lado de la mujer, que miraba cansada.

—He traído a alguien para que te vea—dijo la chica.

—¡Ah, una nueva cara!—dijo la mujer—. Llevo aquí diez largos años, y solo mis carceleros me hacen compañía. Y poca compañía es eso.

Yma Sumac y la mujer se miraron por un momento. Luego la chica habló—. ¿Por qué estás aquí?—preguntó—¿Qué mal has hecho para que te tengan aquí encadenada a esa pared?

—No hay nada malo excepto haber amado al hombre equivocado—dijo la mujer—. Lo amé en contra de los deseos de mi padre y di a luz a mi amada hija, pero como lo hice sin la bendición de mi padre, la niña fue tomada, y yo fui puesta aquí, para vivir el resto de mis días en una triste miseria.

—Oh—dijo Yma Sumac—. Yo también he sido colocada aquí, pues no conozco ni a mi madre ni a mi padre, y aunque no estoy encadenada, soy una prisionera, pues la Madre y los Sacerdotes no me dejarán salir de esta Casa, aunque no tenga ningún deseo de convertirme en Hija del Sol.

Cuando la mujer escuchó el cuento de Yma Sumac, se sentó un poco más derecha y miró largo rato a la chica—. Dime, si quieres, ¿cómo te llamas y qué edad tienes?

—Soy Yma Sumac, y tengo diez años—respondió la chica.

La mujer soltó un pequeño llanto, y luego comenzó a llorar de alegría—. Ven a mis brazos, niña—dijo—porque eres mi niña de verdad. Eres la niña que me fue arrebatada tan pronto como respiraste. Soy tu madre, Cusi Coyllur, hija del inca Pachacuti, y tu padre es el valiente Ollantay.

Entonces Cusi Coyllur e Yma Sumac se abrazaron, y lloraron muchas lágrimas de felicidad hasta que finalmente la amiga de Yma Sumac les recordó que no podían quedarse, o que Yma Sumac podría ser hallada donde no debía estar y así caer en desgracia a manos de la Madre y los Sacerdotes de la Casa.

—No temas, madre—dijo Yma Sumac a Cusi Coyllur—. Encontraré alguna forma de liberarte. Dame solo un espacio de unos pocos días para encontrar ayuda, para que una vez más seas libre.

Luego las chicas se despidieron de Cusi Coyllur, y volvieron a sus deberes, prometiéndose mutuamente no revelar nada de lo que había sucedido en la celda de la prisión.

Poco después de que Yma Sumac se reuniera con su madre, el inca Pachacuti murió, y su hijo, Tupac Yupanqui, fue elegido para sucederle. En una gran ceremonia en la Casa del Sol, Tupac Yupanqui asumió el tocado imperial y fue proclamado inca por los Sacerdotes y todos los nobles del imperio. Durante la celebración, el Sumo Sacerdote del Sol profetizó que los rebeldes volverían a la lealtad con el inca.

Entre los asistentes a la ceremonia estaba el soldado Rumi-ñaui, que había vivido en desgracia desde su derrota en Ollantaytambo. Pensando que podría recuperar parte de su estatus perdido con el nuevo inca siendo el que vería la profecía cumplida, suplicó una audiencia a Tupac Yupanqui y fue admitido en la presencia imperial.

—Oh mi inca, Hijo del Sol y gobernante de todos nosotros, te suplico un favor—dijo Rumi-ñaui.

—Habla—dijo el inca.

—Tengo un plan, una artimaña, que seguramente entregará a Ollantay en tus manos y pondrá a sus rebeldes de nuevo bajo tu control, como el Sumo Sacerdote dijo que debía suceder. Solo pido permiso para hacer esto por tu mayor gloria y la seguridad del imperio.

—Tienes nuestro permiso para hacerlo, pero no debes derramar sangre—dijo el inca, y Rumi-ñaui se dispuso inmediatamente a poner en marcha su plan. Primero, preparó su ejército y los llevó a un lugar cerca de Ollantaytambo donde pudieran esconderse de los rebeldes. Luego se vistió con ropas harapientas que lo hacían parecer un mendigo, se despeinó y se cortó heridas sangrientas en su propia cara. Así disfrazado, fue a Ollantaytambo, donde suplicó la misericordia de los rebeldes.

—Déjenme entrar, oh, déjenme entrar—gritó delante de las puertas—. Tengan piedad, porque el gentil Pachacuti ha fallecido, y su hijo, Tupac Yupanqui, nos gobierna con gran dureza.

El guardia de la puerta no abrió directamente, sino que mandó a buscar a Ollantay. Cuando Ollantay escuchó el supuesto cuento del mendigo, ordenó que se abrieran las puertas, ya que no reconoció a su viejo enemigo. Ollantay les dijo a sus hombres que le dieran al hombre andrajoso ropa fresca, comida y medicinas para sus heridas. Entonces Ollantay dijo a sus camaradas—: Esta noche nos damos un festín, porque nuestro gran enemigo, el inca Pachacuti, ha muerto.

Y así, los rebeldes se dieron un festín, bebiendo y bailando hasta bien entrada la noche. Cuando cesaron su banquete, embriagados por la bebida, Rumi-ñaui abrió la puerta de la fortaleza a sus propios hombres, quienes se colaron dentro sin hacer ruido y estrangularon a muchos de los rebeldes mientras dormían, cumpliendo así la orden del inca de que no se derramara sangre mientras se reducía el número de rebeldes. Ollantay y sus generales fueron llevaron cautivos a Cuzco.

Con los ojos vendados y atados, Ollantay y los generales fueron llevados ante el inca y sus consejeros.

—He aquí, oh poderoso inca—dijo Rumi-ñaui—. Traigo ante ti al rebelde Ollantay y a los otros conspiradores contra tu imperio y tu trono. ¿Qué juicio debe hacerse sobre ellos por su traición?

El inca miró primero a su Sumo Sacerdote, quien dijo—: Oh, poderoso inca, pido misericordia para estos hombres. En verdad se han rebelado contra el imperio y el trono del inca, pero son valientes e ingeniosos. Si pudieras ganarte su lealtad, serían aliados útiles.

Entonces el inca miró a Rumi-ñaui, quien dijo—: Oh, poderoso inca, digo que no hay que tener piedad. Son rebeldes y traidores y siguen siendo una amenaza para tu reino. ¡Mátalos de inmediato!

—Así será—dijo el inca—. Los llevaremos a un lugar alto y los arrojaremos a la muerte. Partamos de inmediato.

Ollantay y los generales fueron llevados a un lugar alto cerca de Cuzco. Podían sentir y oír el viento arremolinándose a su alrededor, y sabían que pronto conocerían su destino. Fueron llevados todos al borde del precipicio y se prepararon para ser arrojados, pero en lugar de encontrarse cayendo, se les quitaron las vendas de los ojos y se encontraron frente al inca Tupac Yupanqui. Cayeron de rodillas ante él, y él dijo—: Vean ahora qué misericordia usamos con nuestros enemigos. Les declaramos no solo hombres libres, sino también criados en posición. Ollantay será un general de nuestros ejércitos y nuestro principal diputado en Cuzco, y estos otros recibirán también preferencias, aunque menores que las de Ollantay.

Escuchando las misericordiosas palabras del inca, los hombres se inclinaron ante él en gratitud y le prometieron su eterna lealtad. Rumi-ñaui, por su parte, se avergonzó de la generosidad del inca. Salió de Cuzco ese mismo día y nunca más se le vio ni se supo de él.

Cuando regresaron a Cuzco, Ollantay pidió una audiencia al inca—. Oh, poderoso inca—dijo—has sido generoso más allá de toda medida conmigo. Déjame mostrarte mi lealtad y firmeza liderando tus ejércitos en batalla. Conquistaremos muchos pueblos y así aumentaremos tu reino y tu reserva de tesoros.

—Es un ofrecimiento generoso, mi diputado—dijo el inca—, pero tales acciones solo las pediré cuando sean necesarias, y hoy no es ese día. Toma una esposa, y vive tranquilamente y sírveme aquí en Cuzco.

—Desgraciadamente—dijo Ollantay—nunca me casaré, porque una vez tuve una esposa, y solo estuvimos juntos unos días antes de que me la quitaran. Desde entonces he vivido en la tristeza, y no tendré otra esposa por el resto de mis días.

Cuando Ollantay terminó de hablar, la puerta de la sala de audiencias se abrió, y una joven entró corriendo y se postró ante el inca. Un sirviente corrió detrás y se inclinó diciendo—: Mil perdones, oh poderoso inca, pero esta joven de la Casa del Sol me evadió, y antes de que pudiera detenerla, entró aquí. Pido tu misericordia para ambos por este disturbio.

—No temas—dijo el inca—. No se dirá que no escuchamos ni siquiera al más joven de nuestros súbditos. ¿Qué es lo que necesitas de nosotros, pequeña?

—Oh, poderoso inca—dijo la chica—mi nombre es Yma Sumac, y todos mis días he vivido como una huérfana en la Casa del Sol. Recientemente me he enterado de quiénes son mis padres. Mi madre está cruelmente encerrada en una celda donde languidece y muy pronto morirá si no recibe tu misericordia. Te juro a ti y a tu padre el Sol que mi madre no ha hecho ningún mal. Te ruego que vengas a ver por ti mismo cómo ha sido tratada, para que te compadezcas y la liberes.

—No permitiremos que se diga que tenemos prisioneros que son inocentes—dijo el inca—. Muéstranos dónde está tu madre, y haremos un juicio adecuado a la situación. Nuestro diputado también nos acompañará en esto.

Yma Sumac nunca había visto a su padre, y aunque estaba presente en la sala de audiencias, el inca nunca había pronunciado su nombre. Ni Ollantay había visto nunca a su hija; y así fue que ninguno de los dos reconoció al otro, y así como extraños fueron junto con el inca en su misión de misericordia.

Cuando llegaron a la Casa del Sol, el inca ordenó a la Madre de la Casa que se presentara ante él y le mostrara el lugar donde se encontraba la prisionera. Juntos fueron a la celda de la prisión. La Madre de la Casa la abrió, y todos contemplaron la lamentable forma de Cusi Coyllur.

—Libérenla de sus ataduras y que se presente ante nosotros—dijo el inca.

Así se hizo, y pronto Cusi Coyllur estaba de pie, temblando en sus harapos, con la cabeza inclinada ante Tupac Yupanqui y sus compañeros, su pelo largo y despeinado cubriendo su cara. El inca se apiadó de ella al instante y se enfadó con la Madre de la Casa—. Has utilizado a esta mujer muy mal—dijo—. A pesar de que era tu prisionera, tenías el deber de mantenerla bien. Esto no se hizo, así que te liberamos de tu oficio. Otra tendrá el puesto de Madre de la Casa.

La Madre no podía hacer otra cosa que inclinarse ante el inca y partir. Una vez que se fue, el inca le dijo a Cusi Coyllur—: Dime, si puedes, quién eres y por qué has sido encarcelada aquí.

—Oh, poderoso inca—dijo Cusi Coyllur—te ruego que tengas piedad. Me llamo Cusi Coyllur, hija del inca Pachacuti. Fui encarcelada aquí por orden de mi padre porque amé al valiente

Ollantay en contra de sus deseos y le di una hija, la misma que te ha traído a este lugar. Tan pronto como la niña respiró, me la quitaron y me encadenaron aquí, para pasar mis días en la miseria, aunque mi crimen no era más que el amor.

El inca y Ollantay se quedaron atónitos ante lo que la mujer había dicho. Tan miserable era su estado que el inca no había reconocido a su hermana, ni Ollantay la había reconocido como su propia y amada esposa.

—¿Es esto cierto?—preguntó el inca.

—Lo es—dijo Cusi Coyllur—. Juro por el tocado imperial que llevas y por el mismo Sol que no digo ninguna mentira.

—Míranos y déjanos ver tu cara—dijo el inca.

Cusi Coyllur levantó su cabeza y se acomodó el pelo a un lado. Aunque estaba delgada y pálida, Ollantay y el inca la reconocieron, y ambos gritaron con alegría y pena.

—Traigan vestidos nuevos para esta mujer—ordenó el inca—, y llévenla a nuestra propia morada. Denle una habitación y todos lo necesario, porque es nuestra noble hermana y la esposa de nuestro delegado de confianza.

Ollantay fue a Cusi Coyllur y la abrazó tiernamente—. No había pensado en volver a verte—dijo—y me duele que hayas sido tan mal cuidada. Pero quizás ahora el inca te perdone por haberte casado con un plebeyo, y podamos vivir juntos en paz.

—Podrás haber sido un plebeyo cuando te casaste—dijo el inca— pero serás un noble a partir de este momento. Te criamos en la estación y te deseamos larga vida y mucha alegría con la esposa de tu corazón, a la que también amamos, porque es nuestra hermana, y con tu querida hija, porque es nuestra sobrina.

Yma Sumac había estado de pie a un lado, observando todo esto en silencio, porque se sintió abrumada por la alegría y la gratitud por la misericordia del inca y también por el conocimiento de que el hombre que la había acompañado a ella y a su señor a la celda de la prisión no era otro que su propio padre.

Ollantay se volvió hacia Yma Sumac—. Ven aquí, niña. Déjame mirarte, porque soy tu padre y estoy agradecido por tu coraje y el amor constante a tu madre.

Entonces Ollantay abrazó a su hija, y la familia, ahora reunida después de diez largos y amargos años, derramó muchas lágrimas de alegría.

Fiel a su palabra, el inca dio una agradable morada a su hermana y su familia dentro del palacio. Se aseguró que nunca les faltara nada, y allí Ollantay, Cusi Coyllur e Yma Sumac vivieron el resto de sus días, en paz y armonía.

Cuarta Parte: Mitología Centroamericana

Mitos fascinantes sobre dioses, diosas y criaturas legendarias del México antiguo y de Centroamérica

Introducción

México y los estados centroamericanos son el hogar de numerosos pueblos indígenas, cada uno de los cuales habla su propia lengua y vive según sus propias costumbres. Estos pueblos tan diversos tienen una rica tradición en el arte de contar cuentos y de transmitir a sus descendientes mitos sobre dioses y el trabajo de la creación, y sobre los humanos que, para bien o para mal, interactuaron con estos seres de otros mundos. El amoroso dios Olocupinele creó el mundo de los cuna de Panamá, mientras que la diosa Nakawe' destruyó y volvió a construir el mundo de los huicholes de México. En la historia de "El país de la Madre Escorpión" de los misquitos de Nicaragua, nos damos cuenta de que ni siquiera la diosa de la tierra de los muertos puede romper el vínculo de amor entre un marido y una esposa.

Los estafadores también aparecen en muchos cuentos relatados por pueblos indígenas. Aunque los estafadores a veces puedan causar daño, en las dos historias sobre embaucadores que se presentan aquí, los timadores usan sus malas artes para ayudar a los demás. El oposum robó el fuego y se lo dio a la gente en una historia mazateca de México, mientras que el Tío Conejo salva a su amigo el Toro de ser devorado por el Tigre en una historia de Nicaragua.

El paisaje y la geografía desempeñan funciones vitales en estas historias, ya que las ideas sobre cómo surgió el mundo toman forma de acuerdo con el lugar en el que vive la gente. Así, las figuras oceánicas son muy prominentes en los relatos sobre la creación de los cuna de Panamá y de los cabécar de Costa Rica, mientras que la vida en un ambiente desértico determina la historia de "Yomumuli y el Árbol Parlante" del pueblo yaqui, los cuales habitan en el noroeste de México y en el suroeste de los Estados Unidos.

Una función importante de las historias de cualquier cultura es la de explicar el origen de ciertas costumbres, reforzar el comportamiento adecuado y desalentar las malas acciones. Vemos esto en muchas de las historias que se cuentan aquí. En el cuento misquito "Los cazadores invisibles", tres hermanos aprenden una dura lección sobre cumplir promesas y sobre los inconvenientes de la avaricia, mientras que "El Rey de los Pecaríes" de los bribris de Costa Rica, nos brinda información sobre prácticas de caza éticas. El origen de la tradición chatina de los padres que llevan a sus recién nacidos a baños de calor para recibir las bendiciones de su anciana abuela se explica en el mito de "La infancia de Sol y Luna", y en "Cómo se Creó el Mar", tenemos una explicación concisa sobre las costumbres funerarias del pueblo cabécar de Costa Rica.

Las historias que se presentan en este volumen son una pequeña muestra de la abundante variedad de mitos y leyendas de México y Centroamérica. Sin embargo, nos ofrecen importantes perspectivas de las maneras en que los pueblos de esta parte del mundo se ven a sí mismos, como humanos que tratan de entender su lugar en un universo más grande que contiene tanto seres visibles como invisibles, y como gente que hace las cosas lo mejor que puede para llevar vidas éticas que respeten a otros seres humanos como ellos y a otras criaturas que viven junto a ellos.

Nota sobre los nombres tribales: Los nombres de cada tribu y del país donde viven aparecen junto al título de cada historia siempre que lo conocemos. Dado que los nombres empleados por los forasteros suelen ser diferentes de los que los miembros de cada tribu emplean para referirse a sí mismos, proporcionamos en primer lugar el nombre que usa cada pueblo, y a su lado, el más utilizado por la gente de fuera de estas culturas. Ambos aparecen siguiendo el formato "nombre que el pueblo se da a sí mismo/nombre atribuido, país". Por ejemplo, los huicholes de México se refieren a sí mismo como *wixáritari*, por lo que su atribución sería "wixáritari/huicholes, México".

Olocupinele Crea el Mundo (dule/cuna, Panamá)

El pueblo cuna vive en ciertas partes del istmo de Panamá, y algunas de sus comunidades se extienden hacia el sur en lo que hoy en día es Colombia. Su deidad principal se conoce con el nombre de Olocupinele, el cual creó el mundo y todo lo que hay en él. Una característica sorprendente de este mito es el énfasis que pone en que el amor fue la razón por la que Olocupinele realizó su acto de creación.

Olocupinele fue quien creó el mundo. Creó la Tierra, las aguas, el cielo. Creó una tierra que se halla entre dos océanos. Le dio a la tierra valles y colinas, y plantó sobre la tierra muchos árboles y hierbas y plantas que son buenas para comer. Sobre la tierra, Olocupinele colocó animales para que vivieran en ella. En las aguas, colocó peces. En los cielos, colocó pájaros. Olocupinele creó las nubes para que produjeran lluvia. Hizo estanques frescos llenos de agua y cascadas y ríos que transportaban el agua hacia el mar a través de la tierra. Y todo lo que Olocupinele creó, lo hizo a partir del amor. Toda la creación surgió de un sueño de Olocupinele, un sueño de amor.

Olocupinele también quería crear humanos, seres como él. Quería que los humanos tuvieran un lugar bueno para vivir. Olocupinele colocó toda clase de cosas bellas en el mundo que creó: gemas y metales preciosos, especias para dar sabor a la comida, tintes para crear telas coloridas. Él creó todo esto y mucho más para que los humanos tuvieran cosas buenas cuando llegaran, ya que Olocupinele amaba el mundo que creó, y amaba a todos sus hijos.

Olocupinele no creó a los humanos hasta que todo esto estuvo listo. No hasta que las montañas y los valles estuvieron verdes y llenos de árboles y plantas. No hasta que los pájaros y las bestias y los peces hubieron prosperado en sus hogares. Olocupinele no creó a los humanos hasta que todas las cosas hermosas y útiles estuvieron colocadas en sus sitios, y a estos humanos los llamó los cuna.

Los cuna estaban hechos a imagen y semejanza de Olocupinele. Creó hombres y mujeres, hermosos, altos y fuertes. Le dio a cada uno un don especial. Uno tenía talento para la caza. Otra era la mejor fabricante de ropa. Otro era el mejor cantante. Otra era la mejor bailarina. Cada uno de ellos tenía un don especial que podía compartir con los demás.

Cuando los hermosos hombres y mujeres del pueblo cuna estuvieron creados y cada uno tuvo sus dones, Olocupinele los colocó en la Tierra. Los cuna abrieron los ojos y se encontraron en un jardín colorido. Había muchos árboles hermosos, y los pájaros cantaban sus melodías. Había muchos olores deliciosos a tierra, lluvia y flores. Sin embargo, los cuna nunca habían visto u oído u olido nada de esto antes, y estaban asustados. El Sol era demasiado brillante. El mundo era demasiado verde. Los pájaros hacían demasiado ruido. La gente se escondió en las sombras.

Olocupinele miró a sus pobres cuna, los cuales no sabían vivir en el hermoso mundo que había creado para ellos, un mundo hecho desde el amor. Entonces decidió hacer un hombre cuna más, al que llamó Piler. Olocupinele le dio a Piler toda clase de conocimientos. Olocupinele mandó a Piler con los demás cuna, a los lugares donde estos se escondían del Sol y del brillo del mundo.

Piler se acercó a los cuna. Se quedó parado bajo el Sol y se rió con deleite.

—¡Miren! —dijo. —¡Miren todas las cosas buenas que Olocupinele creó para nosotros! No tengan miedo. Este mundo es nuestro hogar. Acá hay muchas cosas buenas que nos dio Olocupinele, y yo les enseñaré cómo deben vivir. Debemos cuidar la Tierra en todo momento. Debemos cuidarnos los unos a los otros en todo momento. La Tierra está para que nosotros vivamos en ella y la cuidemos. Nuestro Padre Olocupinele dice que eso es lo que debemos hacer.

Y así fue como los cuna comenzaron a vivir en el lugar que Olocupinele había hecho para ellos, la tierra entre los dos océanos, en una Tierra creada a partir de un sueño de amor.

Watakame' y la Gran Inundación (wixáritari/huicholes, México)

El pueblo huichol del centro-oeste de México es conocido por sus vibrantes cuadros de hilos que describen mitos y otras historias y conceptos que son importantes y sagrados para ellos. Como muchas culturas de todo el mundo, los huicholes tienen un mito sobre la inundación en la que todo queda destruido y se reconstruye de nuevo.

Había una vez un pobre granjero llamado Watakame'. Un día, se dirigió a sus campos para trabajar en ellos. Tenía que retirar los árboles y arbustos de un campo para poder plantar nuevas cosechas. Watakame' tomó su machete afilado y taló los árboles, derribándolos. Cortó los arbustos, haciéndolos caer. Se trataba de un trabajo muy duro, y al final del día, estaba muy cansado. Watakame' volvió a su casa, comió rápidamente y se metió en la cama a dormir.

A la mañana siguiente, Watakame' se fue a talar más árboles en el campo que estaba despejando. Cuando llegó al campo, no podía dar crédito a lo que veía: cada árbol y arbusto que había talado el día anterior había vuelto a su sitio, como si nada hubiera pasado.

Esto sucedió durante cinco días. Watakame' despejaba una parte del campo, y a la mañana siguiente, todo volvía a estar como al principio.

—Esto no puede seguir así —dijo Watakame' —Si no puedo despejar ese campo, no podré plantar, y si no puedo plantar, no tendré cosecha y me moriré de hambre. Debo averiguar quién me está haciendo esto.

A la mañana siguiente, Watakame' se fue al campo como siempre, pero en vez de volver a casa al final del día, se escondió para esperar a quien quiera o lo que fuera que estaba deshaciendo su duro trabajo. Muy pronto, una anciana apareció en mitad del campo. La anciana llevaba consigo un largo bastón. Allá donde apuntaba con su bastón, todos los árboles y arbustos se replantaban a sí mismos y volvían a la vida.

Watakame' salió de un salto del lugar donde se escondía.

—¡Ajá! —gritó. —Usted es la que se dedica a deshacer mi trabajo. ¿Por qué hace eso? ¿No entiende que me moriré de hambre si no puedo plantar mis cultivos?

—Oh, hay cosas mucho peores que morirse de hambre —dijo la anciana. —Soy Nakawe', la diosa de la lluvia. He venido para decirte que el mundo se va a acabar pronto. Se viene una gran inundación que cubrirá la Tierra entera, y ya no importará si este campo está despejado o no. El Sol ha decidido que la gente de la Tierra es demasiado malvada, y quiere matarlos a todos y empezar de nuevo. Sin embargo, he decidido que te salvaré a ti y a los animales, y que yo misma me encargaré de llevar a cabo la destrucción del mundo.

—Dígame qué debo hacer, Madre —dijo Watakame' —No me quiero ahogar.

—¿Sabes del lugar donde crece la gran higuera?

—Sí —dijo Watakame'. —lo conozco bien.

—Tala la higuera y úsala para fabricar una gran caja —dijo Nakawe'. —Debes meterte dentro de la caja. Lleva contigo semillas de maíz de todos los colores y frijoles de todos los colores. Lleva semillas de zapallo y tu fiel perro negro. Haz una hoguera en tu caja y mantenla ardiendo con tallos de zapallo. Todo esto debe estar listo en cinco días.

Watakame' hizo todo lo que la diosa le indicó. Taló la higuera e hizo con ella una gran caja. Recogió las semillas y los talls y un brasero para colocar allí el fuego. Al llegar el quinto día, colocó todo esto en la caja y se trepó dentro con su perro. Nakawe' apareció y le colocó una tapa a la caja. Selló todas las juntas para cerrarla. Acto seguido, Nakawe' llamó a su guacamaya. La diosa se sentó sobre la caja con la guacamaya en el hombro.

Cuando todo estuvo listo, el viento comenzó a soplar. El viento aulló por entre los árboles. Rugió mientras atravesaba los valles. Sacudió las cimas de las montañas. Allá donde el viento aullaba, la gente se convertía en animals. Se asustaron y comenzaron a pelear y a matarse los unos a los otros. Al poco tiempo, toda la gente malvada acabó muerta, y fue entonces cuando el mar comenzó a subir. Subió alto, alto, alto, cubriendo la tierra, llenando los valles, sumergiendo las colinas y tapando hasta las montañas más altas. Watakame' se sentó cómodamente en el interior de su caja con su perro, manteniendo el fuego encendido tal y como la diosa le había dicho.

La caja atravesó flotando las aguas de la inundación. Se dirigió hacia el este. Se dirigió hacia el oeste. Se dirigió hacia el norte. Se dirigió hacia el sur. La caja llegó tan lejos como pudo en cada una de las direcciones, midiendo la anchura de la Tierra. Le tomó cuatro años a la caja viajar por toda la Tierra. Al quinto año, se alzó de entre las aguas que crecían sin parar, y descendió allá donde el agua comenzaba a retroceder. Al final, la caja se detuvo en la cima de una montaña. Watakame' retiró la tapa de la caja. Vio que toda la Tierra estaba cubierta de agua salvo la cima donde él se encontraba. Pero esto no duró mucho. Las guacamayas y los loros volaban por todas partes, cavando valles nuevos y canales nuevos para que el agua fluyera hacia ellos y el mar retornara a su legítimo lugar, y que así la Tierra se secara.

Cuando todo estuvo listo, Nakawe' le dijo a Watakame' que podía salir de su caja de madera de higuera.

—Usa las semillas que trajiste contigo para cultivar la tierra — le dijo. —Cuando vuelvas a casa de trabajar, te encontrarás tortillas preparadas para ti. Me tengo que marchar, pues yo también tengo trabajo que hacer, y en cinco días, todo estará listo.

Watakame' actuó como Nakawe' le dijo que hiciera. Aró la tierra y plantó las semillas que había traído consigo. Encontró una cueva para vivir con su perrito. Cuando volvía a casa de los campos a cada anochecer, se encontraba tortillas preparadas para él. Esto era extraño. Sabía que Nakawe' estaba en otro lugar atendiendo a sus ocupaciones, así que, ¿quién podía haberle preparado esta deliciosa comida?

En cinco días todo estuvo listo, tal y como Nakawe' le había prometido. La Tierra estaba llena de plantas nuevas y de animales. Los árboles estaban llenos de aves nuevas. Se había creado un mundo completamente nuevo. Todo era bueno y nuevo y maravilloso, excepto por una cosa: no había más personas aparte de Watakame', y se sentía solo.

Al sexto día, Nakawe' le hizo una visita a Watakame'.

—Gracias por volver a hacer el mundo con tanta belleza —le dijo Watakame' —Este es un buen lugar para vivir. El suelo es fácil de arar. Las plantas están creciendo rápido y bien. Las aves cantan en los árboles. Y yo tengo de sobra para comer, pero no entiendo de donde sale la comida. ¿Hay alguien más aquí conmigo? Me gustaría saberlo, ya que extraño a mi familia y a mis amigos, y me vendría bien tener algo de compañía.

Esto es lo que había estado sucediendo: cuando Watakame' se fue a trabajar a los campos, Nakawe' entró en la cueva. Nakawe' le enseñó al perro a transformarse en una mujer. Acto seguido,

Nakawe' le enseñó a cocinar y a realizar otros trabajos que debían hacerse. Y al anochecer, cuando todo estaba listo y Watakame' se encaminaba de vuelta a casa, la mujer se transformaba de nuevo en un perro.

Cuando Watakame' le dijo a Nakawe' que quería saber de dónde salían las tortillas y que se sentía solo, Nakawe' le contestó:

—Mañana por la mañana, en vez de irte a trabajar a los campos, escóndete en algún rincón de la cueva. Observa lo que sucede. Entonces sabrás lo que debes hacer.

Watakame' hizo lo que Nakawe' le dijo. Fingió irse a trabajar al campo, pero en vez de ello, se escondió en la cueva. Mientras observaba, vio que el perrito salía de su cama, situada en un lado de la cueva. Se liberó de su piel de perro y se convirtió en una mujer. La mujer encendió el fuego y comenzó a preparar la comida.

Watakame' salió de un salto de su escondite. Se apropió de la piel de perro y la lanzó al fuego. La mujer gritaba adolorida, como si fuera ella la que se estuviera quemando. Sus gritos parecían los de un perro. Entonces, Watakame' tomó la masa de hacer tortillas que la mujer había preparado. La arrojó al agua que ella había puesto a hervir al fuego y usó esto como medicina para curar a la mujer. La aplicó por todo su cuerpo, y pronto, la mujer dejó de gritar y se curó. Fue entonces cuando se convirtió en una mujer de verdad. Se convirtió en la esposa de Watakame'. Fueron muy felices juntos y tuvieron muchos hijos. Y la gente de este mundo son los descendientes de Watakame' y su esposa.

Yomumuli y el árbol parlante (yoreme/ yaquis, México)

Esta leyenda yaqui combina el mito de la creación del mundo con los sentimientos de los yaquis sobre la Conquista Española, un hecho histórico que trajo mucho sufrimiento y desplazamiento para los yaquis durante la época colonial y, más adelante, por parte del gobierno del México independiente. El pueblo yaqui vive en el estado de Sonora, en el noroeste de México, y en el suroeste de los Estados Unidos. Preservan muchas versiones del presente mito, pero todas ellas se centran en el pueblo de los pequeños surem *y en el árbol cantante o la vara que predice el futuro.*

Hubo una época en la que no existían humanos como los que existen hoy en día. El mundo era tal y como Yomumuli lo había creado. Creó animales para que vivieran en la tierra y pájaros para que vivieran en el cielo y peces para que vivieran en las aguas, pero en vez de crear humanos altos, creó a los *surem*. Los *surem* eran un pueblo pequeño, tal vez de solo entre 60 y 90 cm de alto, los cuales vivían bastante felices en su aldea.

En el centro de la aldea había un árbol grande. Un día, el árbol comenzó a canturrear. Canturreaba y vibraba, y a veces mecía sus ramas suavemente. Los *surem* se reunieron en torno al árbol, preguntándose qué era lo que estaba haciendo esos sonidos. Ciertamente debía haber una razón, pensaban, pero no eran capaces de entender qué era lo que el árbol les estaba diciendo.

El jefe de los *surem* le dirigió la palabra al árbol.

—Oh árbol —le dijo, —queremos entenderte. ¿Qué es lo que dices?

Pero el árbol no alteró su manera de hablar. Simplemente siguió alzándose bajo el cielo, canturreando.

Los *surem* intentaron entender al árbol y hablar con él muchas veces, pero nada cambió hasta que un día Yomumuli llegó a su aldea y les dijo:

—Entiendo lo que el árbol está diciendo, y se lo contaré si me escuchan.

—Esto es lo que el árbol dice —les informó Yomumuli. —Está diciéndole a los animales como tienen que vivir. Dice que algunos animales tienen que comer plantas. Otros tienen que comerse a otros animales y pájaros. Le está contando a las aguas lo que deben hacer, que los arroyos y ríos deben fluir cuesta abajo hacia los lagos y hacia el mar.

—¡Oh! —dijeron los *surem*. —Esas son palabras sabias. ¿Dice algo el árbol sobre lo que será de nosotros?

—Sí —dijo Yomumuli, —pero deben creer en que lo que les digo es real, aunque no les guste oírlo.

—Díganoslo, de todos modos —dijeron los *surem*. —Le creeremos.

—El árbol dice que el mundo va a cambiar. Vendrán personas extrañas desde muy lejos. Traerán muchas armas. Les quitarán sus tierras y les obligarán a vivir según sus leyes. Les harán adorar a su dios. Tendrán muchas cosas hechas de metal y muchas casas hechas de piedra.

—¡Eso es terrible! —gritaron los *surem*. —Seguro que no existen tales personas en este mundo. Lo más seguro es que no vengan acá. Eso no puede ser lo que está diciendo el árbol.

—Piensen lo que quieran —dijo Yomumuli.

Aunque estaba enojada porque los *surem* no la estaban creyendo, ella creía en lo que el árbol estaba diciendo. Ya no quería estar en la tierra de los *surem*. No quería estar allí cuando las personas extrañas venidas de muy lejos llegaran para conquistarlo todo y hacer que los *surem* adoraran a su dios. Yomumuli se dirigió al río. Se enrolló sobre sí misma y se lo llevó con ella. Yomumuli se puso a caminar hacia el norte, lejos de los *surem*, con el río metido bajo el brazo.

En cuanto a los *surem*, muchos de ellos se escaparon de su aldea. Algunos se fueron a vivir en los ríos y el mar, y los que hicieron esto se transformaron en delfines y ballenas. Algunos se fueron a vivir bajo las colinas del desierto, y los que hicieron esto adoptaron la forma de hormigas. Los *surem* que se quedaron en su aldea se hicieron muy altos, y estos se convirtieron en el pueblo yaqui.

Se dice que, si un yaqui se pierde en las aguas, las ballenas y los delfines les ayudarán a volver a casa. Y que, si un yaqui se pierde en las colinas del desierto, los *surem* también le ayudarán a llegar a ella.

Cómo se Creó el Mar
(cabécares, Costa Rica)

Costa Rica es un pequeño país centroamericano con costas tanto en el Océano Pacífico como en el Mar Caribe. Esta realidad geográfica se refleja en el mito cabécar de la creación del mar. La primera forma del mundo fue la de una roca en medio del vacío, alrededor de la cual el dios Sibú, una deidad que los cabécares comparten con sus vecinos de las tribus bribri y boruca, creó el mar al final; y es la presencia de este nuevo mar la que permite al dios Sibú continuar su trabajo de crear un mundo con criaturas en él.

Esta historia también alude a las costumbres funerarias de los cabécares. La arqueóloga Doris Stone cuenta que cuando alguien de la tribu cabécar fallece, su cuerpo se enrolla con las enormes hojas del bijao (también conocido como bijahua, cachibú de Caracas u hojas de Congo), y que este envoltorio ritual se cubre con una tela llena de espinas para evitar que los animales perturben el descanso del difunto. Solamente cuando no queda nada de él salvo los huesos desprovistos de carne es cuando se recupera el cadáver y se le entierra cerca de la aldea.

Antes de que el mundo fuera creado, solo había una enorme roca en mitad del vacío. Sibú el Creador pensó para sus adentros que debía existir una Tierra con gente que viviera en ella y que probablemente pudiera usar esa roca para crearla. Sibú sabía que esta iba a ser una tarea larga y ardua. Quería contar con alguien que le ayudara con ella. Llamó a una mujer llamada Mar y le pidió que le hiciera llegar un mensaje a Trueno.

—Vete adonde Trueno —le dijo Sibú —y dile que venga a ayudarme. Deseo crear una Tierra con gente en ella, y necesito su ayuda y consejo.

Mar fue adonde Trueno y le dijo que Sibú necesitaba ayuda para crear la Tierra y colocar gente en ella, pero Trueno se negó a acudir. Mar volvió junto a Sibú y le dijo que Trueno no estaba dispuesto a ayudarle.

—Quizá Trueno me ayude si le doy mi vara —dijo Sibú.

Le dio a Mar su vara y le pidió que se la llevara a Trueno.

—Dile que esta es mi vara buena. Puede usarla como ayuda en su viaje hacia aquí para verme.

Mar le llevó la vara a Trueno, pero siguió sin querer ir a ayudar a Sibú.

—Usa tú la vara para tu viaje de vuelta —dijo Trueno, —pero ten cuidado de no colocarla en el lugar equivocado. Nunca la sueltes, ni siquiera por un segundo.

Mar pensó que las instrucciones de Trueno eran muy extrañas, pero trató de obedecerle. Sin embargo, en un momento de su viaje, se dio cuenta de que esta había desaparecido. La buscó por todas partes. Cuando se acercó a una zona de hierbas altas para ver si la vara estaba allí, una serpiente venenosa se le abalanzó de entre la hierba y la mordió. Unos escasos momentos después, Mar estaba muerta.

Sibú se preguntaba qué era lo que estaba causando que Mar se retrasara en volver, así que salió a buscarla. Pronto encontró su cuerpo. La preparó para enterrarla, envolviéndola con hojas de bijao como es debido, pero su cuerpo empezó a agitarse de una forma muy extraña. Sibú colocó una rana encima de la mortaja de Mar para mantenerla en su sitio, pero cuando un insecto pasó por su lado, la rana saltó para atraparlo de un bocado. Su cuerpo se convirtió en el tronco de un gran árbol. Su pelo se transformó en sus hojas. Toda clase de aves de brillantes colores comenzaron a hacer su nido entre las hojas.

El árbol creció y creció y creció. Al final, se hizo tan alto que se abría paso a través del cielo, que era donde vivía Sibú.

—¡Oh! —dijo este. —¡No quiero tener este árbol dentro de mi casa! Tengo que hacer algo con él.

Sibú llamó a algunos pájaros.

—Vayan a lo más alto del árbol y tomen las ramas de arriba del todo. Estírenlas hasta formar un círculo.

Los pájaros se fueron e hicieron lo que ordenó Sibú. Tomaron las ramas de la parte superior del árbol y crearon un círculo con ellas. Cuando el círculo estaba completo, el árbol cayó derribado y se transformó en agua. Los nidos que había en el árbol se convirtieron en tortugas. Las hojas tomaron la forma de cangrejos. Y por todas partes en torno a la roca que estaba en mitad del vacío había agua ahora. Las olas viajaban hacia el borde de la roca y chocaban contra él.

—¡Eso es! —dijo Sibú cuando vio el agua en la que el árbol se había convertido. —Vuelvo a tener mi casa. Y ahora puedo hacer una Tierra y colocar gente en ella, porque ahora tengo un mar con cangrejos y tortugas en él.

Así pues, Sibú creó la Tierra y puso gente sobre ella, pero hasta el día de hoy, la gente sabe que el sonido de las olas que chocan contra la orilla es en realidad el sonido del viento que atraviesa las hojas que se hicieron a partir de los cabellos de Mar.

El País de la Madre Escorpión (misquitos, Nicaragua)

El pueblo misquito vive en la costa caribeña de Nicaragua, y los españoles contactaron con ellos por primera vez a principios del siglo XVI. Más adelante, muchos de los miembros del pueblo misquito primigenio se casaron con esclavos negros que se escaparon de varias plantaciones caribeñas. Una de las consecuencias de esta mezcla multicultural es que los misquitos hablan varios idiomas: su lengua nativa, español y un criollo de misquito e inglés que surgió del contacto de este pueblo con los comerciantes británicos.

Esta leyenda sobre el país de la Madre Escorpión nos proporciona una visión acerca de las creencias de los misquitos sobre la vida después de la muerte, y sobre el vínculo amoroso entre marido y mujer.

Había una vez un hombre llamado Nakili que tenía una esposa llamada Kati. Ambos se amaban profundamente, y durante un tiempo, vivieron felices juntos. Sin embargo, un día Kati cayó gravemente enferma. Nakili la cuidó tan tiernamente como pudo y le dio las mejores medicinas que pudo encontrar, pero todo fue en vano. Unos días después, Kati murió.

Nakili iba a visitar la tumba de Kati todos los días. Se sentaba junto a ella, llorando gran cantidad de lágrimas amargas y guardando luto por ella. Se olvidó de su trabajo y de su propio cuerpo. Un día, llegó a la tumba y vio el espíritu de su esposa muerta sobre esta, flotando en el aire.

—Me voy a marchar al país de la Madre Escorpión —dijo el espíritu.

—¡Oh, por favor, por favor; llévame contigo! —gritó Nakili. —¡No me dejes aquí tan solo!

—No puedes venirte conmigo —dijo el espíritu de Kati. —El país de la Madre Escorpión es el lugar donde deben estar las sombras de los muertos. Tú todavía estás vivo. Debes quedarte aquí, en la Tierra.

Nakili siguió rogando y suplicándole que le permitiera partir con ella, por lo que al final Kati aceptó.

—Sígueme — le dijo mientras se ponía en camino por la senda que conducía al país de la Madre Escorpión.

Después de caminar durante un trecho, llegaron a un lugar donde había muchas polillas revoloteando por el aire. Este estaba tan lleno de estas pequeñas criaturas voladoras que era imposible ver lo que había tras ellas.

—¡Oh! —gritó Kati. —¡No me gusta este lugar! Me dan miedo las polillas. No quiero tener que caminar a través de ellas.

—No tengas miedo —le dijo Nakili. —Abriré un camino para que podamos pasar. Quédate cerca de mí.

Y así, Nakili se abrió paso entre la multitud de polillas con Kati muy cerca de él a su lado. Nakili agitó sus brazos para espantar a las polillas, y pronto, marido y mujer habían pasado sanos y salvos al otro lado, donde ya no había polillas.

Caminaron un poco más hasta llegar a un lugar donde dos grandes árboles crecían uno junto al otro en mitad del sendero. Los árboles estaban tan juntos que solo Kati podía pasar a través de ellos. Nakili tuvo que darles la vuelta.

Poco después llegaron a un desfiladero. En el fondo de este había un lago de agua hirviendo, y la única manera de cruzarlo era a través de un puente tan estrecho y liviano que parecía estar hecho con un solo cabello. Kati era un espíritu, así que pudo caminar por este puente, pero Nakili sabía que pesaba demasiado para pasar por él. Observó el otro lado del desfiladero desde donde se encontraba y se le ocurrió que quizá podría saltar sobre el hueco que quedaba entre ambos lados. Nakili corrió una buena distancia para darse impulso y dio un gran salto que le llevó al otro lado del desfiladero. Aterrizó sano y salvo en el otro lado, donde su esposa estaba esperándole.

Tras dejar el desfiladero atrás, marido y mujer continuaron su viaje. Caminaron durante mucho tiempo sin encontrar más dificultades. Al final llegaron a un río ancho, el río que fluye a lo largo de la frontera del país de la Madre Escorpión. Nakili y Kati hicieron un alto a la orilla del río y miraron al otro lado. Allí, en el país de la Madre Escorpión, pudieron divisar las almas de los muertos. Todos los que se encontraban de aquel lado parecían estar felices.

Nakili y Kati buscaron la manera de cruzar el río. Encontraron una canoa en un punto del río. En la canoa había cuatro sapos.

—Disculpen —le dijo Nakili a los sapos, —¿serían tan amables de llevarnos al otro lado del río en su canoa?

—Con gusto, —croaron los sapos —pero nuestra canoa no puede cargar con el cuerpo de una persona viva. Su cuerpo es demasiado pesado, y la canoa volcaría.

Así pues, Kati se subió a la canoa y los sapos comenzaron a remar para llevarla hacia la otra orilla, mientras que Nakili atravesó el río nadando a su lado.

Mientras cruzaban, Kati echó una mirada dentro del agua.

—¡Oh! —exclamó. —¡El agua está llena de tiburones! ¡Estoy muy asustada! ¡Van a devorar a mi esposo!

Nakili miró a su alrededor en el agua, pero todo lo que veía eran pececillos.

—No sientas temor —le dijo. —No son tiburones; solo son peces. No me harán daño.

Los sapos miraron por encima de su lado de la canoa y vieron a Nakili nadando entre los pececillos.

—Ah —dijo el sapo jefe, — usted debe ser un hombre bueno, porque si usted hubiera sido malvado, ¡esos peces se habrían convertido en tiburones y se lo habrían engullido de un solo bocado!

Muy pronto, Nakili y la canoa llegaron a la orilla del otro lado del río. Nakili ayudó al espíritu de su esposa a bajar de ella, y les dieron las gracias a los sapos por su ayuda. Cuando marido y mujer quedaron en la orilla y los sapos se hubieron marchado, una mujer muy grande y corpulenta se acercó avanzando a pasos largos adonde estaban Nakili y Kati. La mujer tenía muchos pechos, de los cuales mamaban a veces las almas de los muertos. Se trataba de la Madre Escorpión, y en su país, los espíritus de las personas de bien vivían tras su muerte.

—Bienvenida, mi niña —le dijo la Madre Escorpión a Kati. —Bienvenida a mi país. Aquí no pasarás pesares ni dolor. Siempre tendrás comida de sobra, y no tendrás que trabajar. Estoy encantada de recibirte y de que conozcas al resto de hijos míos que viven acá.

Acto seguido, la Madre Escorpión se giró hacia Nakili y le frunció el ceño, bien enojada.

—Pero tú, en cambio, no eres bienvenido. Aún estás vivo. No puedes estar acá. ¡Vuélvete para la tierra de los vivos, que es adonde perteneces!

—¡Por favor, Madre Escorpión, déjeme quedarme! —le rogó Nakili. —Amo a Kati más que a la vida misma, y no deseo separarme de ella.

Al principio, la Madre Escorpión no quiso escuchar las súplicas de Nakili, pero al final cedió y le dejó quedarse.

Durante un tiempo, Nakili y Kati vivieron muy felices junto a las otras almas, pero un día, Nakili se dio cuenta de que echaba de menos a sus hijos y de que quería volver a verlos.

—Debo partir —le dijo Nakili a Kati. —La Madre Escorpión tenía razón: este no es mi lugar. Pero un día regresaré, y ya no nos separaremos.

Nakili fue adonde la Madre Escorpión y le contó que quería volver a casa para estar con sus hijos. La Madre Escorpión cortó una gran caña de bambú y colocó a Nakili dentro de ella, diciéndole que no debía regresar a su lado hasta el día de su muerte. Tras esto, la Madre Escorpión colocó el bambú en el río, y este se alejó flotando sobre las aguas.

Tras un tiempo, Nakili se dio cuenta de que ya no estaba en el río. Eran las olas las que lo estaban zarandeando. El río había vertido sus aguas en el océano, y ahora, las olas le estaban trasladando a la orilla. Al final, el bambú quedó varado en la playa, y Nakili desembarcó. Miró a su alrededor y vio que se encontraba delante de su propia casa, y que sus hijos salían corriendo a darle la bienvenida.

La Infancia de Sol y Luna (qne-a tnya-e/ chatinos, México)

El pueblo chatino vive en el estado de Oaxaca, al sur de México. Esta leyenda cuenta cómo llegaron el Sol y la Luna al cielo, y le otorga a la anciana que cuidó al Sol y a la Luna durante su infancia el papel de protectora de los recién nacidos mediante la transformación de la mujer en cenizas mientras tomaba un baño de sudor. Según la escritora Lulú Delacre, los padres chatinos siguen llevando a sus bebés recién nacidos a baños de sudor para que puedan beneficiarse de la protección de la anciana que cuidó a Sol y a Luna cuando estos eran pequeños.

Hubo un tiempo en el que Sol y Luna no viajaban a través del cielo, sino que vivían en la Tierra con la forma de seres humanos. Eran hermanos gemelos, y solían ir juntos a todas partes, tal y como lo hacen los hermanos humanos.

Una noche, el Terror Nocturno se acercó adonde se encontraban los gemelos con la intención de atraparlos y comérselos. El Terror Nocturno odiaba a Sol y Luna porque estaba celoso de ellos. Sol y Luna huyeron del Terror Nocturno. Corrieron hasta que llegaron al río, y una vez allí, se zambulleron en el agua y se escondieron en ella con la esperanza de que el

Terror Nocturno no les encontrara. Pero se habían ocultado cerca de la desembocadura del río, y cuando la marea del océano se retiró, el agua del río comenzó a bajar de nivel. El Terror Nocturno estaba casi a punto de hacerse con los gemelos cuando una anciana pasó por su lado.

—¡Ayuda! —gritaron los niños. —¡El Terror Nocturno nos está persiguiendo! ¡Quiere matarnos y comernos!

La anciana se apiadó de los niños. Los sacó del agua y se los metió en la boca, uno en cada carrillo. Su cara quedó enormemente hinchada.

Una vez que los niños quedaron fuera de peligro, la anciana se dirigió de vuelta a su casa. Mientras iba de camino, se encontró con el Terror Nocturno.

—¿Vio usted a dos niños cerca de acá? —le preguntó el Terror Nocturno.

—No, no los vi —contestó la mujer.

Acto seguido, el Terror Nocturno dijo:

—¿Por qué tiene una cabeza tan grande y redonda?

—Porque tengo un dolor de muelas terrible —dijo la mujer. —Hizo que se me hinchara toda la cabeza.

El Terror Nocturno creyó a la mujer y siguió su camino en busca de los niños, sin saber que la anciana le había engañado colocando a los gemelos en sus carrillos.

Cuando la anciana llegó a casa, se sacó a los gemelos de las mejillas. Dado que estos niños parecían no tener familia, la mujer se hizo cargo de ellos personalmente. Los niños eran muy traviesos. La anciana nunca podía terminar de hilar como es debido porque los niños le robaban su huso y enredaban el hilo de la manera más liosa posible. Sin embargo, la anciana tenía mucha paciencia con ellos, y al cabo de un tiempo, los niños comenzaron a ver a la anciana como su madre.

Sol y Luna vivieron felices con la anciana. Crecieron y se convirtieron en muchachos hermosos y fuertes. Comenzaron a fabricarse sus propios arcos y flechas, y cuando hubieron practicado lo suficiente con ellos, se fueron al bosque a cazar para encontrar alimento. Solían capturar palomas con frecuencia, las cuales llevaban a casa para que la anciana las cocinara.

De vez en cuando, la anciana se iba de casa y se adentraba en el bosque. Cuando los gemelos le preguntaron adónde iba, esta siempre les respondía que a visitar a su esposo. Entonces, un buen día, los gemelos le preguntaron:

—Usted es nuestra madre, pero ¿quién es nuestro padre?

—Mi esposo es su padre —les respondió.

—¿Y por qué nunca viene a vernos?

—Oh, porque vive en lo más profundo del bosque. Allí se siente mucho más feliz y seguro —dijo la anciana. —Pero ustedes no deben ir a verle nunca, porque temo que le puedan matar.

Tras esta conversación, los niños sintieron todavía más curiosidad sobre su padre, y así, decidieron que la próxima vez que la anciana fuera a visitarle, la seguirían y verían quién era su padre con sus propios ojos. Muy pronto, la anciana les avisó de que se iba a visitar a su esposo. Les dijo a los niños que se quedaran en casa y se portaran bien.

—Sí, Madre —dijeron los niños.

A pesar de su respuesta, no tenían ninguna intención de quedarse donde estaban. Siguieron a la anciana en secreto a través del bosque, ya que estaban decididos a averiguar quién era su padre.

La mujer se adentró cada vez más y más en la selva, con Sol y Luna siguiendo sus pasos. Los niños iban dejando un rastro de cenizas para poder encontrar su camino de regreso por su cuenta. Tras un largo rato, llegaron a un pequeño claro donde la anciana se detuvo y soltó un grito extraño. Desde su escondite en los arbustos, los niños vieron a un enorme ciervo salir al claro de la selva. La anciana saludó al ciervo y le dio algunas hojas y hierbas que había traído consigo.

En cuanto los niños vieron a la mujer alimentar al ciervo, siguieron el rastro de cenizas de vuelta a la casa. Llegaron antes de la anciana, y fingieron no haber salido de casa en ningún momento.

Unos días más tarde, la anciana les pidió a los niños que cortaran algo de hierba fresca para llevársela a su esposo. Los niños fabricaron una guadaña con un trozo de madera y se dirigieron a una pradera donde había una gran cantidad de hierba larga y verde. Sol tomó la guadaña y la giró con gran fuerza y velocidad. Hizo un corte limpio en la hierba, pero asustó a un conejito que se había escondido en la hierba. El conejo salió saltando de entre la hierba y golpeó a Luna en la cara con tanta fuerza que se le quedó allí marcada la forma del cuerpo del animal. Esta es la razón por la que incluso hoy en día podemos ver la forma de un conejo en la superficie de la Luna.

Al día siguiente, los gemelos decidieron volver al claro de la selva y ver si podían conocer a su padre. Siguieron el rastro de cenizas, y cuando llegaron al claro, le llamaron de la misma forma que habían visto a la anciana hacerlo. Muy pronto, apareció un gran ciervo en el claro.

—No es posible que este sea nuestro padre —le dijo Sol a Luna. —Es una criatura bien fea.

—Sí —le respondió Luna. —Mira esas piernas tan grandes y larguiruchas. Están desproporcionadas.

Los gemelos decidieron matar al ciervo. Le dispararon al corazón con sus flechas, y una vez estuvo muerto, lo despellejaron y le extrajeron los órganos. Reservaron el hígado para llevárselo a casa a la anciana, pero usaron los demás órganos para preparar un guiso llamado *skualyku*. Lo prepararon allí mismo, en el claro, y se lo comieron todo. Acto seguido, tomaron la piel del ciervo, la llenaron de avispas y la cosieron. Dejaron la piel llena de avispas en el piso del claro, de manera que parecía que el ciervo estaba tumbado, durmiendo.

Cuando los niños terminaron de comer y de coser la piel del ciervo, le llevaron el hígado a la anciana. Les agradeció su regalo y lo preparó de comida. Justo estaba a punto de darle un bocado al hígado cuando este gritó y una rana que había cerca de allí comenzó a cantar:

—Estás comiéndote a tu esposo, estás comiéndote a tu esposo.

Cantó esta canción tres veces.

La anciana miró a los niños.

—¿Es eso verdad? ¿Ustedes mataron a mi esposo?

—¡Claro que no! —dijeron los niños. —Las ranas hablan y nunca saben de qué. No debe usted escucharlas.

Pero las sospechas de la anciana no se acallaron. Se encaminó al claro, y allí vio la piel del ciervo en el piso de la selva. Creyó que su esposo tenía flojera, y esto la enojó. La anciana tomó su bastón y empezó a sacudir la piel del ciervo. Lo golpeó con tal fuerza que las costuras se abrieron y cientos de avispas enojadas salieron en tromba. Atacaron a la anciana, llenando su cuerpo de picaduras.

Entre gritos de dolor, la anciana corrió de vuelta a casa. Pasó por el prado donde los niños habían cortado la hierba el otro día. El conejito la llamó a su paso.

—¡Salte al agua! ¡Salte al agua! —gritaba el conejo.

—No, no servirá de nada —dijo la anciana. —Mis hijos tienen que prepararme un baño de sudor.

Cuando la mujer llegó a su casa, los niños vieron que estaba cubierta de picaduras de avispa. Encendieron un enorme fuego y echaron muchas plantas medicinales en él para que generara un humo curativo que le calmara las heridas. La anciana se sentó junto al fuego. Al principio, comenzó a sentirse mejor, pero pronto tuvo demasiado calor.

—Niños, sáquenme del baño de sudor —les dijo.

—No, Madre, no podemos hacerlo —dijeron los niños. —Debes quedarte acá. Así es como te convertirás en la protectora de todos los recién nacidos.

La anciana permaneció en el baño de sudor. Se puso tan caliente que se quemó hasta quedar reducida a cenizas. Cuando vieron que de la anciana apenas quedaba un montón de cenizas, los niños tomaron el bastón de la anciana y un cadejo de hilo que no se había quemado. Acto seguido, dejaron su casa y comenzaron a subir a las colinas.

Mientras subían, Sol se giró adonde estaba Luna y le dijo:

—Me siento muy triste. Nuestra madre tuvo que vivir y morir en un mundo sin luz. Me pregunto qué podemos hacer para honrarla ahora que está muerta.

Luna dijo:

—Ya sé qué podemos hacer. Podemos escalar la montaña más alta que podamos encontrar. Podemos dirigir nuestra luz hacia ella desde allá.

Sol reconoció que era un buen plan, así que comenzaron a subir la montaña más alta que pudieron encontrar. En su ascenso, se encontraron con una gran serpiente con unos ojos brillantes. Los niños la miraron durante un rato, y decidieron matar a la serpiente. Sol golpeó a la serpiente con el bastón. Luna la estranguló con un trozo de hilo. Y cuando la serpiente estuvo muerta, los niños le sacaron los ojos. Luna se quedó el derecho, el más brillante de los dos. Sol se quedó el izquierdo, el de menor brillo.

Los niños caminaron montaña arriba, y arriba, y más arriba. En un momento se encontraron con un árbol hueco que contenía un panal de abejas. Luna tomó un poco de miel y se la comió. Era muy dulce y estaba muy buena, pero le dio muchísima sed. Sol tomó el bastón de la anciana y lo clavó en el suelo. Un manantial de agua brotó donde este colocó el bastón.

—Dame un poco de esa agua a beber —dijo Luna. —Tengo una sed terrible después de comerme toda esa miel.

—No te daré nada de agua si no me cambias tu ojo de serpiente por el que tengo —dijo Sol.

Luna se enojó al ver que Sol era capaz de hacer algo así, ya que quería quedarse el ojo más brillante. Sin embargo, al final se lo cambió a Sol porque no podía soportar su inmensa sed. Es por esto que el Sol es más brillante que la Luna.

Los niños caminaron montaña arriba, y arriba, y arriba, hasta que llegaron a la misma cima de la montaña. Sol tomó el cadejo de hilo y lanzó un extremo hacia el cielo. El hilo creó un camino para que los niños subieran al cielo. Sol ascendió primero porque tenía el ojo de serpiente más brillante y podía ver el camino ante él con mayor facilidad. Luna siguió a Sol con su ojo más apagado. Cuando llegaron a las alturas, comenzaron a viajar por el cielo.

Y así fue como el Sol y la Luna llegaron al cielo, y así fue como la luz llegó a la Tierra.

Los Cazadores Invisibles (misquitos, Nicaragua)

En la leyenda de los cazadores invisibles, tres hombres misquitos aprenden una dura lección sobre la codicia. Este relato admonitorio también lleva la marca del contacto de los misquitos con los europeos, ya que los productos que ofrecen los comerciantes parecen proceder de Europa. Asimismo, los cazadores deben elegir entre sus formas tradicionales de caza con lanza o las armas de fuego modernas, introducidas por los colonizadores europeos.

Había una vez tres hermanos que vivían en la aldea de Ulwas, junto al río Coco. Eran muy buenos cazadores. Nunca volvían de sus batidas de caza sin algo que compartir con el resto de la aldea. Un día decidieron ir a cazar un *wari*, una especie de jabalí que tiene una carne más deliciosa que la de cualquier otro animal de la selva. Los hermanos tomaron sus lanzas y se adentraron en la espesura. Caminaron durante un largo trecho sin lograr ver ningún *wari*.

De pronto, oyeron una voz extraña. "Dar, dar, dar", decía la voz.

—¿Ustedes dijeron eso? —preguntó el hermano mayor.

—No, no dijimos nada — respondieron los otros dos.

Los hermanos esperaron un momento para ver si podían averiguar de qué persona o animal provenía la voz, pero lo único que oyeron fueron los sonidos normales de la selva.

Tan pronto como decidieron proseguir con su cacería, volvieron a oír la voz: "Dar, dar, dar", decía.

—¿Ustedes dijeron eso? —preguntó el hermano más joven.

—No, no dijimos nada —respondieron los otros dos.

Miraron a su alrededor y vieron una liana balanceándose en un árbol cercano. "Dar, dar, dar", decía la liana.

Los tres hermanos se acercaron al árbol donde la liana se mecía. El primer hermano agarró la liana, y de repente, ¡desapareció! El segundo hermano también agarró la liana, y también desapareció. El hermano más joven estaba terriblemente asustado.

—¡Devuélveme a mis hermanos! —le gritó a la liana.

—No me los llevé a ninguna parte —dijo la liana. —Están acá, justo delante de ti. Todo lo que tienen que hacer es soltarme, y entonces podrás volverlos a ver.

Los dos hermanos invisibles soltaron la liana, y de repente, reaparecieron. Los tres hermanos miraron a la liana asombrados.

—¿Quién eres? —le preguntaron.

—Soy el Dar, y todo el que me toca se vuelve invisible a ojos de los demás. Ni los humanos ni los animales podrán verles a ustedes.

Los hermanos reflexionaron sobre lo que el Dar les estaba diciendo.

—Si tomamos un trozo de esta liana —dijo el mayor, —seremos los mejores cazadores del mundo. Podremos acechar a cualquier animal que queramos.

—Sí, —dijo el segundo hermano. —tomemos un trozo de liana cada uno. Hagámoslo ahorita.

Los tres hermanos se abalanzaron sobre la liana, pero esta tomó impulsó para quedar lejos de su alcance y desapareció. Acto seguido, los hermanos oyeron la voz del Dar de nuevo:

—Les dejaré tomarme —dijo, —pero primero me tienen que prometer dos cosas.

—Muy bien —respondieron los hermanos. —Tienes nuestra palabra.

—En primer lugar, ustedes nunca deben vender la carne del *wari*. Deben dársela a aquellos que la necesiten. En segundo lugar, ustedes nunca deben usar armas de fuego para cazar. Solo deben usar sus lanzas.

—Lo prometemos —dijeron los hermanos. —Haremos exactamente lo que nos dijiste.

Dicho esto, el Dar volvió a aparecer y se dejó caer delante de los hermanos. El Dar les permitió cortar a cada uno de ellos un trocito con sus cuchillos. Acto seguido, el resto del Dar se desvaneció y los hermanos reanudaron su caza.

Aquel día cazaron muchos, muchos *waris*. Antes de volver a casa, le devolvieron sus trozos de Dar al árbol donde habían encontrado la liana. Dejaron los trozos sobre una rama del árbol. Tras ello, llevaron los *waris* a la aldea y repartieron la carne entre aquellos que necesitaban comida.

La gente de Ulwas estaba impresionada de ver tantos *waris* abatidos en una sola cacería. Pronto tuvieron los animales despellejados y limpios, y luego los cocinaron y se los comieron en un enorme banquete. Todo el mundo estaba feliz y satisfecho una vez la comida hubo terminado.

Tras el banquete, los ancianos de la aldea llamaron a los hermanos para reunirse con ellos.

—Quisiéramos saber cómo lograron tener tanta suerte en su caza —dijeron. —Nadie hasta hoy trajo tantos *waris* en un solo día.

—Fuimos al bosque de la misma manera que hacemos normalmente —dijo el hermano mayor— y allí oímos una voz. Era el Dar, una liana mágica que vuelve las cosas invisibles. Después de prometerle que solo cazaríamos con lanzas y que repartiríamos la carne, el Dar nos dejó tomar un trocito de su liana a cada uno de nosotros, y así, nos hicimos invisibles para los *waris*. Así es como cazamos tantos.

—¡Ah! —dijeron los ancianos—. Realmente fueron afortunados. La leyenda del Dar es muy, muy antigua. ¡Tuvieron mucha suerte de encontrarlo, pero tengan cuidado y cumplan las promesas que le hicieron!

La fama de los hermanos de Ulwas no tardó en extenderse a lo largo y ancho del río Coco. Un día, un barco lleno de extranjeros llegó a Ulwas. El barco llevaba un cargamento de paño bien tejido y barricas de vino.

—¡Saludos a todos ustedes! —dijeron los extranjeros—. Vinimos de muy lejos para conocer a los famosos cazadores de Ulwas. Hemos venido a cambiar nuestro fino paño y nuestro buen vino por un poco de carne de *wari*.

—No podemos venderles la carne —dijo el segundo hermano—. Nuestra gente la necesita para comer.

—¡Claro, por supuesto! —dijeron los extranjeros—. Solo queremos un trozo que no necesiten.

Los hermanos se apartaron del grupo de extranjeros para hablar sobre lo que les habían dicho.

—Tal vez podamos venderles solo un poco —dijo el hermano mayor.

—No, no debemos hacer eso —dijo el segundo hermano—. Se lo prometimos al Dar. Seguro que se entera de que faltamos a nuestra palabra.

—Sí, se lo prometimos —dijo el hermano más joven, —pero seguro que estos comerciantes también tienen poder, ya que pueden fabricar un paño bien fino y muchos barriles de vino. Puede que sean más poderosos que el Dar.

Los otros hermanos pensaron en lo que les había dicho el más joven, y estuvieron de acuerdo con él. Se fueron adonde los comerciantes e intercambiaron carne de *wari* por paño y vino. Los comerciantes se marcharon de la aldea aparentemente contentos con el intercambio.

Los comerciantes no tardaron mucho en volver con más paños y más vino para intercambiar por carne de *wari*. Hicieron esto muchas veces, realizando intercambios cada vez más grandes, hasta que los hermanos se dieron cuenta de que estaban comerciando demasiado. En poco tiempo no tendrían carne suficiente para alimentar a su gente.

Un día, los comerciantes llegaron con más mercancías para intercambiar. Los tres hermanos se reunieron con ellos en la orilla del río.

—No podemos seguir comerciando con ustedes —dijo el hermano mayor. —No tenemos carne suficiente para alimentar a nuestra gente.

—Eso es porque ustedes solo cazan con lanzas. —dijeron los comerciantes. —Si usaran armas de fuego, podrían matar a más *waris* con mayor rapidez, y tendrían lo suficiente tanto para alimentar a su aldea como para intercambiar con nosotros.

Los hermanos decidieron que lo que habían dicho los comerciantes era acertado. Les compraron escopetas y las usaron para cazar en la selva. Con las escopetas, podían matar los *waris* suficientes como para satisfacer a los comerciantes y para alimentar a su gente. Y los hermanos ya no se acordaron más de las promesas que le hicieron al Dar.

Los comerciantes volvían una y otra vez. Siempre traían ricos productos para intercambiar por carne de *wari*. Los hermanos tomaban con avaricia cualquier cosa que trajeran los comerciantes. Pronto se dieron cuenta de que no había carne suficiente como para satisfacer ni a los comerciantes ni a la aldea hambrienta.

Los ancianos de la aldea veían lo que los hermanos estaban haciendo, y se preocupaban. Llamaron a los hermanos a su presencia para pedirles cuentas por sus actos:

—Nuestra gente pasa hambre mientras que ustedes se hacen ricos con los productos de los comerciantes.

—Bueno —dijeron los hermanos, —si la gente quiere que les consigamos más carne, quizá debería pagarnos tal y como lo hacen los comerciantes.

Sin embargo, la gente de Ulwas era pobre. No tenían paños finamente tejidos. No tenían barricas de vino. No tenían dinero para intercambiar por la carne.

Un día, los hermanos volvieron de la caza y se encontraron a la gente de la aldea esperándoles al final del sendero.

—Dennos la carne —les dijeron los aldeanos.

—Páguennos por ella, pues —les dijeron los hermanos.

—No podemos pagarles —les dijo la gente. —Somos aldeanos pobres.

Los hermanos les dieron a los aldeanos las partes malas de la carne que sabían que los comerciantes no se iban a llevar. La gente se enojó mucho por esto, pero los hermanos simplemente se rieron de ellos y se marcharon a hacer negocios.

Durante muchos meses, los hermanos continuaron cazando con escopetas y vendiendo sus presas a los comerciantes. La gente de la aldea pasaba cada vez más hambre porque los hermanos no querían compartir el fruto de su caza con ellos.

Un día, los hermanos volvieron de su cacería con una enorme cantidad de *waris*. Sin embargo, en cuanto llegaron a la entrada de la aldea, la gente allí reunida no se les acercó corriendo para implorarles algo de comida. En vez de ello, todos gritaron y huyeron despavoridos porque solo veían una fila de *waris* muertos flotando en el aire sin que nadie los sujetara. Los ancianos oyeron el tumulto y fueron a ver cuál era el problema.

—¡Ah! —dijeron. —El Dar volvió invisibles a los cazadores.

Los hermanos se detuvieron en seco cuando vieron que la gente se alejaba corriendo de su lado y se miraron los unos a los otros. No podían ver otra cosa que los *waris* muertos flotando en el aire.

—¿Qué pasó? —preguntó el hermano mayor.

—Dejamos nuestros trozos de Dar en el árbol, justo como hacemos siempre —dijo el segundo.

—¡Y aun así seguimos siendo invisibles! —dijo el más joven. —Oh, esto es malo; muy malo.

Dejaron caer los *waris* muertos en el sendero, corrieron donde estaba el árbol del Dar y se arrodillaron ante él.

—¿Qué nos pasó? —gritaron. —¿Por qué seguimos siendo invisibles?

No importaba cuánto pidieran clemencia: el Dar no les contestaba. Lo único que repetía era "Dar, dar, dar, dar" una y otra vez.

—Esto nos lo hicimos a nosotros mismos —dijeron los hermanos. —No cumplimos la promesa que le hicimos al Dar. Fuimos avariciosos y tratamos a nuestra gente de muy malas maneras. Debemos volver a la aldea y rogar a los ancianos y a la gente que nos perdonen.

Los hermanos volvieron a la aldea. Se arrodillaron ante los ancianos y les rogaron su perdón. Sin embargo, los ancianos no les perdonaron por lo que habían hecho. En vez de eso, expulsaron a los cazadores invisibles de la aldea para siempre.

Los cazadores invisibles volvieron a la selva. Caminaron río arriba y río abajo, buscando al Dar y suplicándole que les volviera a hacer visibles. Algunos cuentan que los hermanos siguen vagando por aquellas tierras, ya que los cazadores juran que a veces oyen tres voces lastimeras gritando "Dar, dar, dar".

El Rey de los Pecaríes (bribris, Costa Rica)

Una parte importante de la subsistencia de los indígenas se basa en la caza de los animales y pájaros que habitan cerca de los asentamientos humanos. Esta leyenda del pueblo bribri de Costa Rica nace de la preocupación de cazar animales para comer de manera ética. En este relato admonitorio, el cazador inexperto que termina teniendo un desencuentro con el Rey de los Pecaríes paga un precio, pero solo durante un tiempo: el objetivo del Rey es enseñar y ayudar al cazador a cambiar sus hábitos, no vengarse de él.

Un día, dos cazadores bribris salieron con sus arcos y flechas a ver qué podían capturar para comer. Caminaron en silencio a través de la selva con los arcos preparados por si acaso veían un animal o pájaro. Avanzaron lentamente por el sendero de la selva sin ver nada hasta que uno de ellos divisó un pecarí. Hizo que su flecha atravesara el espacio, pero no había disparado bien. Alcanzó al animal, pero solo logró herirlo. El pecarí se alejó de un salto entre la espesura, y el cazador corrió tras él. El compañero del cazador pronto perdió de vista tanto a su amigo como a su presa. Al final, se cansó de buscarlos y regresó a su casa, pensando que su amigo volvería cuando hubiera atrapado y matado al pecarí.

Sin embargo, el primer cazador no volvió a casa. Siguió el rastro del pecarí, adentrándose en la selva cada vez más, aunque no importaba cómo corriera de rápido: el pecarí corría con mucha mayor rapidez, y al final, lo perdió de vista. El cazador decidió rendirse y abandonar la caza. Mientras estaba descansando y recuperando el resuello antes de volver a casa, un hombre apareció ante él. Este hombre era muy alto y tenía un aspecto señorial. Tenía el pelo negro y vestía con gran elegancia.

—Sígueme —le dijo el hombre largo para acto seguido adentrarse en otra parte de la selva.

El cazador pensó que lo más sensato era seguir a este hombre, ya que parecía muy poderoso. Siguió al hombre alto a través de la selva hasta que llegó a una casa grande.

—Este es mi hogar —dijo el hombre alto. —Entra.

El cazador entró en la casa y vio que estaba construida con esmero y decorada con gran belleza y dotada con muchas hamacas bien tejidas. Sin embargo, lo más sorprendente de la casa es que también estaba llena de animales de todas clases, y cada uno de ellos parecía estar feliz y muy bien cuidado.

—¿Te gustan los animales que tengo en mi casa? —dijo el hombre alto. —Estos son mis súbditos, pues yo soy el Rey de los Pecaríes. Cuando los cazadores hieren a los animales, pero no los matan, los animales vienen a mí para que les cure, o a veces los encuentro por la selva y me los traigo acá. Ahora bien, si no puedo curarlos, lo uso para alimentarme y para dar de comer a mis invitados.

—Escúchame —dijo el Rey, —y escúchame con atención: cuando vas a cazar a la selva, debes llevar a cabo tu cometido muy, pero que muy bien. No está bien dispararle a un animal y dejarlo herido sin matarlo. Debes intentar matar a la bestia de un solo disparo. Esa es la manera correcta de hacer las cosas.

—Eso es lo que haré siempre de ahora en adelante —dijo el cazador. —Antes no sabía cuánto daño estaba haciendo. Voy a cambiar de actitud.

—Eso está muy bien —dijo el Rey. —Ahora, ven acá y toma asiento, y come y bebe. Tuviste un día largo y agotador, y necesitas recuperar fuerzas antes de volver a casa.

El cazador se sentó en el lugar que el Rey había preparado para él y se comió el pecarí al que había herido anteriormente, el cual el Rey había encontrado, matado y cocinado. El Rey sirvió también una buena cerveza de maíz a su invitado.

Cuando la comida terminó, el cazador dijo:

—Te doy las gracias, oh Rey de los Pecaríes, por la comida y por la lección. Intentaré actuar como me pediste y ser un mejor cazador.

—Sé que lo harás —dijo el Rey. —Pero hay un precio que debes pagar por tu error.

Le alargó al cazador un trozo de caña.

—Debes llevarte esto contigo de vuelta a casa y plantarlo delante de tu puerta. No podrás hablar hasta que esta caña haya crecido completamente. Cuando esto pase, debes decirle a toda tu gente lo que te sucedió y darles mis instrucciones para cazar.

El cazador le dio las gracias al Rey una vez más, tomó el trozo de caña y volvió a casa. Hizo todo lo que el Rey de los Pecaríes le había indicado, plantando la caña delante de su puerta. El cazador no pudo hablar hasta que la caña hubo crecido por completo, y cuando esto pasó, le contó a toda la aldea lo que le había sucedido.

Vea más libros escritos por Matt Clayton

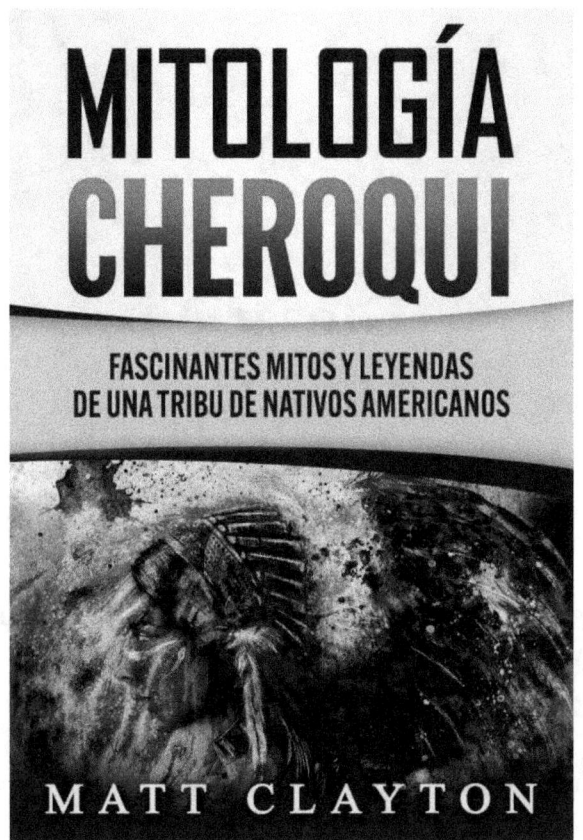

Glosario

Traducciones de nombres náhuatl dados según disponibilidad.

Nombre	Significado literal Función
Aztec "Gente de Aztlán"	Pueblos que vivían en México Central y establecieron un imperio allí
Aztlán "Lugar de la Garza blanca"	Lugar de origen mítico de los aztecas
Zacatepec/Zacatepeca	Enemigos míticos de los toltecas
Centzon Huitznáhua	"Cuatrocientos sureños" Hijos de Coatlicue que representan a las estrellas
Chalchiuhtlicue	"Mujer de la falda de jade" Diosa de las vías fluviales; esposa de Tlálo
Chapultepec	"Colina de las langostas" La antigua ciudad tolteca a orillas del lago Texcoco
Chichimecas	Término general para los pueblos no aztecas; a menudo tiene connotaciones de barbarie

Cihuacoatl "Mujer serpiente"	Diosa de la partería
Cipactli	Pez gigante cuyo cuerpo fue convertido en tierra por Quetzalcóatl y Huitzilopochtli
Cipactonal	Primer hombre (o mujer)
Coatepec "Montaña de la serpiente"	Hogar de Coatlicue
Coatepec/Coatepeca "Colina de las serpientes"/"Gente de la colina de las serpientes"	Enemigos míticos de los toltecas
Coatlicue "Falda de Serpiente"	Madre de la luna, las estrellas y Huitzilopochtli
Cochtocan "Ciudad de los durmientes"	Lugar en el viaje de Quetzalcóatl desde Tula
Copil	Hijo de Malinalxóchitl y enemigo de Huitzilopochtli y los mexica
Coyolxauhqui "Campanas preciosas"	Hija de Coatlicue cuya cabeza se convierte en la luna
Cozcaapan "Lugar de las aguas enjoyadas"	Lugar en el viaje de Quetzalcóatl desde Tula
Culhuacan	Antigua ciudad tolteca
Ehécatl "Viento"	Aspecto de Quetzalcóatl como dios del viento
HuehueCuautitlán "Lugar del árbol viejo"	Lugar en el viaje de Quetzalcóatl desde Tula
Huemac	Mítico último rey de los toltecas
Huitzilopochtli	"Colibrí de la izquierda" o "Colibrí del sur" Dios de la guerra

Itztlacoliuhqui "Obsidiana torcida"	Dios del frío y la obsidiana; aspecto transformado de Tlahuizcalpantecuhtli
Ixtapalapan	Lugar a lo largo de la orilla del lago Texcoco donde los mexicas se establecen como parte de su viaje
Ixnextli "Ojos cenicientos"	Transformación de Xochiquétzal cuando se exilia de Tamoanchan
Iztac tepetl "Montaña blanca"	Montaña en el Valle de México
Lake Texcoco	Antiguo lago en el centro de México; ahora es el sitio de la Ciudad de México
Macehuales	Agricultores aztecas; plebeyo
Malinalco	Ciudad mítica fundada por Malinalxóchitl
Malinalxóchitl "Flor de hierba salvaje"	Hija de Coatlicue y enemiga de Huitzilopochtli y los aztecas
Mayahuel	Diosa del cactus maguey
Mexica	Una de las tribus de Aztlán que emigró a México Central
Michoacán	Región de México; lugar de parada de los mexicas en su viaje hacia el sur
Mictecacíhuatl "Señora de Mictlán"	Consorte de Mictlántecuhtli
Mictlán	Tierra de los muertos
Mictlántecuhtli "Señor de Mictlán"	Dios de los muertos

Mixcóatl "Serpiente de nube"	Dios de la caza y la Vía Láctea; inventor de las ofrendas de sangre y la guerra ritual
Náhuatl	Idioma hablado por los aztecas
Nanahuatzin "Lleno de llagas"	Dios de la enfermedad; se sacrifica a sí mismo y se transforma en el Quinto Sol
Ollin Tonatiuh/Tonatiuh "Movimiento del Sol"	Dios del sol; aspecto transformado de Nanahuatzin
Ometeotl "Dios Dual" o "Dios de la Dualidad"	Dios creador principal
Oxomoco	Primer hombre (o mujer)
Pantitlan	Lugar mítico donde la hija del rey mexica es sacrificada en las leyendas sobre Huemac
Patzcuaro	Lugar de parada de los mexicas en su viaje hacia el sur
Piltzintecuhtli	Hijo de Oxomoco y Cipactonal
Popocatepetl "Montaña humeante"	Volcán en el Valle de México
Cuautitlán "Lugar del árbol"	Lugar en el viaje de Quetzalcóatl desde Tula
Quetzalcóatl "Serpiente Emplumada"	Dios del conocimiento, de las artesanías y de la estrella de la mañana
Quetzalpétlatl	Hermana de Quetzalcóatl

Tamoanchan "Tierra del cielo nebuloso"
        Mítico paraíso donde los dioses viven y los seres humanos son rehechos bajo el Quinto Sol

Tecuciztecatl "El de la plaza de la concha"
        Dios de la Luna

Temalpalco "Lugar marcado por las manos"
        Lugar en el viaje de Quetzalcóatl desde Tula

Tenochtitlan "Lugar del cactus nopal"
        Antigua ciudad sobre las aguas del lago Texcoco; ciudad capital y centro ritual del Imperio azteca

Teotihuacan "Lugar del camino de los dioses"
        Antigua ciudad azteca y centro ritual

Tepanoayan "Lugar del Puente de piedra"
        Lugar en el viaje de Quetzalcóatl desde Tul

Texcalpan   Lugar mencionado en las historias de Titlacahuan y Huemac

Tezcatlipoca "Espejo Humeante" Dios de la noche, la enemistad y la lucha

Titlacahuan "Somos sus esclavos" Aspecto de Tezcatlipoca; aparece como hechicero en historias sobre Huemac y la caída de los toltecas

Tizapán   Lugar que el rey de Culhuacán le dio a los mexicas

Tlahuizcalpantecuhtli "Señor del amanecer"	Dios de la Estrella de la Mañana
Tlaloc "El que hace brotar las cosas"	Dios de la lluvia; esposo de Xochiquétzal
Tlaloque	Sirvientes de Tláloc; asociados con la lluvia, los truenos, los relámpagos y el granizo
Tlaltecuhtli "Señor de la Tierra"	Monstruo de cuyo cuerpo Quetzalcóatl y Tezcatlipoca rehacen los cielos y la tierra
Tlapallan "Tierra roja"	Lugar legendario que fue la meta del viaje de Quetzalcóatl desde Tula
Tlachtli	Juego sagrado de pelota mesoamericana
Toltecs "Pueblo de Tula"	Antigua civilización de México central que fue reemplazada por los aztecas
Tonacacihuatl "Señora de nuestro sustento"	Aspecto femenino de Ometeotl; consorte de Tonacacihuatl
Tonacatecuhtli "Señor de nuestro sustento"	Aspecto masculino de Ometeotl; consorte de Tonacacihuatl
Tonacatepetl "Montaña de comida"	Montaña mítica en la que Quetzalcóatl encuentra maíz y otros alimentos
Tozcuecuex	Mítico rey de los mexicas en las leyendas sobre Huemac

Tula "Lugar de las prisas"	Ciudad capital del Imperio tolteca
Tzatzitepetl "Montaña que habla"	Montaña mítica en las afueras de la capital tolteca
Tzitzimitl (pl. tzitzimime)	Diosa(s) de las estrellas
Xipe Totec "Dios desollado"	Dios de la agricultura, del cultivo de plantas y de las estaciones
Xochimilco "Gente del campo de las flores"	Tribu de habla náhuatl que emigró a México Central
Xochiquétzal "Pluma de flor de Quetzal"	Diosa de la fertilidad, la belleza y las jóvenes madres; esposa de Tláloc
Xochitlán "Lugar de la flor"	Ciudad jardín de los toltecas

Bibliografía

Alexander, Harley Burr. *Mythology of All Races.* Vol. 11, *Latin-American.* Boston: Marshall Jones Co., 1920.
Allan, Tony, and Tom Lowenstein. *Gods of Sun & Sacrifice: Aztec & Maya Myth.* London: Duncan Baird Publishers, 1997.
Bancroft, Hubert Howe. *The Native Races of the Pacific States of North America.* Vol. 3, *Myths and Languages.* San Francisco: A. L. Bancroft Co., 1875.
Bierhorst, John, trans. *History and Mythology of the Aztecs: The Codex Chimalpopoca.* Tucson: University of Arizona Press, 1992.
Brinton, Daniel G. *American Hero-Myths: A Study in the Native Religions of the Western Continent.* Philadelphia: H. C. Watts & Co., 1882.
Burland, Cottie Arthur, et al. *Mythology of the Americas.* London: Hamlyn Publishing Group, 1970.
Carrasco, David. *The Aztecs: A Very Short Introduction.* Oxford: Oxford University Press, 2012.
Clendennin, Inga. *Aztecs: An Interpretation.* Cambridge: Cambridge University Press, 1991.
Coe, Sophie D. *The True History of Chocolate.* London: Thames and Hudson, Ltd., 1996.
Dalal, Anita. *Myths of Pre-Columbian America.* Austin: Steck-Vaughn Company, 2001.

Durán, Diego. *Historia de las Indias de Nueva España y Islas de Tierra Ferme*. Ed. José F. Ramirez. Vol. 1. México: J. M. Andrade y F. Escalante, 1867.

Faiella, Graham. *Mesoamerican Mythology*. New York: The Rosen Publishing Group, Inc., 2006.

Ferguson, Diana. *Tales of the Plumed Serpent: Aztec, Inca and Mayan Myths*. London: Collins & Brown, Ltd., 2000.

Hunt, Norman Bancroft. *Gods and Myths of the Aztecs*. London: Brockhampton Press, 1996.

Jonghe, Édouard de, ed. "Histoyre du Mechique: Manuscrit français inédit du XVIe siècle." *Journal de la société des américanistes* 2 (1905): 1-41.

Léon-Portilla, Miguel, ed. *Native Mesoamerican Spirituality: Ancient Myths, Discourses, Stories, Doctrines, Hymns, Poems from the Aztec, Yucatec, Quiche-Maya, and Other Sacred Traditions*. Mahwah: Paulist Press, 1980.

——. Trans. Jack Emory Davis. *Aztec Thought and Culture: A Study of the Ancient Nahuatl Mind*. Norman: University of Oklahoma Press, 1963.

Markman, Roberta H. and Peter T. Markman. *The Flayed God: The Mesoamerican Mythological Tradition*. New York: Harper Collins Publishers, 1992.

McDermott, Gerald. *Musicians of the Sun*. New York: Simon & Schuster, 1997.

Mendieta, Gerónimo de. *Historia eclesiástica indiana*. Joaquin Garcia Icazbalceta, ed. n.c.: F. Diaz de Leon y S. White, 1870.

Miller, Mary, and Karl Taube. *An Illustrated Dictionary of the Gods and Symbols of Ancient Mexico and the Maya*. London: Thames & Hudson, Ltd, 1993.

Nardo, Don. *Aztec Mythology*. Farmington Hills: Lucent Books, 2015.

Phillips, Henry. "Notes Upon the *Codex Ramirez*, With a Translation of the Same." *Proceedings of the American Philosophical Society* 21 (1883): 616-651.

Radin, Paul. "The Sources and Authenticity of the History of the Ancient Mexicans." *University of California Publications in American Archaeology and Ethnology* 17/1 (1920): 1-150.

Roberts, Timothy R. *Myths of the World: Gods of the Maya, Aztecs, and Incas.* New York: MetroBooks, 1996.

Roy, Cal. *The Serpent and the Sun: Myths of the Mexican World.* New York: Farrar, Straus & Giroux, 1972.

Sahagún, Fray Bernardino de. *The Florentine Codex: General History of the Things of New Spain.* Book 3: *The Origins of the Gods.* Trans. Arthur J. O. Anderson et al. *Monographs of the School of American Research* 14/4. Santa Fe: School of American Research and the University of Utah, 1952.

Schuman, Michael A. *Mayan and Aztec Mythology.* Berkeley Heights: Enslow Publishers, Inc., 2001.

Smith, Michael E. *The Aztecs.* 3rd ed. Chicester: Wiley-Blackwell, 2011.

Torquemada, Juan de. *Primera parte de los veinte i vn libros rituales i monarchia indiana: con el origen y guerras, de los indios ocidentales, de sus poblaçones: descubrimento, conquista, conuersion, y otras cosas marauillosas de la mesma tierra.* Vol. 2. Madrid: Nicolas Rodriquez Franco, 1723.

Taube, Karl. *The Legendary Past: Aztec and Maya Myths.* London: British Museum Press, 1993.

Alexander, Harley Burr. *Mythology of All Races.* Vol. 11, *Latin-American.* Boston: Marshall Jones Co., 1920.

Allan, Tony, and Tom Lowenstein. *Gods of Sun & Sacrifice: Aztec & Maya Myth.* London: Duncan Baird Publishers, 1997.

Bierhorst, John. *The Mythology of Mexico and Central America.* Revised edition. Oxford: Oxford University Press, 2002.

——, ed. The Monkey's Haircut and Other Stories Told by the Maya. New York: William Morrow and Company, 1986.

Brinton, Daniel G. American Hero-Myths: A Study in the Native Religions of the Western Continent. Philadelphia: H. C. Watts & Co., 1882.

Christenson, Allen J., trans. *Popol Vuh: Sacred Book of the Maya People.* 2007. Electronic version of original 2003 publication (Alresford: O Books). Mesoweb: http://www.mesoweb.com/publications/Christenson/PopolVuh.pdf.

Craine, Eugene R., and Reginald C. Reindorp, trans. and eds. *The Codex Pérez and The Book of Chilam Balam of Maní.* Norman: University of Oklahoma Press, 1979.

Edmonson, Munro S., trans. *The Ancient Future of the Itza: The Book of Chilam Balam of Tizimin.* Austin: University of Texas Press, 1982.

Elswit, Sharon Barcan. The Latin American Story Finder: A Guide to 470 Tales from Mexico, Central America and South America, Listing Subjects and Sources. Jefferson: McFarland & Company, Inc., 2015.

Ferguson, Diana. *Tales of the Plumed Serpent: Aztec, Inca and Maya Myths.* London: Collins & Brown, Ltd., 2000.

Goetz, Delia, and Sylvanus Griswold Morley. *Popol Vuh: The Book of the Ancient Maya.* Mineola: Dover Publications, 2003.

Green, Lila, ed. *Tales From Hispanic Lands.* Morristown: Silver Burdett Company, 1979.

Knowlton, Timothy, and Anthony Aveni. *Maya Creation Myths: Words and Worlds of the Chilam Balam.* Boulder: The University Press of Colorado, 2010.

Markman, Roberta H. and Peter T. Markman. *The Flayed God: The Mesoamerican Mythological Tradition.* New York: Harper Collins Publishers, 1992.

Menchú, Rigoberta, with Dante Liano. *The Honey Jar.* David Unger, trans. Berkeley: Groundwood Books, 2006.

Milbrath, Susan. Star Gods of the Maya: Astronomy in Art, Folklore, and Calendars. Austin: University of Texas Press, 1999.

Miller, Mary, and Karl Taube. An Illustrated Dictionary of the Gods and Symbols of Ancient Mexico and the Maya. London: Thames & Hudson, Ltd, 1993.

Nelson, Ralph, trans. *Popol Vuh: The Great Mythological Book of the Ancient Maya.* Boston: Houghton Mifflin Company, 1976.

Rice, Prudence M. Maya Calendar Origins: Monuments, Myth History, and the Materialization of Time. Austin: University of Texas Press, 2007.

Roberts, Timothy R. Myths of the World: Gods of the Maya, Aztecs, and Incas. New York: MetroBooks, 1996.

Roys, Ralph L. *The Book of Chilam Balam of Chumayel.* New ed. Norman: University of Oklahoma Press, 1967.

Sawyer-Lauçann, Christopher, trans. *The Destruction of the Jaguar: Poems from the Books of Chilam Balam.* San Francisco: City Lights Books, 1987.

Schmitt, Martha. *World Myths and Legends II: Central America.* Belmont: Simon & Schuster Education Group, 1993.

Schuman, Michael A. *Maya and Aztec Mythology.* Berkeley Heights: Enslow Publishers, Inc., 2001.

Sexton, James D., trans. and ed. *Mayan Folktales: Folklore from Lake Atitlan, Guatemala.* New York: Doubleday, 1992.

Taube, Karl. *The Legendary Past: Aztec and Maya Myths.* London: British Museum Press, 1993.

Bellos, Alex. "Ancient Wonder: Pre-Inca Ruins Found in Lake Titicaca." *The Guardian*, 23 August 2000. <https://www.theguardian.com/world/2000/aug/24/bolivia>, accessed 11 January 2019.

Betanzos, Juan de. *Narrative of the Incas.* Trans. and ed. Roland Hamilton and Dana Buchanan. Austin: University of Texas Press, 1996.

Bierhorst, John, ed. *Latin American Folktales: Stories from Hispanic and Indian Traditions.* New York: Pantheon Books, 2002.

———. *The Mythology of South America.* New York: William Morrow and Company, Inc., 1988.

———, ed. and trans. *Black Rainbow: Legends of the Incas and Myths of Ancient Peru.* New York: Farrar, Straus & Giroux, 1976.

Brinton, Daniel G. *American Hero-Myths: A Study in the Native Religions of the Western Continent.* Philadelphia: H. C. Watts & Co., 1882.

Carpenter, Frances. *South American Wonder Tales.* Chicago: Follett Publishing Company, 1969.

Cobo, Bernabe. *Inca Religion and Customs.* Trans. and ed. Roland Hamilton. Austin: University of Texas Press, 1990.

———. *History of the Inca Empire.* Trans. and ed. Roland Hamilton. Austin: University of Texas Press, 1979.

Colum, Padraic. *Orpheus: Myths of the World.* New York: Macmillan, 1930.

Cossins, Daniel. "We Thought the Incas Couldn't Write. These Knots Change Everything." *The New Scientist*, 26 September 2018. <https://www.newscientist.com/article/mg23931972-600-we-thought-the-incas-couldnt-write-these-knots-change-everything/>, accessed 26 November 2018.

Dixon-Kennedy, Mike. *Native American Myth & Legend: An A-Z of People and Places.* London: Blandford, 1996.

Elliot, L. E. "Ollantay: An Ancient Inca Drama." *The Pan-American Magazine* 33/1 (1921): 281-290.

Gifford, Douglas. *Warriors, Gods and Spirits from Central and South American Mythology.* New York: Peter Bedrick Books, 1983.

Hills, Elijah Clarence. *The Quechua Drama* Ollanta. *Romanic Review* 5/2 (1914): 127-176.

Kuss, Daniele. *Myths and Legends of Incas.* New York: Marshall Cavendish, 1991.

La Barre, Weston. "The Aymara: History and Worldview." *The Journal of American Folklore* 79/311 (1966): 130-144.

Markham, Clements R., ed. *The Incas of Peru.* New York: Dutton, 1910.

———, ed. *History of the Incas, by Pedro Sarmiento de Gamboa, and the Execution of the Inca Tupac Amaru, by Captain Baltasar de Ocampo.* Farnham: Ashgate Publishing Ltd., 2010.

———, ed. *Narratives of the Rites and Laws of the Yncas.* Farnham: Ashgate Publishing Ltd., 2010.

———, ed. *The Second Part of the Chronicle of Peru by Pedro de Cieza de Leon.* Farnham: Ashgate Publishing Ltd., 2010.

———, ed. *The Travels of Pedro de Cieza de Leon, A.D. 1532-50, Contained in the First Part of His Chronicle of Peru.* Volume I. Farnham: Ashgate Publishing Ltd., 2010.

Osborne, Harold. *South American Mythology.* Feltham: The Hamlyn Publishing Group, Ltd., 1968.

Pan-American Union. *Folk Songs and Stories of the Americas.* Washington, DC: Organization of American States, 1971.

Roberts, Timothy R. *Myths of the World: Gods of the Maya, Aztecs, and Incas.* New York: Friedman/Fairfax Publishers, 1996.

Salomon, Frank, and George L. Urioste, trans. *The Huarochirí Manuscript: A Testament of Ancient and Colonial Andean Religion.* Austin: University of Texas Press, 1991.

Schmitt, Martha. *World Myths and Legends II: South America.* Belmont: Fearon/James/Quercus, 1993.

Steele, Paul R., with Catherine J. Allen. *Handbook of Inca Mythology.* Santa Barbara: ABC-CLIO, Inc., 2004.

Suarez-Rivas, Maite, ed. *Latino Read-Aloud Stories.* New York: Black Dog & Leventhal Publishers, 2000.

Urton, Gary. *Inca Myths.* Austin: University of Texas Press, 1999.

Vega, Garcilasso de. *First Part of the Royal Commentaries of the Yncas.* Trans. Clement R. Markham. 2 vols. London: Hakluyt Society, 1869-71.

Witherspoon, Anna. *Let's See South America.* Dallas: The Southern Publishing Company, 1939.